人生を走る

RUNNER

A SHORT STORY ABOUT A LONG RUN

ウルトラトレイル女王の哲学

LIZZY HAWKER
リジー・ホーカー
藤村奈緒美 訳

草思社

RUNNER: A short story about a long run
by Lizzy Hawker

Japanese translation published by arrangement with
Quarto Publishing plc through The English Agency
(Japan) Ltd.

目次

【第2部】探索の旅

〔　〕で囲まれている部分は訳注

プロローグ

本を書く理由はさまざまだ。何かを教えるため、情報を与えるため、知識を伝えるため、説得するため、納得させるため、楽しませるため、おもしろがらせるため。でも、わたしはそんな大それたことをしようなどというつもりはない。

この本は、ただ物語を伝えるために書いた。

長い距離を走ることは、これまでのわたしの物語の一部だ。こうして言葉をつづることも。この言葉を読めば、それはあなたの物語の一部にもなる。誰の物語にも、共通する要素がある。これまでに長い距離を走ったことがあるかどうか、これから走ることがあるかどうかにかかわらず。

この本のもともとのコンセプトは、架空のレースについて事実にもとづくフィクションを書くというものだった。２００６年のウルトラマラソン１００キロメートル世界選手権のあとにインタビューをしてくれたサイモン・ターンブルからもらった、オランダの作家ティム・クラベの『*The Rider*（ライダー）』を読んで生まれたアイデアだ。最終的には、架空のレースは実際に開催された２００５年のウルトラトレイル・デュ・モンブラン（ＵＴＭ

B）となり、名もなきランナーは29歳のわたしとなった。

この物語はさらに膨らんでいき、そのスタートラインにたどり着くまでのわたしの人生の旅、そしてその旅がゴールラインを越えてわたしをどこへ導いていったかの、両方を含んだものとなった。単なる競争を超え、単に走るという行為よりもはるかに深いものへと向かう旅。走ることがわたしにとってどんな意味を持つようになったのか、そして、走ること（またはそれ以外のこと）があなたに何をもたらし得るかの探索。この本は、わたしの**長距離走**――発見、探索、再発見、気づきをめぐる旅の物語である。無数の物語を、さまざまな考えの細い糸でつなぎ合わせたものだ。

これはわたしの物語であり、わたしが語れるのは、あくまでもわたしから見ての話でしかない。わたしの物語に登場する人たちの記憶や見方とは異なっているかもしれない。なにしろ、これはその人たちの物語の一部でもあるのだから。わたしから見た真実が正しく書けていることを願うばかりだ。

また、本書はハウツー本ではない。「わたしはこうした」とか、「わたしのしたことはこうだ」などということを伝えるものではない。純粋に物語を語ることで、あなたがあなた自身の物語にもっと深く分け入り、機会をつかみ、その機会が自分をどこに導くかを見つめる勇気を持つ一助になれば幸いである。

それで、この物語の始まりとなるレースは何だったのだろう？　ウルトラトレイル・デュ・モンブラン。今日では、距離にして１００マイル以上、累積標高差９５００メートル以上を走るレースに発展した。モンブランを囲む山岳地帯のトレイルをたどり、フランス、イタリア、スイスの３カ国を駆け抜ける大会だ。シャモニーの中心にある教会前の広場。レースはここで始まり、ここで終わる。目的地はない。大切なのは途中の旅だけだ。

でも、その道のりは長い。

いったいどうすればそんなに長い距離を走れるのだろう、と思ったことはあるだろうか？ランナーたちの脳裏をどんな思いがよぎり、どんな感情が浮かぶのか、走っているそのあいだずっと、何を考え、何を感じているのだろうと思ったことはないだろうか？

レースに出ても出なくても、走っても走らなくても、あなたもやはり旅の途上にある。これはあなたの物語でもあるのだ。

さあ、行こう、わたしと一緒に。レースはもうすぐ始まる。山々がわたしたちを待っている。

われらは探求をやめない
そしてあらゆる探求の終りは
われらの発足の地に達し

その地を初めて見ることなのだ。

——T・S・エリオット、「四つの四重奏[*1]」

（『エリオット全集1』、二宮尊道訳、中央公論社、1971年改訂版）

第1部　発見の旅

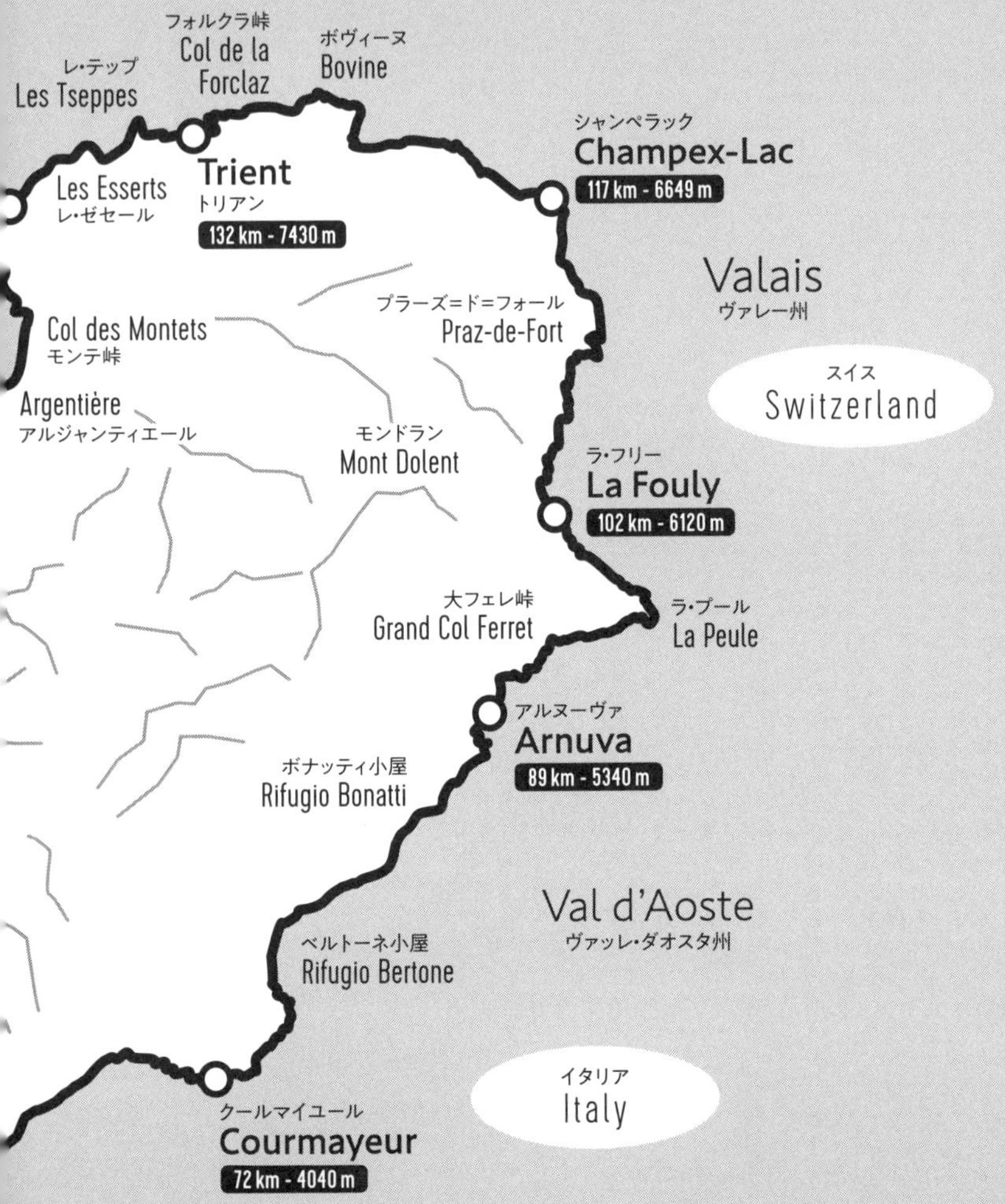

フォルクラ峠
Col de la Forclaz
ボヴィーヌ
Bovine
レ・テップ
Les Tseppes
シャンペラック
Champex-Lac
117 km - 6649 m
Les Esserts
レ・ゼセール
Trient
トリアン
132 km - 7430 m
Valais
ヴァレー州
プラーズ=ド=フォール
Praz-de-Fort
Col des Montets
モンテ峠
スイス
Switzerland
Argentière
アルジャンティエール
モンドラン
Mont Dolent
ラ・フリー
La Fouly
102 km - 6120 m
大フェレ峠
Grand Col Ferret
ラ・プール
La Peule
アルヌーヴァ
Arnuva
89 km - 5340 m
ボナッティ小屋
Rifugio Bonatti
Val d'Aoste
ヴァッレ・ダオスタ州
ベルトーネ小屋
Rifugio Bertone
イタリア
Italy
クールマイユール
Courmayeur
72 km - 4040 m

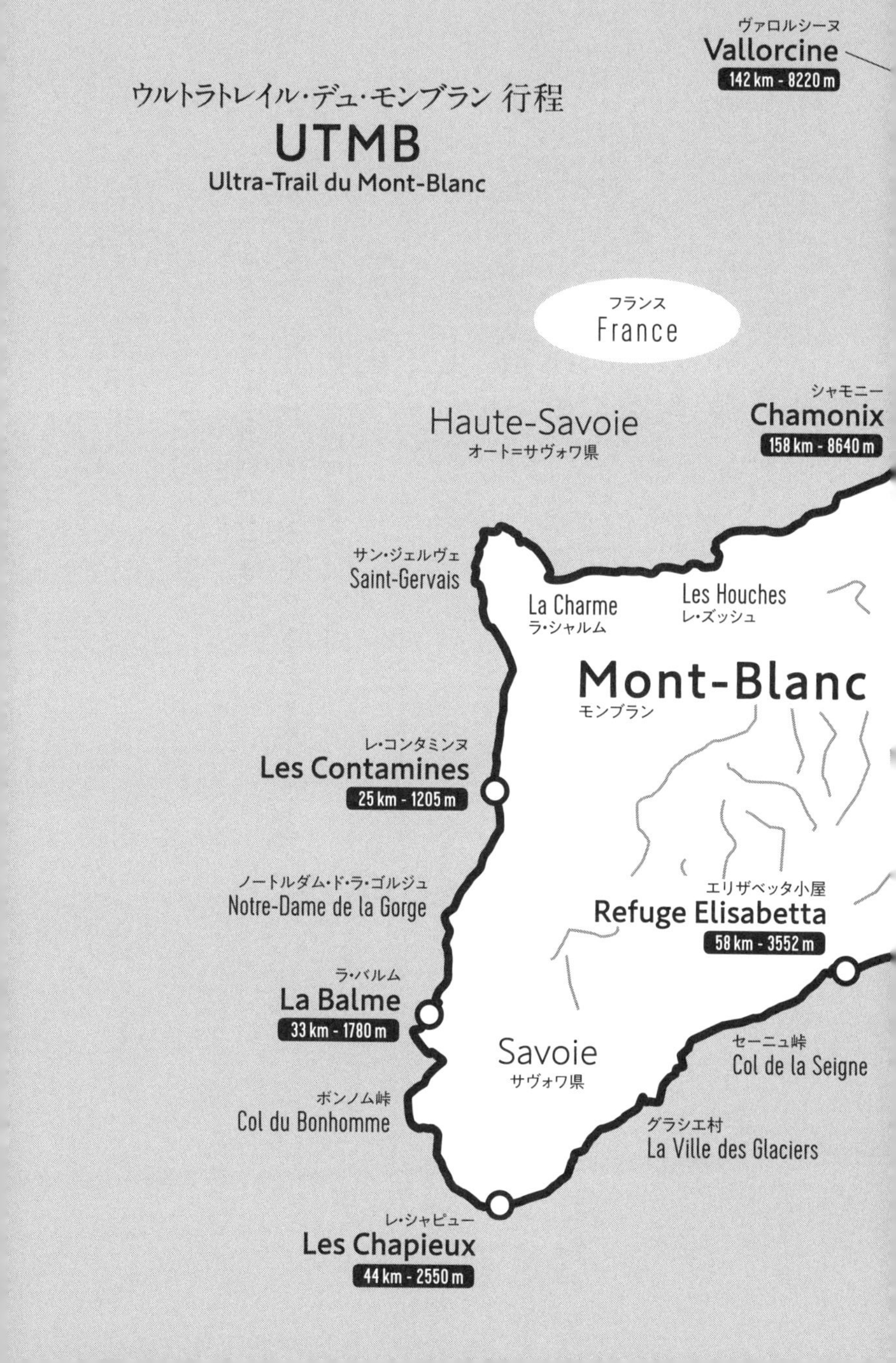

ウルトラトレイル・デュ・モンブラン 行程
UTMB
Ultra-Trail du Mont-Blanc
ヴァロルシーヌ
Vallorcine
142 km - 8220 m
フランス
France
シャモニー
Chamonix
158 km - 8640 m
Haute-Savoie
オート=サヴォワ県
サン・ジェルヴェ
Saint-Gervais
La Charme
ラ・シャルム
Les Houches
レ・ズッシュ
Mont-Blanc
モンブラン
レ・コンタミンヌ
Les Contamines
25 km - 1205 m
ノートルダム・ド・ラ・ゴルジュ
Notre-Dame de la Gorge
エリザベッタ小屋
Refuge Elisabetta
58 km - 3552 m
ラ・バルム
La Balme
33 km - 1780 m
Savoie
サヴォワ県
セーニュ峠
Col de la Seigne
ボンノム峠
Col du Bonhomme
グラシエ村
La Ville des Glaciers
レ・シャピュー
Les Chapieux
44 km - 2550 m

◎第1章：始まり

スタートライン。何かの始まり。
自分、自分の旅、そして、それが自分を導くところ。
既知の世界と未知の世界のはざま。
無限の可能性。

すべてのはじまりの場所

あふれるような人だかりのなか、心細さに襲われる。ここはシャモニーの中心、もっと正確に言えばトリアングル・ド・ラミティエ広場だ。8月下旬の金曜日で、時刻はまもなく午後6時半。故郷では、待ちに待った夏のバンクホリデー〔イギリスの祝日で、もともとは銀行の休業日だったことからこう呼ばれる。年に何度かあり、夏のバンクホリデーは8月の最終月曜日〕の3連休を控えて誰もが胸を弾ませ、仕事からの帰り支度をしているころだ。道路ではそろそろ渋滞が始まっているかもしれない。列車はいつものように混み合っているだろう。天気予報はたぶん雨。

今わたしがいる場所は、バンクホリデーの熱気からはるか彼方にある。これまでにしてきたこととはまるで違う世界。それでも、どこでも同じものだってある。そのひとつが雨だ。

　昨晩は、雨がひっきりなしにテントを叩く音で目が覚めた。結局ほとんど眠れなかった。夜が明けても、あたりは灰色でじめじめして霧に包まれていて、低く垂れこめている雲の向こうに世界がはたして存在するのだろうかと思ってしまうような日だった。雲が晴れるとはとても思えなかったけれど、山ではいろんなことが変わりやすい。2、3時間もすると暑いと言ってもいいほどになり、テントのそばの木が投げかけてくれる影を大歓迎したくらいだ。それで、今は？　少なくとも、空気はからりとしている。ありがたい。それに、かなり暖かい。しかも、今のところ晴れている。

　でも、疲労感はある。昨夜はほとんど眠れなかったし、今日だってひと眠りする機会はなかった。神経がひどく高ぶっていて、眠るどころではない。これからわたしは、46時間、自分の2本の足で走るのだ。運が良ければ、だけれど。まあ、そのあとなら眠る時間があるだろう。

　わたしが立っているのは、ウルトラトレイル・デュ・モンブランのスタートラインだ。この大会はこれが第3回になる。わたしたちを待ち受けているのは、アルプス山脈の、そして西ヨーロッパの最高峰、標高約4810メートルのモンブランを1周する長い旅だ。出発地点のシャモニーは歴史ある山村で、今でもアルプス登山の聖地として名高い。そこからイタリアとスイスを通り、再びフランスの国境を越えてこのスタート地点に戻ってくる。

この大会の記事を読んだのは、もう何カ月も前になる。それまでは、こういった大会があることすら知らなかった。この記事がわたしの想像力をとらえ、参加したいという気持ちが少しずつ膨らんでいった。今となっては、何にそんなに引きつけられたのかさえよくわからない。ひょっとしたら、アルプスの美しい景色のなかを自分の足で旅することに抗いがたい魅力を感じた、という単純なことだったかもしれない。あるいは、これまでにない挑戦をして自分の限界に挑んでみたい、という好奇心に駆られたためかもしれない。3月には計画ができた。夏には博士課程を修了することになっていて、この大会に参加登録すれば、アルプスで数週間山登りをして過ごすいい口実になる、と思ったのだ。この大会は、イギリスに戻って新しい仕事に就く前の、最後のちょっとしたお楽しみ、というわけだ。

そんなわけで、わたしは今ここに立っている。シャモニーの中心にある教会前の広場に。スタートの瞬間を待ちながら。

もどかしいスタート前

時は刻々と過ぎていく。まわりの人たちはそわそわしている。レースが始まる午後7時までの時間を持て余しているのだ。あらかじめできることは全部やってある。ゼッケンは受け取ってTシャツに留めた。装備のチェックも済ませた。ドロップバッグ〔着替えなどの装備を入れて、途中の休憩所に預けておくバッグ〕はクールマイユールとシャンペのエイドステーションに送ってある。少なくとも、たいていの人はそうした。ほかの人たちは、あのパンパンに膨らんだバッグにどんなものを詰め込んで送ったのだろう。でも、わたしが用意した装備はごくわずかで、あまりたいしたものでもない。予備は、清潔な靴下1足と清潔なTシャツ1枚だけ。靴は今履いている1足だけで、まだかなり新しい。セール品で、イギリスを発つ直前に、機能よりも価格重視で適当に選んだものだ。友人が、山道を走るのだからトレイルシューズがいいんじゃないかと言ってくれた。そんなこと、自分ではあまり考えていなかった。着替えもう一式は別のバッグに入れて、運よく戻れたときに使えるように、ここシャモニーに置いてある。ほかに、やっておくべきことなんてあるだろうか？

あたり一面に落ち着きのない雰囲気が漂う。わたしたちは、まるで家畜のようにこの広場に押し込められている。広場を囲むのは、教会と、カフェ数軒、そして、通り沿いに集まった、出発を見送ろうとする大勢の観衆。逃げ出すなんて無理だし、最後にトイレへ駆け込むチャンスすらない。そう。この先の挑戦に集中するしかないのだ。

それで、この先には何があるのだろう？　よくわからない。なんだか夢でも見ているような気がする。考えてみれば、正直なところ、わたしは自分が何をしようとしているのかまったくわかっていない。そんな思いにとらわれる。この挑戦がどれほどのものなのか、比較する基準もなく、判断する尺度もない。モンブラン[*1]を取り囲む、距離にして１５５キロメートル、累積標高差８５００メートルのコースを走る。なんだか途方もない話だ。これは、サウサンプトンからロンドンまで走り、**さらに**マラソンを走るくらいの距離に相当し、しかも、それだけの距離を走りながら、海抜ゼロメートルからエベレストの頂上と同じくらいの高さまで登ってまた下りてくるようなものだ。想像を絶する。

それで、わたしはここで何をしているのだろう。山は大好きだし、走るのも大好きだ。でも、この大会のようなものは？　自分にもできそうだなんて、いったいどうして思ったんだろう？　どうして申し込む気になったんだろう？　46時間。心身ともにシャモニーへ戻ってくるまでの制限時間だ。わたしにとって現実味のある目標かどうか、見当もつかない。もしかすると、まったくの絵空事にすぎないのかもしれない。

でも、ときには絵空事を思い描かなければならないときもある。夢を見なければならないときも。

本当は単純なこと。そうでしょう？　するべきことは、走ること、ただそれだけ。走る、そして、やめろと言われたらやめる。それがどこになるのかは、まだよくわからない。以前、親しい友人が、アドバイスとしてルイス・キャロルの『不思議の国のアリス』の一節を数えてくれた。「『初めから始めなさい。』王様はとてもおごそかにおっしゃいました。『そして終わりまで続け、終わりでやめなさい。』」（河合祥一郎訳、角川書店、２０１０年。句読点は既訳のとおり）。きっとこの言葉がわたしのモットーになる。始める。続ける。そしてやめる。

大それた夢だけれど、できればシャモニーに戻ってきてゴールしたい。論理的かつ理性的に考えれば、どこかのチェックポイントで制限時間オーバーになってやめさせられる可能性の方がずっと高い。でも、今そんなことを心配しても仕方がない。わたしにできることは何もない。今は、とにかくスタートに集中しよう。あとのことはついてくる。なるようになる。

教会の前の階段に、座る場所を見つけた。まわりでは、たくさんの人がうごめいている。話をしている人もいれば、リュックサックをいじっている人も、空をじっと眺めている人もいる。参加者は既に番号をつけられて、道沿いに集まった観衆とは分けられている。妙な気分だ。今までに経験したどんなこととも違う。

自分が名もなき存在になったような気がする。ここには、知り合いは誰もいない。友人たちは昨晩キャンプ場を発ち、今ごろは車でイギリスに向かっているはずだ。ランナーのなかにも知り合いはいない。シャモニーにも、知っている人は誰もいない。誰もわたしがここにいることを知らない。もちろん両親は知っているし、友人のうちほんの数人には、アルプス滞在の終わりごろに大会に出て走るということは言ったはずだ。でも、そんな話を聞かされたって、両親や友人には何の意味もなかっただろう。なんだか変な気分だ、名もなき存在になるなんて。そういう感覚に包まれている感じがする。こう言うと、孤独感を覚えるのではないかと思う人もいるかもしれないけれど、そんなことはなく、むしろ完全に自由になったような感覚だ。レースという統制された状況のなかでも、自由だという信じがたいほどの感覚がわき上がってくる。そして、レースはまだ始まってもいない。

今はまだ。それでも時間は刻々と過ぎていく。胃がむかむかしてきた。

わたし以外のほとんどのランナーは、自分が何をしようとしているのかがちゃんとわかっているようだ。体にフィットしたライクラ〔伸縮性に富む繊維の商標。スポーツウェアによく用いられる〕を着て、小さなリュックサックを背負い、小柄ではつらつとしていて、自分たちが何をしているのかわかっているように見える。どう見えるかに何らかの意味があるのなら、わたしは町から出ることすらできそうにない。

わたしはこの夏に博士課程を修了したばかりで、お金はできるだけ節約して必要最低限のものだけに使う、という学生時代の感覚がまだ抜けていない。装備はだめになるまで使う。無知と経験のなさと倹約精神があいまって、何を着たらいいかさえ、まったく思い浮かばなかった。100マイル、または少なくともその一部分を走るには、快適で、暑さからも寒さからも守ってくれるウェアが必要なのは確かだ。標高2000メートルを超えるところを夜通し走るというのは、いったいどんなものなのだろう？　考え出した最善策は、着慣れたヘリーハンセンのウェアを頼りにする、ということだった。でも、ここに立っている（または座っている）人のなかで、穴のあいたズボン下（保温性のあるもの）を身につけているのはわたしくらいのものだろう。それから、リュックサックも難題だった。背負って走れるようなものはなく、持っていたのは登山用の大きなものだけだった。それで昨日、友人がここを発つ前にひとつ貸してくれた。どうやってお返しをするか考えなくては——おかげで助かったのだから。少し大きくはあるけれど。ウエストのストラップを締めても体にぴったりとは合わない。でも心配ない。少なくとも、携行を義務づけられているものは全部入れられる。水1〜2リットル、ヘッドランプ2つと電池、非常用ブランケット、包帯、パスポート、防水加工のジャンパー。[*2] ほかの人たちは、いったいどうやってあんな小さなリュックにまとめているんだろう？

でも、時は過ぎていく。今この瞬間に意識を戻す。そわそわしたような話し声がかすかに聞こえる。ほかの人たちは自分の世界に入り込んでいるようで、目を閉じ、集中した顔つきをしている。そんな様子を見ると、なんだか落ち着かなくなる。この先、本当は何が待ち受けているかについて、自分がいかに無知かを思い知らされる。嵐の前の静けさ。

レースは今にも始まる。はるか彼方にそびえ立つ山並みを見つめていると、自分が信じられないくらいちっぽけな人間に思えてくる。どうしようもない無力感に圧倒される。わたしがやっていることは何なのだろう？　これから何時間ものあいだ、わたしが痛みや疑念、希望、喜びを感じても、誰が気にするだろう。それどころか、いったい誰が知ってくれるだろう？　でもそれと同時に、世界がわたしたちの前に広がり、無限の可能性に満ちているような気がする。

＊　＊　＊

人生を探求する手段としてのウルトラトレイル

ウルトラトレイル・デュ・モンブランはモンブランを1周するレースで、100マイルを超える距離を、険しいアルプスのトレイルを通り、標高の高い峠をいくつも越える旅だ。レースそのものが、探求、忍耐、スポーツ、コミュニティー、分かち合いの祭典だ——ランナー、ボランティア、コミュニティー、サポーターが、レースそのものをはるかに超える体験をともにするために集まる。

チベット語に「コルラ」という言葉がある。周回や循環という意味だ。チベット仏教においては、巡礼の一形態と、瞑想による修行の両方を表す。たいていの場合は、巡礼として、または祭事や儀式の一環として聖なる地を巡り歩くことだけれど、聖なる地というのは崇められている山であることが多く、そこに至るまでの旅は長く厳しい道のりで、高い峠や険しい土地をいくつも越えなければならない。

2005年に初めて参加したときにはわかっていなかったけれど、わたしにとっては、それを体現するのがウルトラトレイル・デュ・モンブランだ。祭事、巡礼、周回——その道を選んだものにとっては、まさにコルラなのだ。

振り返ってみると、わたしの走りのほとんどは瞑想の修行となったし、ほとんどはコルラの形を取っていた。円を描いて走ることで、わたしはすばらしい旅を経験してきた。小規模なものも大規模なものもある。競技場のトラックでの４００メートル走。道路での１キロメートル周回競争。モンブラン、モンテローザ、マッターホルンなどの４０００メートル級の山のまわりを巡る１００マイルのレース。８０００メートル級のマナスル山を巡って２００キロメートル走ったこともある。

巡礼というと実際の旅を思い浮かべがちだが、倫理的な意味や精神的な意味を探し求める旅でもある。だから、自分自身の信念に分け入る象徴的な旅でもあり、自分や他者や、自分たちが暮らしている世界のことをより深く理解するための旅でもある。人生そのものが巡礼なのだ。

走ることは、わたしにとって人生を探求する手段のひとつになっている。内なる旅をするために実際の旅をするのだ。

ロバート・パーシグの作品『禅とオートバイ修理技術――価値の探求』に、こんなことが書かれている。「車は、いわば小さな密室であり……私たちは、ただ枠のなかを流れてゆく景色を漠然と眺めている受け身の観察者に過ぎないのだ。だがオートバイにはその枠がない。私たちは完全に自然と一体になる。もはや単なる傍観者ではなく、私たちは自然という大きな舞台のまんなかにいて、溢れんばかりの臨場感に包まれる」[*3]。（『禅とオートバイ修理技術――価値の探求（上）』、五十嵐美克訳、早川書房、２００８）

これは、わたしにとっての走ることにも当てはまる。走っているとき、わたしと、わたしの周囲の存在を隔てるものはない——足はリズミカルに地面に触れ、空気を吸い、目を凝らし、耳を澄ませる——官能的なまでに親密な関係だ。そして、自分を取り巻くものとひとつになればなるほど、わたしはいっそう、今この瞬間に引き寄せられる。そんなとき、走るという実際の旅は、わたしをさらなる深い内省への旅へ、そして人生を経験する旅へと連れていってくれる。

わたしにとって、そんな旅をさせてくれるのが走ることだけとは限らないし、自分にそういう旅をさせてくれるのは走ることではない、という人もいるかもしれない。大切なのは、探索、経験、探求、分かち合い、生きることを続けさせてくれる方法を見つけることだ。世界はわたしたちの前に広がり無限の可能性に満ちている、と素朴に信じさせてくれて、今この瞬間に意識を向けさせてくれるものなら、どんな方法でもかまわない。

UTMBの歴史

ウルトラトレイル・デュ・モンブランは、長距離の山岳レースの世界で独特の位置を占めている。この大会には美しい物語がある。はじまりはごく単純で、ある友人たちのグループが、ツール・ド・モンブランを走ることはできるだろうかと考えたことだった。

ツール・ド・モンブランは、アルプスに古くからある長距離のトレッキング・コースで、ヨーロッパで最も人気のあるコースのひとつだ。かつては猟師や牧夫や商人が使っていた何本もの古い山道をつなげたもので、西ヨーロッパの最高峰モンブラン山塊を1周している。ルートにはさまざまなバリエーションがあるけれど、たいていの場合、歩いて7日から10日かかる。ルートにもよるが、距離は150から200キロメートル、累積標高差は7500から1万2650メートルだ。

1978年8月、ジャッキー・デュクとクリスチャン・ルーセルが、ツール・ド・モンブランをノンストップで走るという試みに初めて挑んだ。2人は25時間50分かけて完走した。1980年には、女性で初めてエディット・クーエが28時間2分で完走した。何年かのち、ミシェル・ポレッティと彼の友人たちも夢を抱いた。正気とは思えないほどの情熱に駆られて、そのルートを同じ日程でみな一斉に走ることができるか試してみたいと思ったのだ。彼らの野望は、この旅を分かち合いたいという純粋な思い、ただそれだけだった。そうしてその思いから、できるだけアルプス高地のトレイルを通って参加者が一斉に走るレースが誕生したのである。

こうして、UTMBはミシェルと彼の妻カトリーヌがレースディレクターとなって開催され、2003年の第1回大会には19カ国から718名のランナーが参加し、250名のボランティアが大会を手伝った。過酷な状況のもと、完走者はわずか67名だった。年とともにレースは発展し、2014年にはレースは5種類になり、合計で77カ国から7500名が参加し、2000名のボランティアが大会を支えた。大会の規模はすさまじく、用意されたものの数も驚異的だった——コースのマーカー15万個（ボランティアが作成した）、チーズ3000キログラム、バナナ9000本、スープ9700リットル、ビスケット5万5000枚……。

UTMBが始まったころにはトレイルランニング愛好者はあまり多くなかったが、今では急激に発展し、世界中で広まりを見せている。発展はさらに続き、2015年からは、国際陸上競技連盟（IAAF）〔2019年11月に「ワールドアスレティックス（世界陸連）」に改称〕により、ようやく陸上競技の種目として認定されることになった。

参加するランナーの数こそ増加しているが、UTMBの願いは、創始以来ずっと大会を貫いている人間的な理念を今後も保ち続けることだ。つまり、ただ「リスペクトの精神にあふれた本物のすばらしい旅を提供」し、その価値観と情熱を大会にかかわるすべての人——ランナー、ボランティア、支援者、コミュニティー——と分かち合うことである。

＊＊＊

軽快な船出

静けさがわたしたちを包む。

最終説明が始まり言葉が聞こえてくるけれど、頭には入ってこない。短い間があって、ヴアンゲリスの「新大陸発見／コロンブスのテーマ」が流れ、耳に残るメロディーで最後のひとときを満たす。聴いていると心が奮い立ち、不安は不思議な希望へと変わり、自分のこの2本の足で無事にシャモニーに帰って来られそうな気がしてきた。そして、わたしたちは動き始めた。わたしはまわりの人の波に運ばれて教会の階段を離れ、ほかの人たちと一緒にスタート地点を示すアーチをくぐる。さあ、いよいよだ。始まった。道は曲がり、行く手の道沿いには観衆が集まっている。ものすごい数の人だ。町全体が大会の熱気に包まれているようだ。こんな経験は生まれて初めてだ。

祭りのようなにぎわいを後にして、シャモニーの外へ延びる道をゆったりとしたペースで走っていくと、レ・ズッシュへ向かう谷を下る、木立のなかのトレイルに出た。ここでは、道沿いの観衆に代わって、木々がわたしたちの努力を見守ってくれる。わたしたちはゆっくりと動き、走っているとは言えないペースで進む。人が多すぎて密集し、押し合いへし合いしている。わたしは、ポールを持っている人を避けようと、気をつけて足を進める。こんなの、今まで見たことがない、ポールを使って走る人なんて。何度かつまずいて転びそうになった。ちょっといらいらしてしまう。

いらいらする気持ちは脇に追いやって、この穏やかなペースのリズムに乗ることにする。今日はずっと待ってばかりだったので、動けるだけでもうれしい。夕方の空気は涼しくて、まだゆっくりとしか動いていないけれど、それでも熱くなる体を冷ますのにちょうどいい。

心配するのはやめよう。もっとちゃんと練習できたんじゃないかとか、もっときちんと準備すればよかったとか、あれこれ考えてエネルギーを消費するのは無駄だ。そう、これだ。わたしたちは走っている。それがすべてだ。とにかく走り続けよう。

木立のなかを進み、谷にへばりついているような道に沿って高すぎも低すぎもしないところを走っていくと、道は緩やかにうねる下りになった。ようやく木立を出た――川の向こう側やレ・ズッシュに続く道で待っていた人たちが、拍手で迎えてくれる。教会の前にテーブルが出してあって、飲み物を用意してくれているようだ。でも、まだそれほど長い距離を進んではいないので、完全に足を止める人はいない。わたしも、ここまで乗ってきた波にそのまま乗り続けることにする。

最初の上りに入ったころ、日が暮れ始めた。振り返ってみると、今では谷底ははるか下になり、空は沈んでいく太陽の光で夕映えのピンクに染まっている。この美しさに、不思議な喜びを感じて体が震えた。抑えることのできない自然のリズムは超然としていて、わたしたちの関心事や、不安、人間のちっぽけな世界で起きていることなど、まったく気に留めない。太陽は今夜沈み、明日になれば昇る。この確実さが広い視野を持たせてくれて、今夜わたしが何を感じ何を耐え忍ぼうと世界は回り続ける、そう確信できてほっとした。このように自然にはもともと優美さが備わっていて、なぜか心を和ませ気をまぎらわせてくれる。

さっき、わたしたちは走っている、と言った。でも、スタートから2時間以上経って集団がばらけたこの場所で、やっと自分が本当に走っていると感じられるようになった。さらに高く上ると集団はさらにばらけていき、これから先の途方もない旅を前に、心と体に対する試練が早くも始まる。

薄れつつあった光が消え、夜のとばりが下りる。夕暮れ時の空の美しさは消え失せた。夜のとばりのなかへと進む。漆黒の闇がわたしを包む。レースの現実や信じがたい旅から守ってくれる毛布のように。ひっそりとした、名もなき存在でいさせてくれる。わたしは夜を抜けて進む影のひとつにすぎない。わたしが走る様子に目を光らせる人もいなければ、わたしがどんなに遅いかを目にする人もいない。判断する人はいない。相変わらず、信じられないほど自由だというあの感覚がある。

ランナーの姿はいっそうまばらになった。さらに自由に動けるようになってほっとする。前を走るランナーの流れに合わせるのではなく、地形に合わせて自分のペースで走れる。ここでのサポートには驚いた。夜だというのに、居心地のいいシャレー〔軒が広く突き出た家で、アルプス地方に多い〕から外に出て、声援を送ったりカウベルを鳴らしたりして励ましてくれる。あの人たちがわたしたちのためだけにそこにいてくれると思うと、身の引き締まる思いがする。こうしてたまに響くにぎやかな音は、自分の呼吸と地面をザクザクと踏みしめる足音だけが道連れとなる夜のしじまや、人影のない長い道とは著しく対照的だ。手をひざに当てて、わたしは最初の峠、ボザ峠を登った。

ようやくこの旅に慣れてきた。ちょっと考えごとをしてもよさそうだ。あれこれと思いを巡らせて、自分がしていることは何なのか理解しようとしてみる。

この最初の下りは長い。自分が今どこにいるのかわからない。わたしにとっては、文字どおりの意味でも比喩的な意味でも新たな領域だ——地理的にも、身体的にも、精神的にも、感情的にも。そして、これは始まりにすぎない。どう対処していくことになるのか、まるでわからない。自分の心や体と格闘することになるのだろうか、それとも楽にやっていけるのだろうか。これから先の時間がどんなものになるのか、今夜から明日にかけて走り続けるというのはどんなことなのか、まったく想像できない。いつどこで終わりがくるかもわからない。でも、そんなことはいっさい考えないようにしなくては。わからないことを心配したって仕方がない。エネルギーの無駄遣いで意味がないし、この先、身も心もありったけのエネルギーをかき集めなければならないのだから。わたしは、今の努力、今の経験に専念するしかないと悟った。足元の小道に導かれるまま、自分の2本の足がわたしを前へと連れていくのに任せるしかない。勇壮な山影に励まされながら。

暗い森を抜けると光が見え、声が聞こえてきた。パーティーのようなものが行われているらしい。レ・コンタミンヌの人たちが、わたしたちを応援しながら楽しく騒いでいる。わたしは足を止めた。もう何時間も走りっぱなしだ。きっと、何か食べたり飲んだりしておいた方がいいのだろう。食べ物などが並んでいるテーブルの前をうろうろしてみる。食欲はあまりない。でも、どんなものがあるかは気になる。立派なごちそうで、あらゆる種類の食べ物がビュッフェ形式でふんだんに用意されている。わたしはパンとチーズを少し、リュックサックのポケットに詰め込んだ。念のため、この先に備えて。先へ行こうとしたけれど、少しためらった。上っていくにつれてどんどん寒くなるはずだ。ここは慎重に行動しよう。今、この電灯の明かりの下で着替えた方が、あとになってかじかんだ手で着替えるより楽だ。それに、どのみち急いでなんかいない。順位は真ん中あたりのどこか（５０４位だったとあとでわかった）に埋もれている。前を走っている人は多いし、後ろを走っている人も多い。だから、全然急ぐ必要はない。Ｔシャツを脱いで着古したサーマルウェアに着替えた。これ以上ぐずぐずしている口実はない。夜が待っている。渓谷の終点、ノートルダム・ド・ラ・ゴルジュに着くまで、それほど時間はかからないだろう。この森は暗いけれど、人はいるし、明かりも見える。トレイルは急勾配の上りになり、足元には小石がごろごろしている。まるで体のなかを電流が走るような感覚がする。ここでも道沿いには人々が集まり、今度はたいまつを手にしている。目の前で炎が躍る。彼らの熱意を受けてわたしの気分も高まる。もうかなり遠くまで来た。ひたすらゆっくり進み続ける以外に、いったい何をする必要があるだろう？

◎第2章：走る意味

静は愛をつくる。動は生をつくる。
静にして動であること——それがすべてだ。
——ド・ヒョンチェ

闇を駆ける

夜の静けさのなかを動く。動き、かつ静であること、それが、なすべきことのすべてなのだろうか？　わたしはゆっくり時間をかけ、ときに走り、ときに歩く。もっと頑張らなければ、というプレッシャーは特に感じない。森を抜けて谷の奥に入っていくと、トレイルは平坦になった。闇のなか、おぼろげにしか見えない景色も、足元のトレイルの感触や夜空に浮かび上がる稜線を通して、わたしの心に刻まれる。ラ・バルムの牧草地に着いた。明かりと、あたたかく迎えてくれるボランティアの人たちの陽気さは、暗いトレイルの静けさをしばし忘れさせる。飲み物を少し飲み、この先まだ何マイルもある長い道のりを思って先へと進む。チェックポイントすべてを制限時間内に通過できる見込みがあるかどうか、自分でも全然わからない。リュックサックにはコースの案内書[*1]が入っているけれど、わざわざ取り出して目安時間を確認する気にはならない。とりあえずここまでは順調。とにかくこのまま続けて、最後まで続けられることを祈ろう。

ここの上りは長く、体力も集中力も必要だ。それでも何人か追い抜いた。もうひとりの女性ランナー、マリアと話をする。標高2329メートルあるボンノム峠までの上りの最後の部分を一緒に進む。ここの空気はいっそうひんやりしているけれど、谷のはるか上にいることで気持ちは高まる。暗くてよく見えなくても、ここは本当にアルプスの真ん中なのだと実感する。ここにいたいと思える場所だ。トレイルの勾配は緩やかになったものの、足もとはさらにごつごつしてきて、身軽さが必要だ。楽しい。マリアは、わたしが楽々と動けるのを見て驚いたらしい。なにしろ、まわりにいるランナーは、ほとんどがペースを落としているのだ。わたしは、こういうレースは初めてだけど山は大好きなのだ、と話した。しばらく会話を続けてから、マリアは、もうすぐ下りになるけれど自分のひざではゆっくりとしか進めないから、と言って、先に行くよう促してくれた。

マリアとは、表彰式のとき表彰台の上で再会することになった。マリアは年代別の部門で優勝したのだが、一緒に走っていたときはずいぶん後ろだったのに、わたしが女性部門で優勝したことを知って驚いていた。彼女とはそれからも連絡を取り合い、一緒に走ったりスキーに行ったりして、いい友人になった。

クロワ・ド・ボンノムに着いた。わたしは足を止め、用を足すためトレイルから外れてしゃがむ。まわりにいるほかのランナーが「女子だ」とおもしろそうに騒いだ。わたしは笑って「ええ、女子よ」と答える。そうよ、男子諸君、わたしたちはしゃがまなければならないの。でも、彼らが騒いだのは、わたしが用を足していたからではなく、わたしが女子だとわかったからだ、と気づいた。彼らは、闇のなかを自分たちと一緒に登っているこの小柄な人間が女子だということに気づいていなかったのだ。そういえば、マリアを別にすれば、このあたりの集団には女性ランナーはあまりいないのかもしれない。ほとんどの人が前にいるからなのか後ろにいるからなのか、よくわからない。それとも、単に女性ランナーの数そのものが少ないだけなのだろうか。

一時の賑わい、再びの孤独

曲がりくねった道が下へと伸びる。傾斜のきつい下りだ。小さな道がたくさんあるけれど、どれがいちばん足場がよくて、いちばん近道で、いちばん速く進めるのか、まったくわからない。でも大丈夫。別に急いではいないのだから。見下ろすと、はるか下に、先を行くランナーたちのヘッドランプの光が見える。荘厳な眺め。でも、かなり下のようだ（実際、1000メートル以上あった）。

とうとう谷底が近づいてきたのがわかった。道は緩やかにくねくねと曲がっている。眼下に明かりが見え、声が聞こえる。パーティーのようなにぎやかさだ。ゆっくりと進んだけれど、それでも明かりのところまではそれほど時間はかからなかった。道沿いに並ぶろうそくの燈火をたどっていくと、レ・シャピューの休憩所についた。魔法みたいだ。明かりに導かれて大きなテントに入ると、架台式の長テーブルがあって、食べ物と飲み物がずらりと並んでいる。豪勢な食事というわけではないけれど、こんな夜更け（午前2時少し前）まで50キロメートル近くもレースを続けてきたわたしには立派なごちそうだ。わたしは食べ物と飲み物を少し口にして、テントを出た。すると、にぎやかな声がするわけがわかった。ここ全体がお祭り気分なのだ。みんな、大いに楽しんでいるらしい。一瞬、ここにいたいという誘惑に駆られた。一緒に楽しく過ごしたい、光の明るさ、炎のぬくもり、もっとちゃんとした食べ物や飲み物を味わいながら、もう少しのんびりしていたい。でも、誘惑に駆られたのは一瞬だけだった。わたしの世界は暗い夜で、この宴の向こうでわたしを待っている。ろうそくの燈火はさらに続き、今度はわたしを再び暗闇へと連れ出す。お祭りのざわめきは背後に遠ざかっていった。

足元は舗装された単線の道路になり、わたしの足音はアスファルトの路面で穏やかなリズムを刻む。しばらくのあいだ、ひとりの男性ランナーとペースを合わせて走る。彼はわたしがまだ走っていることに感心したらしく、女性部門ではかなりいい順位に違いないと思っているようだ（この時点では、全体で２４２位だった）。まあ、確かにかなりの距離を来たけれど、かなり気楽に進んでいて、あまり本気で走ってはいなかったから、まだ楽に動ける。もしかしたら、こういったレースが初めてでいろんなことが目新しいからかもしれないし、夜の漆黒の闇を抜けて走るという経験が新鮮だからかもしれないけれど、わたしは心から楽しんでいる。本当に楽しい。

深い夜のなか、生まれて初めて来た場所で、体は疲れていても気分は爽快で、ようやく自分が走り抜けている雄大な景色を味わえるようになってきた。上っていく道は、谷のさらに奥へとわたしを導き、1歩ごとに高さを増していく。谷が口を開けて広がっているのを、見るというよりも感じる。はるか上を取り巻くようにそびえる山々の力強さや美しさを、見るというよりも感じる。そんな風景が心に深く刻まれる。ここでようやく気づいた。この環境のなかを走れるのは、なんて恵まれたことなのだろう。こんな夜に山々に囲まれて外にいるだけでも、なんて恵まれたことなのだろう。闇に包まれ、目ではなく心で美しさを感じられる。ほかに言い表しようがない。この場所こそ、時間をゆっくり取ってまた戻ってきたいところだ。

このとき以来、トレーニングで数え切れないくらい何度もこの地を訪れたけれど、あの最初の夜の美しさに並ぶものはない。昼間の澄んだ光のなかで見てもだ。もしかしたら、思いがけずにこんなところ、50キロメートルから60キロメートルの地点まで無事に来られて、しかもほとんど闇のなかを走ってきたからなのかもしれない。この先の旅を予感していたからなのかもしれない。それでもやはり、あの最初の夜は言葉では言い表せないほど美しかった。少なくともあの場所では、いまだにあれに匹敵するものには出会えていない。

グラシエ村には山小屋が数軒あり、わたしたちのコースは舗装された単線の道を外れて川を渡り、セーニュ峠へと上るトレイルに入った。早朝のこの時間、みなゆっくりと上っている。わたしの前方には、いつも誰かのヘッドランプの明かりがある。この夜に奇妙な努力をしているのは自分だけじゃないと思うと、ほんの少し心が安らぐ。わたしたちはひとりだけれど、みんな一緒でもあり、それぞれが自分の経験のなかにこもっているけれど、なんとかこの旅をやり遂げて自らの2本の足でシャモニーへ戻るという目標を分かち合ってもいる。ほかのランナーも自分とまったく同じことをしているのだと思うと、こんな夜更けにアルプスの高地のトレイルにいるのにも何か意味があるような気がしてくる。何人か追い抜いた。足もとの地面はなだらかで、悪戦苦闘するほどではなく、着々とスムーズに上っていける。さらに何人も追い抜く（あとで知ったが、レ・シャピューからセーニュ峠までの11キロメートルのあいだに100人近く追い抜いた）。考えるのはやめよう。不思議なほどの平静さに身を委ねる。体が尋常ではない努力をしているときは、そんな感覚になるものだ。それに、まだコース全体の3分の1を過ぎたばかりだ。

足の下では山腹の勾配が緩やかになり、目の前の地平線には、ひときわ大きく輝く光が現れた。前方の峠が見える。尾根に挟まれた鞍部が、夜空を背にくっきりと浮かび上がっている。輝く光のもとに着いてみるとそこはチェックポイントで、テントのなかでは献身的なボランティアが寒さにも負けず待機していた。わたしはずっと動いていたので薄手のサーマルウェアで十分暖かかったけれど、彼らがフリースやダウンの服を着込んでいるのを見ると、この高地がどれほど寒いか改めて気づかされる。ここは標高2516メートル、恐ろしく高いわけではないとはいえ、高地であることは間違いない。シャモニーへ戻る過酷なこの旅の残りで越える峠でここよりも高いのは、あとひとつだけだ。ここには食べ物の用意はなく、ゼッケン番号を確認されただけだった。上りの苦労が終わり、足を止めていたら体が冷えてきたので急いで出発し、くねくねと曲がるトレイルに沿って下っていく。さっさと下りていくうちに、峠に吹きつけていた風を感じなくなった。30分もしないうちにエリザベッタ小屋に着き、少し休んで温かいものを飲む。

ここからほんの少し下ればコンバル湖だ。闇のなか、独特な景色が広がる。思いがけず平坦なので面食らった——走るべきだろうか、歩くべきだろうか？　この湖はミアージュ氷河の先端からヴェニ谷への流出口まで広がり、かつては氷河がドワール・ド・ヴェニ川の水底を部分的にせき止めて自然のダムの役目を果たしていたが、今では高地の湿原になっていて、ここよりも高いチベット高原にある山地の草原地帯を思わせる。あっというまに通過すると、トレイルは谷の出口へと下る道を離れ、アレット・デュ・モンファーブルへ向かう上りになった。今はまだ真夜中だ。どういうわけか、いつだって夜明けの直前がいちばん暗い。集中力が続かず、疲労感や睡魔にも襲われる。わたしは船上で何カ月か夜間当直をしたことがあるので、この夜更けの時間帯とはすっかりおなじみだ。海での仕事が、なぜかこのときのための貴重な訓練になったのかもしれないと思うと不思議な気がする。

ついに夜が明け、光が現れる直前の最もつらい時間の痕跡が消えていく。わたしは我に返った。空に光があふれ、感動で胸がいっぱいになる。夜は過ぎ去った。新たな日の美しさが希望を運んでくれる。どんな困難があろうと、これから始まる1日がどんな試練をもたらそうと、それは生きるためにある――生きていることこそすべてであり、可能性は無限にあるのだ。

ブラム・ストーカーの『吸血鬼ドラキュラ』の一節を思い出した。「こういう夜の恐怖というものを知らない人には、朝というものがどんなになつかしいものか、この気持ちはわかるまい」(『吸血鬼ドラキュラ』平井呈一訳、東京創元社、1971年)。そのとおりだ。一晩中起きていると、朝の訪れに紛れもないなつかしさを覚える。太陽が空に昇って頭上の雲を染めるのを見て、少し自分をごまかせそうだと思った。夜が明けて新たな1日が始まったのなら、途中どこかで眠ったはずだとうまく自分に思い込ませることができれば、きっとスタートのときと同じくらい元気がわいて、脚の疲れもなくなり、ひたすら進み続けたいという熱意がほとばしってくるはずだ。なんとなくうまくいきそうだ。でも、疲れのせいでつまずき、うつ伏せに転んでしまった。片方のひざを擦りむいただけで済み、立ち上がって、すばらしく走りやすいこの道を下り続けた。

次のチェックポイント、シェクルーイ峠にあるメゾン・ヴィエイユ小屋にどうにかたどり着いた。ジャコモという陽気な主人が、わたしたちを出迎えようと待っていてくれた。でもわたしは止まらない。クールマイユールまでは、きっとあと少しのはず。思ったとおり、曲がりくねった道をどんどん下りていくと、30分もしないうちに、古くからある山村に着いた。地元のスポーツセンターにチェックポイントが設けられている。すごい！　こんなに遠くまで来られるなんて思ってもみなかった。

時刻は午前6時30分を過ぎたところだ。朝食に間に合う時間。礼儀正しい、と言ってもいい。でも、大きなスポーツセンターはどことなく素っ気ない感じがして落ち着かない。ここまで通過してきたチェックポイントのあたたかさがなつかしい。ここはまるで迷宮だ。なんとか食べ物と飲み物は見つかったけれど、調子がいいので、必要以上に長居はしたくない。誰かが大きな部屋の方を指さしてくれた。マットレスが敷いてあり、毛布も用意してある。でも、わたしは寝る必要なんてない！　別の人は、ドアに赤十字が書いてある部屋を示してくれた。のぞいてみたけれど、わたしには理学療法もマッサージも必要ない。このごちゃごちゃと並んだ部屋とがらんとした廊下をあとにして、わたしを待つコースへ戻りたいだけなのに。やっと出口を教えてもらい、時間を無駄にしたことでいらいらしながら、番号を見せてチェックしてもらった。係の人たちは記録を確認しながらためらっているようだったけれど、ここを通過した女性はこれで2人目ですよと言うので、わたしはすっかりびっくりしてしまった。そんなことあり得るだろうか？　ほかの女性ランナーはどうなってしまったんだろう？　まったくわけがわからない。

＊＊＊

わたしの走ることの始まり

始まりはどこなのだろう？

子供。旅。山。夢。

わたしにとって、走ることはどこで始まったのだろう？　確かに、子供のころは誰だって走り回るけれど、なぜか、わたしにとっては単なる遊び以上のものになった。日常生活の一部になった。走ることが当たり前になった。

なぜ走ることがわたしの人生に欠かせない要素のひとつとなり、どうして2005年8月の終わりにあのスタートラインに立つことになったのだろう。自分に問いかけてみる。答えを知っているのかどうか、自分でもはっきりしない。そして、ほかに答えてくれる人はいない。わたしにわかるのは、幼い子供の想像力や感情や驚きを感じる心のどこか深いところに種がまかれたということだ。この種が、山に対して一生のあいだ抱き続けることになる愛情の始まりだった。山を愛する心と、生まれながらの持久力と頑固さとが合わさって、今のわたし、不屈のアスリートになったのだと思う。

記憶というものは断片的だったり不確かだったりするし、時間的な隔たりもあるので、ある瞬間やある印象をそのあとの経験と区別するのは難しいこともある。それでも、わたしの持久力の源をどこかにたどれるとすれば、6歳のときに初めて訪れたツェルマットとそこを取り巻く山々での経験に行き着くと思う。わたしの種はもっと前からそこにあったはずだけれど、気づいたのはこのときで、愛を自覚し、情熱が生まれ、さらには自分が何者なのかを本能的に感じることさえできたのだった。たとえ、当時のわたしには、それが後にどんな形で現れることになるかはわからなかったとしても。

初めて山に行ったとき、わたしは自分が向かっているのがどんなところか知らなかった。新しい場所に旅をすることにはわくわくしたけれど、それ以上はまったく何も期待していなかった。ヨーロッパ大陸へ渡ってアルプス地方へ行くという単なる家族旅行で、わたしたちみんな――両親、姉、兄、2歳の弟――そこへ行くのは初めてだった。このときまで、夏休みの家族旅行の行き先といえば、ジャージー島の美しいセント・ブレレーズ・ベイだった。両親はふたりともロンドンのイーストエンド出身だった――冒険や登山といった世界とは無縁な一家だったし、わたしも、山々とそれにまつわる伝説についてや、登山家と彼らの冒険の物語を聞かされたこともなかった。わたしは、探検の豊かな歴史のことなど何も知らなかった。わたしにとって、山はまったく知らない世界、生まれ育ったロンドン郊外とはまったく異なる世界だった。

けれどもあのとき、何かが6歳の子供の心と精神に触れたのだ。

わたしたち家族は、ロンドンの外れのアップミンスターに住んでいた。郊外で、緑の線(地下鉄のディストリクト線)の終着駅があるところだ。一家6人で飛行機に乗り、さらにジュネーブからツェルマットへ列車ではるばると移動する旅は、それだけでも大変だったに違いない。どこか初めてのところへ行く長旅でわくわくしていたことを、今でもなんとなく覚えている。知らないことが待っているんだと思った。

列車を降りて駅前広場に出ると、そこは別世界だった。4月の暗い夜の空気はピリッと冷たく、独特なにおいが漂っていた。そのにおいが何かはいまだにわからないけれど、今でもここに来るたびにそのにおいが迎えてくれる。村は自動車の乗り入れが禁止されていて、訪れた人は、小型の電気タクシーか、馬の引くそり、あるいは徒歩で移動する。これがわたしの想像力をとらえた——兄と弟(どちらも後にエンジニアになる)は車好きだったけれど、わたしは車に興味を持ったことがない。イースターの時期だった。暖かいイースターで、夜の冷え込みを日中の暖かさが和らげてくれた。太陽の光さえイギリスとは違っていた。強い日差しが、牧草地に積もった雪に反射してさらに強くなる。わたしは幼くて父や兄や姉と一緒には滑れなかったので、村のなだらかな牧草地で行われたスキー教室に参加した。当時から既に我が道を行くタイプだったので、グループ指導は窮屈で嫌だった。

マッターホルンの神々しい姿は、もちろんこの村からもすぐ見えるので、その美しさと壮大さは最初から幼いわたしの心に焼きついた。それでも、列車に乗ってさらにゴルナーグラート（標高3135メートル）に登ると、目の前に絶景が開けた――どちらを向いても4000メートル級の山々の頂、クレバスのある氷河、ごつごつした山肌。家が延々と並びそのあいだを自動車だらけの道路が横切る殺風景なロンドン郊外から来たわたしは、この自然のままの光景に心をひきつけられ、世界は探求されるのを待っているという印象を受けた。日中は外の大自然のなかで過ごし、夜にはみんなで食事をした。お気に入りの夕方の過ごし方は、典型的なヴァレー料理[*2]のレストランに行くことだった。火が焚かれている店内は暖かくて心地よく、ナプキンに包まれたチーズトーストサンドが出てくると、あまりおいしくない具を慎重に取り除いてから食べた。1日じゅう外で過ごしたあと、その暖かな店内の隅で、パンとチーズ、そして本を手にぬくぬくと過ごすのは満ち足りた気分だった。素朴な喜び。まだ6歳のときでさえ、わたしは本なしで過ごしたことがなかった――ページに書かれた言葉が、別の人の人生や別の物語をのぞく窓となり――しばらくのあいだ、言葉が織りなす世界に没頭する。わたしにとって、彼らの物語はわたしの物語でもあった。

そのときの記憶そのものは、次第にぼんやりとしてきている。それでも、鮮明に浮かんでくるものもある。「わが家」にいる感覚。絶対的な確信だ。

ロンドンに向かう帰りの長旅が始まったとき、わたしは谷を下る列車のなかで泣いた。単なる休暇旅行ではあったけれど、学校が始まってしまう前にもっと遊んでいたいと駄々をこねる子供の涙ではなかった。あの涙は、もっと静かな生の感情からあふれたもので、子供の心にある、何か深い感情の表れだった。あたかも、このときの別れが、単なる別れではなく何か大切なものを失うことだったかのように。

同じように泣いたことがもう一度だけある。ちょうど30年後、カトマンドゥを発つことになり、自分が抱いていた愛情の深さに気づいたときだ。それまではそんな愛情があるなんて意識もせず、愛情を表したこともなかったのに。この先どうなるのかまったくわからなかったし、この愛情が何らかの形で現れるのかどうかも、報われるのかどうかもわからなかった。ただ、このときに再び訪れたのだ。これがわたしの人生の重要な一部になるという、あの絶対的な確信、ここが「わが家」なのだというあの感覚が。ただこのときのわたしの愛情は、子供らしい不思議だと思う気持ちや好奇心からだけではなく、成熟した大人の女性の心と魂によるものだった。

初めて訪れたツェルマットをあとにしたときは、自分がまたここに戻って来られるのかも、どんなふうに戻って来られるのかもわからなかった。子供だったので、どこに何をしに行くかは家族次第だった。でもあのときに、山々が、もっと正確に言うなら、山々がわたしにとって何を意味するか——美しさ、挑戦、探索、世界——が、わたしの心を引きつけるものであり、わたしの人生の一部が上演される舞台だと悟ったのだ。

ロンドン郊外の灰色の世界に戻ると、自分と両親やきょうだいのあいだにはっきりした違いがあることに気がついた。楽しい休暇だったけれど、両親ときょうだいにとってはただの休暇にすぎなかった。一方わたしにとっては、幼かったとはいえ、それ以上のもの、何らかの方法で具現化されなければならないものだった。

両親ときょうだいは普段の生活に戻って学校や職場に通ったけれど、わたしは何かが足りないような気がしていた。何かが変わった。自分がいるべき場所についての考えが変わりつつあったのだ。学校に通い、友だちと遊び、ほかにもいろんなことをして元の生活に戻りはしたものの、しかるべき時が訪れるのを待っている、という感覚があった。

わたしは待ち続けた。

走ることの根源

今では、自分が走っていなかったときのことを思い出すのは難しい。でも子供のときには、走るというのはただそれだけのことで、それ以上でもそれ以下でもない。人は生まれたときから筋肉を鍛えて筋の協応性を高め、成長とともに、寝返りを打ち、座り、ハイハイできるようになる。そうして十分な自信とバランス感覚が身についてくると、おぼつかない足取りで歩み出す瞬間が訪れる。自信がさらに高まりバランス感覚がさらに向上すると、その1歩はよちよち歩きになり、よちよち歩きからさらに走れるようになる。足で楽々と動けるようになるのだ。ためらいもせずに全力で走る。遊ぶ。走り回る。遊んでは走り、走っては遊ぶ。これは自然な行動で、感じていることの表現だ——興奮、不安、歓喜、落胆。本能的で衝動的な行動なのだ。

わたしたちは校庭の硬いアスファルトの上を走り、運動場の柔らかい芝生の上を走る。家へ帰る途中には歩道のでこぼこを感じ、波打ち際では足の下にある砂の弾力を感じる。わたしたちの走りは、幸せな気分が高まって外にあふれ出したものだったり、怖くなったときになじみのあるところに駆け戻るためだったりする。

でも、大人になるにつれて、かつては知っていたことをすっかり忘れてしまうことがあまりにも多い。走らなくなるか、走るとしても「エクササイズ」になってしまう。走りなさいと誰かに言われたり、走らなきゃと自分で思ったりするものになる。価値とか効果とかいった観点で測られるものと化し、感情の発露ではなくなってしまう。

けれども、わたしたちの忘れっぽさにもかかわらず、記憶の糸がかつてよく知っていたことにしっかり結びついていることがある。その細いつながりのおかげで、成長して大人になるまでのあいだも、わたしたちは走り続ける。走ることとは何かをまだ知っているからだ。もう無心に走ることはないけれど、子供時代のあの感覚を、まだ幾分かは覚えている。走ることが驚きや好奇心に満ちていたときのことを。世界はわたしたちの前に広がり無限の可能性に満ちている、と無邪気に信じて、その瞬間を生きていたあのころのことを。

わたしの走る姿が写ったいちばん最初の写真は、6歳のときのものだ。初夏のころ、おさげ髪の頑固そうな子が、半ズボンにスニーカーで校庭を走っている姿。初めて山へ旅行したすぐあとだ。そのとき何を感じていたかは思い出せない。でも写真からは、このとき既に、屈託のない幸せそうな様子をしていることが見て取れる。1等でもビリでもない。初夏に行われた運動会での、あるがままの姿をとらえたものだ。

その年の夏、わたしたち家族は再びツェルマットを訪れ、もう雪のなくなったトレイルで簡単な山歩きを始めた。2歳の弟がいたので、ちょっとした散歩程度のものだったはずだけれど、わたしは、雪が残っていたイースターの時期よりも、自分を取り囲む山々の風景に魅了され、体を動かす楽しさを存分に味わったと思う。わたしたちが歩いたり遊んだりしている、わりと低めのところにある山道ののどかな景色と、はるか高いところにそびえ立つ山頂の荘厳な美しさのコントラストは、わたしの心をとらえて離さなかった。

それ以来、わたしたち家族はこの地を何度も何度も訪れた。あるときは夏に、あるときは冬に。そうして、山々が織りなす景色への愛情は、わたしの心に深く根を下ろした。それでも、何かを待っているというあの感覚は消えなかった。

◎第3章：極地とランニング――

山へ登りたいのならならぜひ登りたまえ、と言いたい。だが、いくら勇気や体力があろうと、慎重さを欠いたら何にもならないということを肝に銘じておいてほしい。一瞬の不注意が一生の幸福を台なしにしかねないことも、忘れないでほしいものだ。なにごとも、あわててやってはいけない。一歩一歩をよく確かめることだ。そして常に最初から、結果がどうなるかをよく考えたうえで行動してほしい。

――エドワード・ウィンパー、『アルプス登攀記』

（『アルプス登攀記』エドワード・ウィンパー著、H・E・G・ティンダル編、新島義昭訳、講談社、1998年）

思いがけない順位

早朝のなかへと戻る。足はしばらくのあいだアスファルトの上で再びリズムを刻み、昔のままの村を抜け、町の比較的新しい部分を抜け、教会の広場を抜けて再び上っていく。細い道は小さな谷に入り、やがてトレイルに出た。ここを進んでいけば、イタリアのフェレ谷の上の方にあるベルトーネ小屋に着く。地図と案内書で調べたところによれば、だけど。わくわくしてきた。わたしが友人とフェレ谷の上の方でキャンプしていたのは、たった数日前のことだ。そのときは雨がひどくてルートのコンディションが悪かったので、山に登るのはあきらめ、山小屋を引き払ってキャンプ場へ戻った。そして、登山できなかった埋め合わせに、わたしは谷の高いところを横切るトレイルまで行ってみたのだった。そのときの道なら少しはわかるかもしれない。数日前よりも乾いていればいいのだけれど。あのとき、トレイルは泥や牛糞の流れる小川と化し、道とは思えないくらいになっていた。アルプスのほかのところでは土砂崩れが起きたことを思えばたいしたことではなかったけれど、乾いたトレイルを走れるなら、その方がずっといい。

突然、トレイルの心配など頭から吹き飛んでしまった――クールマイユールの係の人たち、何て言ってた？　２０００人（くらい）が参加するレースでわたしが女性第2位だなんてあり得る？　それって、つまりどういうことになるんだろう、と一生懸命考えた。わたしは別に競争しようと思って来たわけじゃなく、こうした大会で制限時間内に完走できる可能性が自分にあるかどうか試してみたかっただけなのに。これからどうしよう？　今までどおりリラックスして気楽に進むべきだろうか、それとも、もっと頑張るべき？　決められそうにない。なんだか妙な立場になってしまった。それでも、上ることに改めて集中するうちに気づいた。そんなことはどうでもいい——まだまだ先は長い。まだ半分を少し過ぎただけなのだ。

ベルトーネ小屋を過ぎ、トレイルは谷底からはるか上のところで山腹を横切って伸びていく。疲れは感じるけれど、ようやく脚を伸ばしてちゃんと走れるのは本当にうれしい。今いるのはモンブラン山塊の裏側で、谷の向こうには、1キロメートルにわたって続く尾根にいくつもの峰を頂く堂々たるグランド・ジョラスがそびえている。その複雑な形には目を奪われる。それに比べればわたしの道は楽なもので、フェレ谷に沿って伸びる道を進み、ボナッティ小屋を過ぎると、谷の終わりがいっそう近づいてきた。ここを走るのは楽しく、ジグザグに曲がるトレイルの傾斜が突然急になって谷底に近づいたときにはがっかりしたくらいだ。低木や灌木の林を抜けながら下りていくと、いつのまにか2人のランナーに追いついていた。2人はわたしの足音を聞いて、脇によけて先に行かせてくれた。わたしは「メルシー・ボクー」と言いながら追い抜いたが、何歩か進んでからようやく、2人のうちひとりが女性だったことに気づいた。あれが1位だった女の人？　今その人を追い抜いたの？　数分後、わたしはアルヌーヴァのチェックポイントに到着し、ひと休みして飲み物をもらい、食べ物を少しばかりリュックのポケットに詰め込んだ。さっきの2人もあとからやってきた。本当に、1位だった女の人と、彼女の夫だった（あとで、ジモーネとマークのカイザー夫妻だとわかった）。夫の方はわたしのゼッケンにイギリス国旗がついているのを見て、イングランドご出身なのにどうして山道を走れるんですか、と尋ねてきた。悪気のない質問だったけれど侮辱されたような気がし、発奮してチェックポイントを出た。大フェレ峠までの大きな上り（800メートル近くある）を、あの2人より先に上り切れるかどうか試してみようじゃないの。この峠はレースで最も標高の高い地点で、イタリアとスイスの国境にある。女性で1番にスイスに入れたらすごいだろうな、などと考えてみる。

ここは上りがいがあり、ぐんぐん高くなっていく。道はジグザグと曲がっていて、場所によってはこれまで通ってきたところが見渡せる。フェレ谷とヴェニ谷の全景、そしてヴェニ谷のいちばん高いところにあるセーニュ峠。風のなかであの峠のてっぺんに立ってから、もう6時間以上になる。なんだか、はるか彼方のようだ。

シャモニーのスタートラインのことを思い返してみる。たった15時間程度しか経っていないのに、もう何日も前のような気がする。時間がまったく新しい意味を持つようになった。この場所、今自分の足の下にあるトレイルに意識を引き戻す。この先の峠に着くまであの2人に抜かれないようにするなら、頑張らなければ。このレースで、いくらかでも本気を出そうという気になったのはこれが初めてだ。

努力のかいがあった。2490メートルの峠、このレースで最も高い地点に着いた。振り返ってみても、あの女の人も、夫の姿もまったく見えない。これには驚いた。2人とも全力でわたしに追いつこうとしているに違いないと思っていたし、絶対追いつかれると思っていたのに。これからどうしよう？　この国境地点に女性で1番に到達することだけに専念していて、その先のことは考えていなかった。それでも、あの2人が来るのをぐずぐずとここで待っているわけにはいかない。トレイルは目の前にあり、わたしを待っている。あの2人に追いつかれる前に次のチェックポイントに着けるかどうか、やってみることにしよう。それだってすごいことだし、その先のことは、またそれから考えればいい。峠を下る道は爽快なほど走りやすく、まるで空を飛んでいるようで、力を使う必要がないくらいだ。思わず笑みが浮かび、この感覚をひたすら楽しむことにする。

すぐに、次のチェックポイント、ラ・プールの牧草地に着いた。牛がいる、牛がたくさんいる、ということは、きっと牛乳がもらえるに違いない。頼んでみると、マグカップに1杯もらうことができた。長い夜を牛乳なしの紅茶やコーヒーを飲んで過ごした身には本当にありがたい。もうひとり、ゼッケンにイギリスの国旗をつけた男性ランナーがいた。わたしがその人を追い抜いてエイドステーションを出ていくとき、その人は「頑張れよ」というようなことを言ってくれた。おかげでやる気が高まる。

このランナーはジェズ・ブラッグだった。才能あるウルトラランナーで、それ以来よき友人となり、わたしと同じくザ・ノース・フェイスのグローバルチームに所属するアスリートでもある――彼も、このときがUTMB初参加だった。のちにジェズは、わたしに抜かれたときにどんな苦闘の最中だったかを話してくれた。あのとき彼は、それまでに直面した最大の試練に打ちのめされる寸前で、ひどい孤独感にもさいなまれていた。ひとつには疲れ果てていたため、もうひとつには、言葉が通じないせいでまわりの人たちと交流することができなかったためだった――大会初期の数年間は、外国からの参加者はあまり多くなかったのだ。彼の目を引いたのは、いかにもイギリス的なわたしの姿だった――華やかなハイテク装備はなく、質素なランニングウェアと「あまりランニング向きには見えない」靴だけ。そのときわたしが履いていたのは、かなりどっしりしたトレイルシューズだった。印象に残っているのはわたしの体つきが華奢だったことで、さらに、彼の言葉によれば「鋼のような意志の持ち主で、あれ以上に強靭な精神はよそでは見られないだろう」と思ったという。わたしがエイドステーションを出てあっというまに彼を追い越していくのを見て、何かとてつもないことが起きていると悟ってあの励ましの言葉をかけてくれたのだった。ジェズは今、自分の直観は正しかったと言っている。「イギリス人が勝つ、それはもちろんだが、これは同時に、リジー・ホーカーにとっては不屈のランナーとしての目覚ましいキャリアの始まりだ」

＊　＊　＊

英国南極観測局への就職

走ること（と読書）は、高校までずっと、そして大学に入ってからも続けた。そのころには、走るのが日課となり、長年の習慣にもなっていた。それでもなぜか、クラブに入ろうとか、レースに出ようとか、大学の仲間と一緒に、または大学の代表として走ろうなどという考えは頭に浮かびもしなかった。山岳部に入って何度か週末を過ごしたのを別にすれば、社会生活全般が、生き延びようと必死になっているうちにわけもわからず過ぎていったような気がする。ケンブリッジ大学で自然科学を学ぶのが最も安易な選択でないことは、実際に入学してみてわかった。間違いなく、物理についての本を読む方が、基本的なことについて勉強するよりずっとおもしろそうに思えた。1年後には物理の勉強はやめて数学の勉強は続け、科学史と、生物学のいろいろな分野をかじった。すべての時間は、なんとか生き長らえるというひとつの目的のためだけに費やされたようだった。興味深い時期ではあった。

思索の日々は、漕艇の魅力にひかれてしばらくのあいだ中断することになった。でも体重がかなり軽かったため二軍の舳手にしかなれず、わたしの野望はついえた。仲間意識、早朝のひととき、川の上で迎える日の出、すいすい進むボートのリズムは好きだったけれど、その一方で、早朝の艇庫でほかの7人のメンバーと舵手が来るまで待たなければならないこと、自分の力のなさ、夕方の付き合いが苦手だったことはストレスだった。

自分で集中しようと決めたことはうまくできる気がするけれど、やりたくないことは極力無視する、という生活を何年も送っているうちに、自分にまったく向いていないことがあまりにも多いと思い知らされた。走るのは楽だった。何かを求められることもなく、期待をかけられることもない。

最終試験のための復習に忙殺されていたとき、1冊の本が、わたしを待っている世界を思い出させてくれた。正気を保っていられたのはその本のおかげだ。ニック・クレインの『*Clear Waters Rising*（澄んだ水の源）』。クレインがヨーロッパのフィニステレ岬からイスタンブールまで連なる山脈をたどって歩いた長い旅についての物語だ。このときクレインは結婚したばかりだったが、ひとりで、極めてシンプルな旅をした。ヨーロッパで手つかずの自然が残る最後の山地と、彼が出会った人々をめぐる探索の旅だ。この本は、本当に必要なものはごくわずかなのだと改めて気づかせてくれた。でも、本当にわたしの想像力をとらえたのは、そう、ただ扉を出てそのまま進んでいける、ということだ。大騒ぎしたり注目を集めようとしたりせずに。

この時点では、まだ、人生でどのような道を歩んでいきたいか、特にはっきりとした考えはなかった。ただ、すぐに予測できてしまうようなことや安易な道には流れたくない、ということだけはわかっていた。最終試験のころ、英国南極観測局（ＢＡＳ）で任期1年の仕事の募集があるのを動物学部の掲示板で知った。これで、何をしたらいいかという差し迫った問題はとりあえず解決した――ケンブリッジにもう1年いられる（ＢＡＳの本部はケンブリッジの外れにあった）。

卒業してからＢＡＳに就職するまでのあいだの夏は、わたしを待っているあの世界を探索するいい機会になった。ニック・クレインの壮大な旅と比べればたいしたことはないけれど、わたしも自分なりにささやかな冒険をすることにして、ひとりでツェルマットを再訪した。毎日長い距離を歩き、パンとトマトをお弁当にして朝早く出発して夕方遅くに帰るのは、たまらなく魅力的だった。わたしの時間はわたしだけのもの。監視する人はいない。評価する人もいない。

家族旅行で歩いたことのあるトレイルをすっかり知り尽くし、さらに新たなトレイルにも足を踏み入れた。祖母が遺してくれたお金を使って、ガイドつきのマッターホルン登山（と、予備登山としてのリッフェルホルンとポルックス登山）もした。同行してくれたのは地元ツェルマットの人で、友人の友人だった。祖母の遺産はそれほど莫大な額ではなかったけれど、わたしにとって５００ポンドは大金だった。確かにもっとましな使い道はあったかもしれないが、マッターホルン登山は将来への投資になると思ったのだ。祖母が認めてくれることを願っている。祖母はイギリスを出たことは一度もなく、ロンドンのイーストエンドで生涯を過ごした――できることなら山に連れていってあげたかった。

わたしは幸せだった。山に囲まれて過ごす生活は、抗いがたいほどシンプルで魅力的だった。ここにいると活力がわいてきた。ポルックスへの予備登山では、ガイドから、ご先祖は、このあたりの山を第２の故郷のようにしていたイギリスの方なんですか、と聞かれた。まさか！　わたしの先祖は、日々の生活のためにロンドンであくせくと働いていたに違いない。

でも、わたしが山で楽々と動いているのは一目瞭然だったようで、何か理由があるはずだと思われたのだろう。縁もゆかりもないのに、どういうわけかわたしは、ここ、山こそが自分のいるべき場所だと感じていた。

マッターホルン登頂に挑戦するときが来た。倹約の日々だったけれど、村を出るときにこっそりとぜいたくをした――万が一戻ってこられなかったときのために、バニラソースをかけたアプフェルシュトルーデル〔調理したリンゴを薄い生地で幾重にも巻いて焼いた、オーストリア、ドイツの菓子〕を食べたのだ。経験の浅い初心者は、くだらないことをあれこれと考えてしまう。その晩は、ヘルンリ稜のふもとの、標高3260メートル地点にあるヘルンリ小屋に泊まった。ここまで歩いてきたことは何度もあったけれど、一晩泊まったことで、それまでの歴史が身近に感じられるようになった。標高4478メートルのマッターホルンはアルプス山脈の最高峰ではないし、スイスの最高峰ですらないが、象徴的な存在であることは疑いない。どんな子供でも、山の絵を描いてよと頼まれたなら、きっとあのおなじみのピラミッド型の姿に似た山を描くだろう。この山はアルプスの高峰のなかで最後まで未踏峰として残ったもののひとつで、1865年のエドワード・ウィンパー率いる登山隊による初登頂とそれに伴う悲劇〔登頂には成功したものの、下山中に登山隊メンバー7人のうち4名が滑落死し、ウィンパーは大きな非難を浴びた〕が、アルピニズムの黄金時代の終焉を告げたのだった。

ほとんど眠れなかった。緊張していたし、午前4時のスタートが待ち遠しくて仕方なかったのだ。ルートは覚悟していたより楽だった。わたしの記憶では登山というよりよじ登るようなもので、ルートを知っている地元の人が一緒なら、簡単といってもいいくらいだ。その日登頂したのはわたしたちのパーティが2組目だった。最高のパーティで、すばらしい経験だった。朝の8時、わたしは頂上に腰を下ろし、イタリア側に足を投げ出して考えた。この先に何があるのだろう、これから自分はどんな高みに達するのだろう――文字どおりの意味でも、比喩的な意味でも。それからさっさと下山して、午前11時には小屋に戻ってビールを飲んでいた。ガイドとわたしはそこで別れた。とても特別な体験だった。それから、わたしはツェルマットまでトレイルを駆け下りた。一刻も無駄にできなかった。その晩家族に会うために、どうしても乗らなければならない電車があったのだ。家族はわたしが何をしているかまったく知らなかった。最終接続電車に乗り遅れるわけにはいかなかった。

そんなわけで、たぶんここから始まったのだろう、バスや電車で移動し、そこから自分の足で歩いて自由を満喫する、ということをくり返すつつましい生活が。そのあいだずっと、自分が何をしているのか、本当のことはあまり言わないようにしていた。家族に余計な心配をかけて不安にさせたくなかったからだ。

BASでのフルタイムの仕事が始まったが、さらに本格的に山に行くようになったのはそのときからだった。週末は登山旅行に出かけて、南極のエキスパートたちから離れ、ケンブリッジの平坦な風景と、パソコンの前で過ごす退屈な平日を逃れるのだ。
そして、それでも毎日走り続けた。

山の延長としての極地

極地に対するわたしの情熱は、実際には山に対する情熱の延長だった。一緒に働いていた人たちは、わたしが若者らしい情熱に浮かされて単純に南に行きたいと憧れているのを見ておもしろがっていたに違いない。わたしの仕事のひとつは、サウスジョージア島で繁殖しているオットセイにつけたデータロガーの結果を分析することだった。この島は、シャクルトンの生存をかけた勇壮な旅の物語、『南へ――エンデュアランス号漂流[*1]』で有名になったところだ。オットセイたちが海に潜っていつもどおりの行動をしているあいだ、データロガーはサウスジョージア島周辺海域の水温や海水の塩分濃度のデータを収集する。このデータを利用して海洋物理学的状況を把握し、それをさらに生物学的状況と照らし合わせれば、海洋のエコシステムとダイナミクスの状態がわかる。

大切な仕事ではあるけれど、実を言えば、わたしは仕事で扱うデータよりもシャクルトンの物語の方にずっと心をひかれた。彼の3度目の南極探検の目的は、南極大陸を、南極点を経由して端から端まで横断することだった。1915年初め、彼らの船エンデュアランス号は、上陸隊がまだ陸に上がりもしないうちにウェッデル海の奥で流氷に閉じ込められた。船は結局壊れ、一行は何カ月ものあいだ海氷の上で野営したのち救命艇を出して、ついにエレファント島に到達した。シャクルトンはそれから隊員5名とともに、海を1300キロメートル渡ってサウスジョージア島にたどり着き、山がちの島を横断するという偉業を成し遂げて捕鯨基地に到着し、外界からの救援を求めた。残されていた探検隊全員は1916年8月に救出された。信じがたいような生存の物語だ。彼らが15カ月ほど自分たちの力だけが頼りだったことを考えればなおさらだ。生き延びられたのは、刻々と変わる状況に応じて臨機応変に対応できたからだった。

予想しておいてしかるべきだったけれど、BASでの1年間の仕事は、本拠地こそケンブリッジだったとはいえ、極地（北極か南極かを問わず）での経験に対するわたしの憧れをかき立てるばかりだった。この職場では非日常的なことが当たり前だった。仕事をしていて飽きることがなかった。

南に行く機会がついに訪れた。ある博士課程の学生が調査航海にどうしても行けなくなり、代わりに行ってはどうかという話がわたしに回ってきたのだ。フォークランド諸島までは軍用機に乗ってアセンション島経由ではるばると長旅をすることになっていて、出発まではあと2週間しかなかった。2カ月間の航海中も雇用は継続してもらえることが認められ、わたしは一も二もなく行くことに決めた。準備期間は目まぐるしく過ぎ、必要な予防接種を受けるため診療所にも行った。BASで働いていると、いつもひっきりなしに誰かが南に行ったり南から帰ってきたりしているものだから、少し慣れてきてそれが当たり前のようになってくる。でも、診療所で自分がどこに行くのか説明しようとして、それが普通の生活からはかけ離れていると気づいた。巨大な倉庫があって、心躍るような装備の数々を支給してくれる科学研究施設なんて、そうざらにあるはずがない――オーバーオールや質素なフリースからモールスキンのズボン、大きくてかさばるけれど暖かい作業用ジャケット、それに、大量の手袋。自分がどんなことに足を踏み入れようとしているのか、自分でもよくわかっていなかった。

南極への旅立ち

出発の日になり、わたしたちは装備を大きなアップライトダッフルバッグに詰め込んで、ブライズ・ノートンに向かうバスに乗り込んだ。ありきたりではないこの旅は、やはりありきたりではないフライトで始まった。オックスフォードシャーのブライズ・ノートンにあるイギリス空軍基地を出発し、アセンション島に寄って燃料補給をしてからフォークランド諸島のスタンリーに向かう。わたしは軍用機に乗ったのはこれが初めてで、ちょっとしたことのひとつひとつに戸惑いを覚えた。基地の入り口でのセキュリティーチェック。あまり食欲をそそらない食べ物と飲み物の配給クーポン。アセンション島までの9時間の飛行中に世話をしてくれたのは、通常のフライトのような客室乗務員ではなく、軍服姿の係員だった。熱帯の島アセンション島での途中降機は45分間で、単に燃料補給をしただけだった。わたしたちは案内されて飛行機を降り、アスファルトで舗装された地面を歩いて有刺鉄線で囲まれた小さな基地まで行ったが、その短いあいだに、むっとした熱気が波のように押し寄せてきた。決して引くことのない波が。

この航海のときにわたしのよき師にして上司だったマークは、今ではよき友人だが、別の世界に移ったのを記念して小さな缶ビールを開けるというしきたりを伝授してくれた。このフライトの最中に、わたしたちはライン（赤道）を越えたのだ。あとでいろいろと話を聞き、もし今後船で赤道を越えることがあれば、しきたりにならって頭を剃ろう、と決めた。これはまだ実現していない。

さらに9時間かけてフォークランド諸島に到着したが、ここでの体験もブライズ・ノートンからのフライトに劣らず非日常的だった。イギリス空軍基地から首都のスタンリーまでは、舗装されていない長いでこぼこ道を車で移動した。島の人口が約3000人だったから、住民2000人のスタンリーはまさに大都会だ。

以前、もし南に行く機会があったら、最初はゆっくりとした昔ながらの手段、船で行くのがいいよ、と言われたことがあった。別の世界に行くときは、ゆっくりと時間をかけて旅をすれば、どれくらい離れているか、どれくらいの隔たりがあるかがよく実感できる、というわけだ。

わたしは、運よくその言葉どおりの体験をすることができた。わたしたちは、船で悪名高きドレーク海峡を越えた。幅800キロメートルのこの海峡は、南アメリカの南端ホーン岬と南極のサウス・シェトランド諸島のあいだにある。南極から世界のほかの陸地までの最短距離だが、荒れる海域として有名だ。わたしがこのとき学んだのは、40度の横揺れに備えてあらゆるものを縛りつけておく必要があること。寝棚の隙間に体を押し込んで寝ること。そして、足元で船がどう動いてもすぐに反応できるように、ひざを曲げた姿勢でいること。このときのドレーク海峡は大しけだったけれど、別のときは完全な凪《なぎ》だった。凪のときの方がはるかに不気味で、かえって不安で落ち着かない気分になった。まるで、海が恐ろしい嵐を起こすためにエネルギーを蓄えているようだった。

何週間も続けて船に閉じ込められるのは楽ではないけれど、新鮮な体験ばかりで気がまぎれた。航海船橋甲板（船の最上船橋の上にあるデッキ）まで往復する機会だけでも何度もある。わたしたち研究員も、船員と同じように当直を担当した——4時間働き8時間休むというシフトが1日2回。[*2] 船というものは24時間体制で動き、わたしたちも例外ではなかった。これは睡眠時間がこま切れになることでもあり、1日のうちいつでも空いた時間に仮眠を取ること、同じ船室で違うシフトの仲間を邪魔しないよう静かに生活することを覚えた。

わたしたちが乗り込んだ王立調査船ジェームズ・クラーク・ロス号は、耐氷性能のある全長１００メートルの船で、科学調査のための設備を完備していた。研究者は最大で31名乗船でき、船員は25名程度。このときは定員いっぱいで、南極半島にあるイギリスの基地のひとつ、ロテラで機材などを降ろした。航海の目的は、気候変動、気候変化、商業利用に対する海洋のエコシステムの反応を調査し、その結果をまとめることだ。わたしは海洋物理学者として参加していて、通過する海域の水温、塩分濃度、海流のデータを収集するのが役目だった。

　青空が広がり太陽が輝いたかと思えば灰色の海霧に覆われる日々だった。霧が出ているときは灰色の海が灰色の空と混然一体となり、３６０度水平線に囲まれて何もない空間がどこまでも広がっているのに、閉所恐怖症のようなぞっとする感覚に襲われる。船には小さなジムが備わっていたけれど、走ることの代わりとしてはわびしかったし、単調なトレーニングに挑むには強い意志の力が必要だった。のちの航海では、デッキの上でスキップすることにした。

　調査研究のほかにもやるべき業務があって、ありがたいことにそれが気晴らしになった。サウスジョージア島のキング・エドワード・ポイントを訪れた。風が吹きすさぶなかでシャクルトンの墓前にたたずみ、ゾウアザラシのいる浜辺を歩き、島の博物館では、翼を広げた長さが３・５メートルあるアホウドリの剝製の下に立った。ポート・ロックロイとロテラでは、積み荷を降ろす作業が延々と続いた。船のＣＴＤ[*3]ケーブルを交換し、吹雪のなかデッキでケーブルを繰り出しては巻き上げ、そのごほうびに半日間の休暇をもらった。この休暇を利用して、ロテラ基地を出て見晴らしのいい尾根まで少し足を延ばすことができた。その眺め、どこまでも果てしなく広がる風景にはすっかり圧倒された。雪崩のような音が聞こえてきてぎょっとした。周囲の山々を見回してもそれらしい様子は見えないのに、轟音は止まない。尾根の向こうの端にある湾を見下ろして、ようやく理由がわかった。氷河が割れ、氷山となって海に落ちるときの音だったのだ。信じがたく忘れがたい光景だった。

わたしは海での生活に新たな情熱を抱くようになった。一度計算してみたら、わたしは人生のうち18カ月を船上で過ごしたことになる――長い期間だ。どちらを向いても見渡すかぎり水平線、というのは類のない体験だ――陸地はなく、ほかの船の姿もない。自分が船に乗っていて、常に光が見えて音が聞こえるのは避けられないという事実を無視できれば、存在するのは自分と海と空だけ。心が安らぐ。できることなら船を止め、発電機のスイッチを切り、電気を消してしばらくのあいだ波間を漂い、ただ静寂に耳をすませていたい、と幾度も願ったものだ。

南へ行ったことは、わたしにとって決定的な体験になった。航海船橋甲板から初めて氷河を見つけたときのことを覚えている。顔に当たる空気は冷たく、まごうかたなき冬のにおいを運んでくる。わたしは南極にすっかり圧倒されてしまった。無限の広がり、鮮烈なコントラスト、厳然たる美の支配する場所。誰のものでもない場所であり、われわれみんなの場所である。強い絆、いつまでも続く深い友情が生まれた。

南極大陸は、先住民のいない唯一の大陸だ。1961年に発効した南極条約は、主権の主張をすべて凍結し、南極大陸を科学的な保護地域と定め、科学的調査の自由を保障し、いっさいの軍事行動を禁じている。軍事的および科学的協力についての外交的な取り決めであり、「氷上で」達成された。

12カ月後、1年間の任期を満了したわたしは、臨時雇用のような立場になって、もうしばらくデータ分析の仕事を続け、もう一度調査航海に同行することになった。クリスマス（そしてミレニアムの変わり目）は海の上で迎える予定だった。けれども、調査船がひと月のあいだ氷に閉じ込められたため、そのシーズンの計画はすべて変更せざるをえなくなった。フラストレーションのたまる状況ではあったけれど、われわれ人類が自然の前ではいかに無力かを思い知らされるまたとない機会でもあった。忍耐力を身につけること、平静かつ柔軟な態度を養うことの大切さを身に染みて感じたが、これはのちに、わたしがアスリートとしての鍛錬を積む上で欠かせないものとなる。そして誰にとっても、人生が投げかけてくる身体的、精神的、感情的な試練に向かうときには欠かせない。

そのようなわけで、休暇のシーズンはケンブリッジでボランティアをして過ごした。新たな経験から学んだことは多く、困難に直面したときに人々が示す勇気を見たときにはすっかり謙虚な気持ちにさせられた。ようやく海に出ると、わたしたちも短期間ながら氷に閉じ込められて漂流する体験をして、マレマローキングという言葉の意味（氷に閉じ込められた船の船員が酒盛りをして騒ぐこと）を覚えた。最初の航海とは違って今回のシフトは12時間制で、わたしは夜のシフトだった。深夜2時から4時までの時間は嫌になり、よき友人と打ち解けた雰囲気の中で12時間働くのは好きになり、高級船員と一緒ではなく一般の船員たちと調理室で食事し、紅茶片手に船のなかをうろついた。飲み物は交代で用意し、ひもでぶら下げたビスケットの缶に入れて研究室に運んだ。こうすれば缶は宙にぶら下がっていることになり、狭い階段を上るときもほとんどこぼさずに済むのだ。この航海以降、回を重ねるうちに、航海の終わりの夜間当直「解除」にも慣れ、昼夜通して働いて、睡眠不足に対処しながら再び社会生活に戻るすべを覚えた。「昼」に戻ってくると船の人員が突然倍になったように見えて、航海中ずっと顔を合わせなかった人が乗っていることもあると気づくのだった。

こうした長期の夜間シフトと昼夜の切り替えは、後に長距離レースを走るための絶好のトレーニングになったと思う。当時はそんなことは知る由もなかったけれど。おかげで、船酔いによる吐き気と絶えず闘いながら、長時間ずっと眠らずにいられるようになった。疲れたときの乗り切り方もわかってきた。こうしたことは12時間のシフトでは避けようがなく、しかも、船は常に揺れているのでさらに疲労が増す。どれも、持久力を鍛えるいいトレーニングだ。

そして陸に戻ってからも、わたしは相変わらず走り続けた。

◎第４章：進み続ける

そこでわたしはいう。もし君が知識にたいして意欲をもち、これを肉体的に表現する力があるならば出でて探検のことに従うべきである。

——アプスレイ・チェリー・ガラード、『世界最悪の旅』

（『世界最悪の旅——スコット南極探検隊』加納一郎訳、中央公論新社、２００２年）

チェックポイントに留まるか、去るか

トレイルをもうしばらく進んでから気づいたけれど、次のチェックポイントに着いたのに、あの女の人も彼女の夫もまだ追いついていなかった。さて、これからどうする？　最善を尽くして走り続け、チェックポイントをひとつひとつ通過していくことにしよう。あの人たちに追いつかれる前にいくつチェックポイントを通過できるか、ゲーム感覚で試してみればいい。このトレイルはスイスのフェレ谷に沿って伸びていて、長い下りになっていて走りやすく、まずラ・フリー村を抜け、それからもう少し小さな村プラーズ＝ド＝フォールを抜け、それから上っていくとシャンペラックに着く。大フェレ峠からシャンペまではハーフマラソ

ンくらいの距離だけれど、わたしの足ではかなり時間がかかる。

静かなシャンペ湖に着いて、ほっとした。お腹がすいたし、疲れも感じる。ひと休みしよう。ここではアルペンホルンの演奏がある。民族衣装をまとった演奏者が4人横一列に並んで、わたしたちが村に到着したことを知らせているのだ。この光景と音色に、歓迎してくれているのだと思って涙が出てきた。こんなに遠くまで来られるとすら思っていなかったのに、まさか女性1位で到着するなんて。胸がいっぱいになりそうだ。ここから先何が起こっても、ここでのことは忘れない。なんとか感情を飲み込もうと努め、まずはチェックポイントを探すことに専念する。何か食べ物があるはずだ。湖沿いを走りながらチェックポイントの案内表示がないかと探したけれど、見つからない。何か間違いがあるに違いない、絶対ここに休憩所があるはずだと思ったのに。尋ねてみたけれど、誰も知らないらしい。でも、考えてみれば知っているはずがないのだ、レースの関係者ではないのだから。さらに進み、村を出て数キロメートル行ったところで、ようやく森の中の空き地に立つ大きなテントにたどり着いた。ここがチェックポイントだ。

この大テントは主要チェックポイントのひとつで、ほかの人たちはゆっくりしているようだ。でも、わたしがここでしなければならないことが、まだ何かあるだろうか？　とても親切な人ばかりだった。食べ物が満載されたテーブルまでわざわざ案内してくれた人もいて、ぜひ何か召し上がってくださいと熱心に勧めてくれた。ヨーグルトと、ブルーベリーパイをひと切れ食べた。パイは手作りのようで、断ったら失礼になっただろう。ほかの人たちは、着替えたり、食べたり飲んだり、家族や友人と話したりしているらしい。目を閉じて横になっている人もいる。でも、わたしは着替えを持っていないし、ここでわたしを待っている人ももちろんいない。それに、意外にも、横にならなければならないほどの疲れは感じない。少なくとも今のところは。しばらくのあいだ腰をおろす。そうするのがよさそうに思えた。わたしより前に到着した人もまだここにいるし、一緒に到着した人やあとから来た人ものんびりしている。急いで出ていくのは無作法だという気がするくらいだ。ボランティアの人たちがこんなに手間ひまかけて用意してくれたのだから。腕時計をちらっと見てぎょっとした。もうここに来てから30分以上も経っている。特に何もしていないのに時間があっというまに過ぎるのには驚いてしまう。もうこれで十分。また先へと進むときだ。

先へ進むことにのみ専念する

チェックポイントをあとにして、午後の暑さのなかへとさらに足を進める。わたしの前にいた数人のランナーは、今ではわたしの後ろにいる。あまり進まないうちに、走るときの動きで食べたものがかき回され、吐き気をがまんできなくなってしまった。幸い、森のおかげで少しは身を隠せる。数分かかっているうちに誰かに追い越された。そのあとは誰も来なかった。ゆるやかな傾斜を、谷のさらに奥に向かって一定のペースでゆっくりと上る。その道が終わると、今度はトレイルが木々や岩のあいだを抜けてくねくねと蛇行しながら上っていく。ここにいるのはわたしだけ。最初の数マイルは、前にも後ろにもあふれるほどランナーがいたことを思い出す。今ではほとんどの人がわたしの後ろにいる（例外はたった26人程度だった、ということがあとでわかった）。考えてみると変な気分だ。ほかの人たちはどのような状態で走っているのだろう。体も心も持ちこたえているのだろうか。自分たちが予期していたとおりの展開なのだろうか。楽しんでいるのだろうか。

自分にも同じことを尋ねてみる。体はまだ調子がよさそうで、たぶんスタートのときよりは疲れているけれど、不思議なほど心地よい。まだ先は長いから、余力があるのはいいことだ。それに、心は落ち着いている。まだ追いつかれそうな気はするし、追い上げられているという感覚を消すことはできない。でも、そのことはなぜかあまり気にしないでいられる。区間ひとつひとつ、チェックポイントひとつひとつをこなしている。これって、わたしが予期していた展開なんだろうか？　自分が何を予期していたかなんてわからない。ある意味では、わたしが願っていたことすべてをはるかに上回っている。ごく単純に言えば、これは山をめぐるおごそかな旅だ。そして、それこそわたしが好きでたまらないことだ。いつもはこんなに長い距離を旅することはないし、こんなに速いペースで旅を続けることもない、ということは言っておかなければならないけれど、それでもこれは、丘陵地帯をさまよい歩いた日々や山で過ごした長い時間の自然な延長にすぎない。かなり極端な延長であることは認めるけれど。今の状況からすると、少なくとも制限時間内には完走できそうだ。ひたすら進み続ければいい。そして、楽しんでいるかどうかは？　まあ、ここにいられるのはうれしい。それに、これから何が起こるとしても、ここまで来られたことが驚きだ。だから、答えはイエス、楽しんでいると思う。

でも、まだ先は長いはずだ。頭上では雲が渦巻いている。でも、道ははっきりしていてたどりやすい。考えなくていい。ただ、先へ進み続けることだけに集中しよう。トレイルを横切って小川が何本か流れている。川と言えるほどではないけれど、それなりに水量がある。ここ数日間に降った雨水が、まだ流れているのだ。今度は傾斜の急なジグザグ道になり、そのため意識が自分の内面に向かう。また手をひざに当てる。1歩、また1歩。トレイルはぐんぐん高さを増し、わたしは渦巻く霧に飲み込まれた。上の方から音楽が聞こえてくる。どこから聞こえるのかわからない。この世のものとは思えない。美しい。でも、この世のものとは思えない。感覚はまともに働いているはずなのに、どうして音楽が聞こえるんだろう？　わたしは進み続ける。何か理由があるはずだけれど、今のところは、この音楽は、わたしの動きの美しい伴奏、わたしを引っ張り上げてくれる糸だ。

さらに高く上ると、ジグザグの道もついに終わり、あの不思議な音の正体がわかった。男の人がひとり、そこに立ってホルンを吹いていたのだ。なんだか現実離れした光景だ。どっちの方角から来たにしても、ここまでは何時間もかかったはずだ。どのくらい長い時間ここで粘っていられるんだろう、と思わずにはいられない。この人がいるうちにここを通れてよかった。

ジョギングのペースになるようにスピードを上げながら、山腹に沿ってゆるやかに曲がるトレイルを進む。あの音楽はどんどん後ろに遠ざかり、わたしはまたひとりになった。ずっと下にローヌ渓谷があるはずだけれど、雲に隠れて何も見えない。道はわたしの前で弧を描き続け、ついに、牧草地のなかの小屋が前方に姿を現し、垂れこめていた雲が晴れた。人が集まっていて、小さなテントのなかにテーブルが用意されている。次のチェックポイントだ。

昨晩日が暮れてからというもの、ミルクたっぷりの紅茶かコーヒーを飲みたくてたまらなかった。紅茶やコーヒーはたっぷりあったけれど、ラ・プールでもらったあの1杯をのぞけばミルクはなかった。ここで聞いてみてもいいんじゃないだろうか。聞いてみると、ありますよ、という答えが返って来て、自分の運のよさが信じられないくらいだった。コップを受け取り、期待に胸を膨らませてひと口する。ひどく期待外れな味で愕然とし、初めて吐き気の波が盛り上がってきた。ブイヨン、ミルク入りの、肉のブイヨンだ。あり得ないような組み合わせで、ベジタリアンの胃袋には強烈すぎた。もっと口に合うものを改めてもらおうなどとは思わずに先へと進む。涼しくなっていたので、飲み物は必要だったわけではなく、気分的なものだった。シャンペでは居心地の良さにつられてうっかり長居してしまったが、今は少しプレッシャーを感じている。後ろから来るあの女の人がどんどん迫っているに違いない。これまで何時間も追いつかれずにきたけれど、あとどれくらい続くだろう？　できるかぎり力を尽くして、前に進み続けなければ。そこで、わたしは走り続けた。吐き気がおさまることを信じて。

トレイルの最高地点には小さな門があり、その先は下りになっている。ちらりと振り返ってみたけれど、あの女の人も、彼女の夫も見えない。下りに入った。重力に従えばいいので力はそれほどいらないとはいえ、岩や木の根をよけ続けながら素早く進むには集中力が必要で、使うエネルギーはあまり変わらない。この下りは実にすばらしい、としか言いようがない。長い上りのあとでは、これだけスピードが出せるのは大歓迎だ。このトレイルはなだらかで本格的に走れるけれど、岩や木の根がたくさんありすぎて気が抜けないので、意識は今この瞬間に引きつけられる。やがて行き交う車の音がどんどん大きくなり、トレイルは、フオルクラ峠を越える途中でしばらくのあいだ「現実世界」と衝突する。通り過ぎる車のスピードにはちょっと戸惑うけれど、大勢の人が立っていて、歓声や励ましの言葉を送ってくれる。こうして応援してもらえるのはありがたくても、レースの向こうにある世界を突然思い出させられ、山の上で感じた孤独とのあまりの違いに当惑する。先へと進んでその場を離れるのがうれしかったくらいだ。でも、逃れられたのもつかのまで、曲がりくねる道を何度か突っ切り谷底めがけてぐんぐん下っていくと、いつのまにか、ずっと下にあると思っていた、まどろむようなトリアン村に入っていた。教会の広場に設けられた休憩所は学校の子供たちが担当していて、食べ物や飲み物を一生懸命渡そうとしてくれる。みんな元気いっぱいで、わたしもエネルギーを分けてもらえた。こんなに歓迎してくれるなんて、ありがたさが身に染みる。子供たちは、お祝いのしるしにわたしの手に触りたがり、口々に「ボン・クラージュ（がんばって）」と言って、レースの残りがうまくいくことを願ってくれた。この子たちの言葉を聞いて自分が女性1位だったことを思い出し、ようやく、後ろの女性に追いつかれることは、もしかしたらないかもしれない、と思えるようになってきた。そして気づいた。ここに来るまでのどこかで、わたしは競争を始めたのだ。もう、制限時間内に完走することを目指しているだけではなく、次のチェックポイントまで抜かれないようにするというゲームをしているだけでもない。そう。わたしは今、競争するためにここにいる。

これが最後の大きな上りだ。数日前ここに来て、蛇行する長い道を進んだ。なじみのある地面を再び足の下に感じるのは気分がいい。わたしにはわかる、トレイルがどのように森の中を抜けて上っていくか、谷底がどのように遠ざかっていくか、上る途中のどこで傾斜が和らぐか。改めて力をかき集める。わたしの脚は、力の入れどころ、抜きどころを知っている。そしてこの700メートルの上りが終わると、トレイルは山腹に沿って弧を描き、わたしはついに、モンブランをめぐるトレイルが描くこの巨大な円を、自分の足で回りきった。トレイルはしばらく谷に沿って伸び、ここを下っていけばフランスだ。この下りの途中、空模様はかなり怪しかったが、ついに激しい雨が降り出した。途中の草地でスイスから再びフランスに入り、それからヴァロルシーヌへと向かう大きなスキーのゲレンデに出た。数日前のあのとき、シャモニーに戻る最終電車に間に合うように走ったところだ。だから、自分が今ここを走れることはわかる。簡単にペースを上げられるはずなのに、足元は岩だらけだし足はとっくに疲れ果てているしで難しい。できるだけペースを崩さないように進み、もう少しで前にいる男の人に追いつきそうになった。

チェックポイントであまりぐずぐずしたくはない。着替える時間も惜しいくらいだ。ここの人たちはすばらしく、わたしを見て大喜びしてくれた。できることは何だって手伝ってくれるだろう。でも、それはそれ。いくら手厚いサポートがあっても、これはわたしが自分自身で、自分自身の力で終えなければならない。始めたときと同じように。

モンテ峠に向かうこの道は、なだらかな傾斜になっている。長距離走もここまでくると、上りや下りは自然に任せていればなんとかなりそうだ。大変なのは、このわりと平坦な部分を走ることだ。傾斜が緩いので、走ることは十分にできる。いいペースを保てそうな気はするけれど、脚が疲れていて、動き続けるだけでも疲労との闘いを強いられる。目の前にカメラマンが現れ、何か質問してきた。失礼になってしまうとは思いながらも、前に進むことと上ることだけで精一杯で何も答えることができず、それからわたしはまたひとりになった。

わたしと、わたしに求められる努力だけの世界で。

＊＊＊

2000年のロンドンマラソン大会

何年か申し込みを続けた結果、ようやく2000年のロンドンマラソンの抽選に当たって出場できることになった。今となってはどうして出場したかったのかあまりよくわからないが、ただ、少なくとも1度はやってみるべきだという気がしたのだ。前に述べた調査航海が難点で、戻ってくるのがレースの6週間前なので本格的にトレーニングできる期間が短くなってしまったが、同僚のアンディも出場することになったので、職場ではどちらが先にゴールするかで少しばかり盛り上がった。「トレーニング」については実のところあまりよく覚えていないけれど、何度か長い距離を走る練習はしてみた。たいていの場合、陸地測量部の地図を見て走れそうなルートを選んで出発する、というやり方だった。1度、もしかしたら2度かもしれないが、この方法でケンブリッジからイーリーまで行った。できるかぎり川に沿って走り、帰りは電車にしたのだが、職場では、ふつう往復切符は片道切符よりほんの少し高いだけだって知らなかったの、とからかわれてしまった。

レース当日の記憶もおぼろげで、思い出せるのは、正しいスタート位置を見つけられてほっとしたこと（当時はブロックごとに色分けされていた）、仮設トイレ前の行列、コース沿いのパブから漂ってくる朝食のにおいで吐き気がしそうになったことくらいだ。終わったあと、わたしはどこに行って、どうやって帰ったのだろう？　よく覚えていないが、記憶に残っているのは、このマラソンを走るのは楽しい、とわかったことだ。交通が（このときだけ）止まったロンドンの通りを走るというめったにない機会を大いに楽しんだ。あんなに大勢の人たちと一緒に走るというのはなんだか妙な感じがしたけれど、とびきりの連帯感を味わえたし、観衆のサポートもすばらしかった。

わたしの記録はたいしたものではなく、3時間40分と少しだった。アンディとの差はわずか数分で、そのことは休憩時間の格好の話題になったけれど、それでもごく普通にすぎなかった。1等でもビリでもない。それまでとまったく同じだ。

何が変わっただろう？　何も。そしてすべてが。

どこかで、アルプスで行われる山岳スキーコースの広告を目にした。クレバスからの救助法や雪崩の危険性、スキン[*1]を装着して山を登る方法も学べるという。わたしがスキーをしなくなってからかなりの時間が経っていた。人混みや、列に並んだり機械に頼ったりするのを避けたかったのだ。それは、純粋に環境を心配していたためであり、リフトの設備が山に残す傷跡をこれ以上増やしたくないという理由からだった、と思いたい。夏の時期、あちこちでそうした光景を目にすることがあまりにも多かった。でも、本当はもっと個人的な理由で、単に大勢の人と一緒に山にいるのが嫌だったからではないだろうか。個人的にも、金銭的にも、環境的にも対価を払うことになる。それで何年ものあいだ、大好きだった雪を避けてきた。でもこのコースは、自分の好きなように、自分のエネルギーで山岳地帯を旅する方法を学ぶいい機会だ。なんとか費用をかき集めて参加することができた。これはイーグル・スキークラブの主催で、指導者は山岳ガイドのロブ・コリスターだった。このコースで非常にありがたかったのが彼と知り合いになれたことで、わたしは彼の意見と経験を心から尊敬するようになった。彼の価値観も謙虚な姿勢も好きだった[*2]──わたしが山岳地帯を旅するときも、彼のやり方を参考にしている部分が多い。ロブは、身軽に旅するという思想を実践しているが、これは必要最小限のものしか持たないという文字どおりそのままの意味にとどまらず、旅先に残す影響を最小限に抑えようとすることでもあり、さらに旅の仲間にも旅する土地にも深い敬意を抱いている。

ロブはわたしの夢を聞いたか、あるいは単に、わたしがコースの正式な開始時刻の前に凍った道を毎朝走る姿を見るかしたのだろう。いずれにしても何らかの理由で、走るのが好きで山が好きだったら、いつか都市マラソンよりも山岳マラソンを試してみたらどうだろう、とわたしに勧めてくれた。このちょっとした提案に後押しされて、わたしは大好きな山に行き、ウェールズの最高峰スノードン山を巡るスノードニアマラソンに挑戦することにした。山道を走ると考えて気後れしてしまったし、スタート前から既にずぶぬれになったけれど、それよりなにより、わたしはすっかり夢中になった。ランベリス峠までの最初の上りを見たときは怖気づいたものの、その場に着いてみると、本当に走れること、「大丈夫」なことがわかり、わたしはまわりの人たちとの差を縮められたようで、上りの苦労が一段落したあとはグイナント湖までの下りを堪能することができた。きついと感じたときももちろんあったけれど、山々がつらさを十分忘れさせてくれた。そのときの結果は見つからない。オンラインにはそこまで古い記録は載っていないようだ。でも、わたしはやはり1等でもビリでもなかった。

何年か参加を続けていたら、そのつもりはなかったのに女性部門で優勝してしまった——たぶん、ほかの人に劣らずわたし自身が驚いたと思う。これは、それから起こることの前触れだった。変化の兆しだ。

そうなると当然の流れで、山のまわりを走るだけではなく山の**なか**を走ってはどうか、という話が来た。わたしはそれを受けて、数年間、ウェールズ1000メートル・ピークス・レースに出場した。唯一問題だったのは、わたしにはフェルランニング（高原や丘陵などで、舗装されていない道を走るレース）の経験（フェルランニング部門に参加する必須条件）がまったくないことだった。それで、このレースに出場する（わたしにとって）唯一の方法は、登山家部門に参加することだった。これはまったく勝手が違っていて、長ズボンと重たいブーツ（そう、わたしの靴のサイズは38だけれど、このサイズのトレイルシューズはサイズ43と同じ重さになってしまうので、わたしは丈夫なウォーキングブーツにした。トレイルシューズは大きな足に恵まれた人のためにある）といういでたちで、荷物の詰まったリュックサックを背負って走るのだ。それに、進む道を自分で見つける力も必要だった。コースの大部分はオフトレイルで、晴れる見込みなどないに等しかったからだ。最初の結果がどうだったかは思い出せない——これも、オンラインにはそこまで古い結果は載っていない。覚えているのは、スタート前に生垣の裏で用を足したら、しゃがんだところがイラクサの茂みだったのでトゲに刺されてかなり痛い思いをしたこと、それから、スタートしたあとに、本当のフェルランニングのランナーたちがあんなにも楽々と通り過ぎていくのを、畏敬の念をもって眺めたことだ。このとき、南ウェールズ出身の感じのいい男性とそのパートナーと友人になった。毎年このレースで再会していたが、ある年ついに、運命の気まぐれで、なんとわたしが優勝してしまった。もちろん、相変わらず登山家部門だった。でもわたしは総合（男女合わせての）優勝だったので、その年以降は参加できなくなった。それが決まりだったのだ。もし再出場するなら本格的なフェルランニング部門に参加するしかない（考えるだけでも恐ろしく、いまだに試みていない）。こうしたフェルランニングのレースや小規模なロードマラソンではそれほどたいした賞品は出ないのが普通だけれど、何年もスノードニアで走っているうちに、美しい山々を描いた水彩画がだいぶ集まった。わたしにとってすっかりなじみ深くなった場所の絵だ。10年経った今も、その絵はまだ壁にかけられるのを待っている。

ヒマラヤへの意識

こうした初期のレースの合間に、長年わたしの興味を引いてやまなかった場所に行く機会が初めてやってきた。ヒマラヤだ。まだ存在してもいなかったランナーとしてのキャリアとは無関係だったかもしれないけれど、不屈のアスリートとしてのわたしの人生にとっては欠かすことのできないものとなった。初めて南極に行く前にしたのと同じように、日常生活を一時的に中断するための許可をなんとか得ることができた。今度は、サウサンプトン国立海洋学センターの博士課程を休学させてもらったのだ。人生は再び切り替わり、「南」を再訪するための資金を稼ぐのが目的になった。わたしの野望は、ＢＡＳの常勤職員の募集があったら応募することだった。

わたしの暮らしはシンプルで、間借りし、ワンルームマンションに移り、また間借りする、という生活だった。最低限の収入だけだったのを口実に、住居を段階的にレベルアップするための一歩を踏み出すといった、世間ではごく普通とされていることにお金を出しはしなかった。今では、そのような世間の規範に逆らってよかったと思っている。人生はわたしを思いもよらなかった場所に運んできたのだから。いつかやむなく引退することになれば、気が変わって、人里離れた山のなかにテントを張って住む、あるいはネパール中央北部の片隅の、大自然に囲まれたすばらしいムスタンの山奥の洞穴で暮らす、などするかもしれない。そんなに悪くないと思うのだけれど。

とにかく、確かにわたしは多くの規範に逆らってきた。運転免許は取ったけれど、実際に運転する必要はまったくないと判断した（ケンブリッジの学生は車の所有が制限されているという理由もあっての判断だ）。本当に、車なしですませる方がはるかに簡単だった。自転車と電車に頼る方がずっと楽だった。もっとも、駅に戻ってきたら自転車が盗まれていたとか、高くて当たり外れのあるイギリスの電車運賃体系が複雑になりすぎて手に負えなくなった、などということはあったけれど。

ある程度年齢を重ねた今でも、世界の大半でごく一般的になったものはほとんど持っていない。家も車もなく、あるものと言えばカトマンドゥに自転車が1台、それに、世界中をわたしと一緒に旅しているノートパソコンが1台だけだ。

ヒマラヤに話を戻そう。その機会が訪れたのは、ロブの率いるイーグル・スキークラブの遠征で、インド北部にあるガルワール・ヒマラヤ山脈の奥地、標高6387メートルのカラナグに行くことになったときだった。この山はバンダルプンチ（サルの尻尾という意味）山塊を構成する主要な峰のひとつで、ルインサラ谷の近くにある。初登頂を果たした人物はデラドゥーンのドゥーン・スクールで英語教師をしていたジョン・ギブソンで、1955年のことだ。

海での仕事をのぞけば、わたしはヨーロッパを出たことがなかった（子供のときに、休暇でアメリカはカリフォルニア郊外の「荒野」に行ったくらいだ）。こんな遠い所に行ったことはないし、スキー登山のツアー参加はたった2シーズンで、まだまだ初心者レベルだった。旅行らしい旅行をしたことがなかったのに、いったい自分にどんな経験があるつもりだったのだろう？　遠征に参加させてもらえることになったときは、ためらいもあったがうれしかった。今となっては、どんな準備をしたのかよく思い出せない。サウサンプトンでわたしと家をシェアしていた人たちは、1カ月間の厳しい生活や遠征中の不便な暮らしのことを心配してくれた。当のわたしは待ちきれなかった。大きなリュックサックを貸してもらって、寝袋、着替えいろいろ、さらにはテント、ストーブ、燃料、食料も詰め込んだ。運ぶものはたくさんあった。

　今思い出せるのは、ある春の宵、指導教官とそのパートナーの庭で、わたしが注文していた小包を開けたときのことだ。2人ともいい友人だ。ズボンの裾ファスナーやサスペンダーを扱いかねて、わたしたちはワインをひとびん開けることにしたのだった。わたしが初めてサウサンプトンで過ごしたその冬は、じめじめしていて厳しかった。わたしは憂さ晴らしに木工を習うことにしたのだけれど、おかしなことに、それが遠征の計画に役立つことになった。湿った木材を相手に蟻継ぎ〔木材をつなぐ方法のひとつで、逆ハの字の穴と突起を組み合わせる構造〕の加工と格闘した挙句、かなり大きくて蓋がしっかりと閉まる収納箱をなんとかこしらえた。この箱は今もまだ持っている。誕生の地サウサンプトンから国内各地をわたしとともに渡り歩き、机や椅子がないときはその代わりになってくれたが、第一の役割は臨時の物入れだった。遠征に必要なものを少しずつそろえながら何でもかんでもこの箱に放り込んでおき、それ以上先延ばしにできなくなってからやっと荷造りを始めた。このとき以来さまざまな冒険のときに、なんとなく準備ができているという気になれたのは、この箱のおかげだ。

カラナグは未踏峰ではない。ヒマラヤ奥地の高峰と比べれば特に高いわけでもなく、わたしたちのルートが技術的に難しいわけでもなかった。でも、スキーで登るのは（わたしたちの知るかぎりでは）これが初めてで、初めてというのはいつだって何か特別感がある。

わたしにとって、これは初めての遠征生活、ヒマラヤに行く待ちに待った初めての機会、初めて経験するインドという国、そしてアジアにあるこの亜大陸だった。出発の前の月は、南極海域で仕事をするため初めて南に行ったときと同じような気分になった。そのときと同じように、何が待ち受けているのかまったくわからず、あのときのように強烈な体験をしたり生の感情を味わったりするのだろうか、と考えていた。初めてというのは、日常生活では失われてしまった鮮烈さをもたらしてくれる。

わたしたちのベースキャンプは、道が途切れる地点から2日間歩いたところだった。ベースキャンプに荷物を運ぶのを地元のポーターに手伝ってもらい、数週間後に帰るときの手伝いもお願いした。そして、この広大な谷間にいるのはわたしたちだけになった。何をするのも、頼りにできるのも自分たちだけ。必要なものはすべてあった。まるで別の時代から来たような遠征隊だった。外界との連絡手段は皆無で――コンピュータも衛星電話もＧＰＳトラッカーもない——もし何か起きたときにはベースキャンプから改めて2日間歩いて最寄りの村まで行かなければならない。頼れるのは自分たちだけだったけれど、わたしは、若さのなせるわざでそれが大いに気に入った。これだ。これがわたしたちの世界。このように孤立した生活を送っていると、精神は集中し、真に必要なものは何かを思い出させられ、毎日の生活のなかで置かれている状況を本当はどのように感じているかがはっきりわかってくる。それは逃避だと思う人もいるだろうが、そうではない——人生を、そして生きることの意味を享受することなのだ。

山のなかではリスクを完全に回避することなどできはしない。山にいるのは、その権利があるからではなく、いさせてもらっているからだけれど、そこにいると、生命の尊さをうかつにも軽んずることには決してならない。むしろ、生命がいかに貴重かを、深く直接的な方法で知ることになる。

カラナグは山としてはそれほど高くないけれど、登頂したとき、わたしには新たな世界が開けた。あの高さからは見渡すかぎりどこまでも山並みが続いていて、可能性の領域を垣間見ることができ、長く心に抱いていた夢が実現できるかもしれないと気づくことができた。

向き合わなければならないことはたくさんあった。これまで行ったことのない高さの山での外界から完全に隔絶された生活と、その直後に飛び込んだまったく異なる文化、肉体的な試練、帰りの旅。これほどシンプルに生きる機会はそう多く得られるものではない。生活は削り落とされ、必要不可欠なものだけが残る。すべてを自分で背負って運ばなければならないときには、そうならざるを得ない。心配は、生き延びること、暖かくしていること、食べること、安全を保つことに絞られる。集中力が高まり、感覚は研ぎ澄まされる。感情は強まり、その経験のただなかに残されることになるのだ。

いいことばかりではなかった。このとき初めて気づいたのだが、わたしの身体の強さを受け入れがたく思う人もいるのだ。これは思いがけないことで、動揺してしまった。まだ、自分が人並み外れた持久力を持ち合わせていることを、ようやく自覚し始めたところだった。今考えてみると興味深いのだが、この反応を示したのはわたし以外の唯一の女性、同じテントの仲間だった。それ以来、わたしが小柄なのに非常に長い距離を走ること、自分の体重と比べてかなりの割合になる荷物を背負って毎日毎日、来る日も来る日も山のなかを走れるという特異な能力があること、さらには握手の力が強いというだけのことに対しても、当惑した様子を示す人に大勢出会った。でも、男の人たちは常に寛大で敬意を払ってくれた。

つらかったのは、遠征後にデリーに戻ったときだ。山のなかの村々では貧しいながらも持続可能な暮らしを目にしてきたのに、デリーの通りや郊外には絶望感のなかで悲惨な貧困生活にあえいでいる人が無数にいることが、理解しがたかった。脳裏に次のような疑問が浮かんでたじろいだ――わたしたちの遠征は、単なる自分勝手な道楽にすぎなかったのだろうか?

空港では、ひどい食あたりに苦しんだけれど、きっと戻ってこよう、と思っていた。どうやって戻ってくるかも、いつ戻ってくるかもわからなかったけれど、必ず戻ってくる、と思った。高い山のなかでかなりの期間を過ごしたのはこれが初めてで、わたしはとても気に入った。文明社会に戻ってくると、ちょっとしたことが驚きだった。いつでも明かりがつけられるのでヘッドランプを常に手近に置いておく必要がないこと。標高の高いところでは鍋いっぱいの雪を小さなガスストーブで熱していたのに、やかんですぐにお湯が沸かせること。こうした明らかな（けれども重要な）対比は、現代生活の便利さと快適さに対する感謝の念を強めてくれると同時に、わたしたちがいかに簡単にぜいたくに慣れてしまうかに対する憂慮の念をかき立てる。

たぶんそれが、わたしが何度も何度も——できるかぎり持ち物を少なくして——山々や大自然に引き戻される理由のひとつなのだろう。すっかり当たり前になってしまっているぜいたく品をそぎ落としていくと、新たな展望が開ける。わたしの場合、標高の高い所に行くこと、谷底から高く上ることが、世界を広げてくれる。文字どおりの意味で、高く上れば上るほど目に見える地平は広がる。それによって物事を文脈のなかでとらえられるようになり、自分の存在の小ささを、世界がいかに大きくてそのなかで自分の占める場所がいかに小さいかを思い知らされる。そして、風景が広がるにつれて、精神的な展望も開けていく——新たな可能性の領域を、いくらか知覚できるようになるのだ。

自分の至らなさがつくづく身に染みる。でも、これは偉大な力の源でもある。

難しいのは、あの大自然のなかの高みで学んだこと——現れたかと思うと消えてしまう、現実の真の姿——を手放さず、日常生活に戻ったときにそれに従って生きること。それが真の挑戦だ。

ボブ・グラハム・ラウンド

1年後の2004年夏、わたしはもう1年博士課程を続けていた。そして、相変わらず毎日走っていた。

サウサンプトンからペンリスまでは、電車で北上する長い旅になる。電車のなかで、これから先わたしを待ち受けているものについてよく考えることができた。単に丘陵地帯で週末を気ままに過ごすのではなく、湖水地方の42の峰、距離にして72マイル、累積標高差2万8000フィート（8500メートル強）を、24時間で巡るのだ。ランナーとしては初心者同然で、マラソンより長い距離を走ったことがなかったのに、わたしはいったい何を考えていたのだろう？　ボブ・グラハム・ラウンド（BGR）には、大切にされてきた長い歴史がある。経験の乏しいわたしなど、場違いだとしか思えなかった。

「人と山とが出会う」[*3]とき、チャレンジ精神はさまざまな形で現れる。イギリス湖水地方でウォーキングやランニングを楽しむ人たちは、長年、広大なフェルを広範囲にわたって走りながら高い峰々を巡るという挑戦に魅了されてきた。この長距離ラウンドの最も古い記録は１８６４年で、以来少しずつ発展を遂げ、１９３２年に42の峰を上り下りしながら24時間でひと巡りするという記録を初めて達成したボブ・グラハムにならい、現在の形になった。これでもまだ難易度が高いが、フェルランニング界の大物たちは巡る範囲をさらに広げ、現在の男性最高記録はマーク・ハーテルによる77峰、女性最高記録はニッキー・スピンクスによる64峰だ。信じられないほどの才能を持った大勢のランナーが自らに挑んだ――ジョス・ネイラー、マーク・マクダーモット、ジーン・ダウズ、アン・ステンティフォード等々。挑戦した人を結びつけているのは、フェルの自由と美を味わうという純粋な喜び、ただそれだけだ。

わたしの友人ニックは、彼の友人でアメリカ人のブレーズのために、このラウンドを実施する準備を整えていた。最初、わたしは手伝いだけするつもりだったのだが、ニックから、わたしも試してみたらどうかと言われた。最後の最後に参加を決めたことで、わたしはばかげた罪悪感を覚えた。これはブレーズの挑戦であって、ニックは本当に力を尽くしてブレーズのためにあらゆることを手配してきたのだ。地元のペーサー、サポート要員など、何から何まで。それでもやはり、何時間もフェルを走り、これまでの挑戦をはるかに超えることに挑むのだと思うと、興奮を抑えることができなかった。

わたしがした唯一の準備は、はるかに楽なサウス・ダウンズ・ウェイを50マイル走ることだった。ここはイングランド南部にある、長いフットパスだ。博士論文の執筆から1日逃げ出したくてたまらず、ニックがボブ・グラハム・ラウンドに挑戦したらどうかと言ってくれたことがなんとなく頭の片隅にあり、あまり遠くに行く時間もお金もなかったので、ある土曜日の朝、往復運賃2ポンド45ペンスを払い、電車で10分かけてウィンチェスターに行った。計画は単純で、町の外れにあるサウス・ダウンズ・ウェイの入り口まで行ってそこから走り始め、お腹がすくか疲れるか時間がなくなるかしたら引き返して帰りの電車に乗る、というものだった。何時間ものち、暖かい日の光を浴びたかと思うと土砂降りの雨に見舞われる、ということをくり返したあとで、わたしは泥と擦り傷だらけの姿でウィンチェスター駅に戻り、ほかの乗客のけげんな視線を浴びた。これが、これまでに走った最長距離だった。

あふれんばかりの達成感を味わった。1日中パソコンの前に座っていたのではとうてい味わえそうにない達成感だ。科学的には、単にエンドルフィンのせいだということになるだろう。もちろんそれもあるが、ただそれだけではない。何時間も自分を肉体的に追い込んだことからくる疲労感、自分にできるとわかったことからくる満足感。ゴールを定めて、何時間かかけて達成するというだけの単純さ。可能性があるという感覚、力がわいてくるような感触。その日、ちょっと休憩するために足を止め、スタイル〔牧場の柵などを乗り越えるための踏み段〕に腰を下ろして目の前に広がる田園風景の美しさを眺めながら、わたしたちはなんて豊かなんだろう、という思いが胸に満ちた。山、森、草地、トレイル、荒野。自然はわたしたちの生得権だ。誰かから与えられるものではなく、誰かに奪われることもない。わたしたちは、それを自分のものにすればいいだけ。それさえ忘れなければいい。

ケズウィックに着いて友人の家に泊まり、7月下旬の土曜日の朝7時30分に、がら空きの駐車場に行った。打ち合わせておいた出発予定時刻まではあと数分だったので、慌ただしくあいさつし、説明と指示を受けた。わたしはブレーズと一緒にムート・ホールの石段に立っていた。ここまで来たら、サポートの人たちに渡した食べ物や着替えは十分だろうか、自分が本当にここにいていいのだろうかなどと心配しても、もう遅い。そもそも最初から不公平だった。わたしは、何も知らないという点で圧倒的に有利だった。それぞれのセクションにつき2人のペーサーがいて、わたしたちは必然的に別々に進むことになった。それから、わたしは道が交差するところでサポートの人たちと落ち合い、腰を下ろして待った。結局、その長い1日の途中でブレーズは挑戦を断念することにした。それでも準備はすっかり整っていたので、ニックの後押しもあり、このままラウンドを続けて、わたしがコースを回って24時間以内にムート・ホールに戻れるようにするのがみんなの目標になった。見込みがあるとは思えなかった。天気も変わっていたし、待っているあいだにかなりの時間を無駄にしてしまった。それでも、何事もそうだけれど、やってみなければわからない。わたしは熱意の波に乗り、風雨のなか荒野を走った、ニックをはじめ、勇敢なサポーターやペーサーのみんなにすべてを委ねて。わたしたちみんなが、自分たちにやり遂げられるか試してみよう、という同じ熱意を分かち合っていた。達成できた。かろうじて。ボブ・グラハム・ラウンドは、本当に信じがたいほど寛大な精神に包まれている。できるかどうかもわからないようなことに挑戦している赤の他人をサポートするために、夜の闇のなか過酷なフェルを何マイルも走ってくれる人がいるなんて、めったにあることではない。本当に多くのことを教わった。

振り返ってみて、記憶に残っていることは何だろう？　すばらしい仲間と楽しい会話。みなぎる力。がむしゃらに走ったこと。甘い紅茶を何杯も何杯も飲んだこと。霧で景色が見えなかったこと。ペーサーになってくれた人の寛大さ。散策していた人たちの戸惑い。フラップジャック〔オーツ麦でつくる素朴な焼き菓子〕。土砂降りの雨。ガタガタ震えたこと。生い茂るシダをかき分けて進んだこと。熱いトマトスープを飲んだこと。乾いた服に着替えたときの心地よさ。夜の訪れ。闇の中を走ったこと。歓迎してくれる人たちの朗らかな声。懐中電灯で照らされた人たちの顔。励ましの言葉。風雨にさらされたこと。肌までずぶぬれになったこと。猛烈な風。灰色でみじめな夜明け。疲労感。焦る気持ち。何時間も経ったのにまだ走っていることの不思議。感謝の気持ち。生きているという感覚。

帰りは、南岸のサウサンプトンまで、電車で国をほぼ縦断する長い旅だった。わたしは寝台列車に乗って朝早くに駅に着き、8キロメートルの距離を、重いリュックサックを背負って自転車で家に帰った。急いで着替えて自転車で町を横切り、国立海洋学センターの自分の席についた。この週末には何事もなかったかのように。

◎第5章：ゴールへ

ゴールライン。何かの終わり。
あなたは旅に導かれ、今いるところにやってきた。
始まったときに終わったことが、終わったときから始まる。

UTMB参加まで

ごちゃごちゃしてしまったけれど、これが、2005年3月のあの時点にたどり着くまでのわたしの人生の物語だ。そこに到達したのは、一種独特の事情があれこれ混じり合った結果だったような気がする。生まれ持った性格上の特質（くじけない心、頑固さ、勤労精神）、断固たる信念、社会通念など気にしないというきっぱりとした態度。それに、思いがけない変わった機会にも飛び込んでいく姿勢。サウサンプトンに住み、南極航海に行ったり山に行ったり走ったりする、落ち着きのない博士課程の学生。それがこのときのわたしだった。

レースのときにもらったバッグに入っていた雑誌を読んでいたとき、ある記事がたまたまわたしの注意を引いた。それがウルトラトレイル・デュ・モンブランの記事だった。参加しようと決めた本当の動機は覚えていないけれど、その夏に博士課程を終えたあとにアルプスで登山休暇を過ごすいい口実になると思って申し込んだ。このころのＵＴＭＢはまだ歴史が浅く、このときが３回目だったため、申し込みを急ぐ必要もなければポイントをためる必要もなく、経験も不要だった。それがちょうどよかった。わたしには何もなかった。山岳地帯で行われるレースに参加したこともなければ、オフロードを20マイル以上走ったこともない。これで夏の計画はできた。あとは博士課程を終えればいいだけだ。

気晴らしになることがしたかったので、南ウェールズの友人を訪ねた。友人たちはたまたまレースに参加する予定で、わたしも一緒に参加しない理由は何もないように思えた。バリーの競技場を走る40マイルのレースだった。芝のトラックをこの前走ったのはおそらく学校の校庭で、それもせいぜい８００メートルや１５００メートルだった。あのころはそれが「長距離」だったのだ。ある程度スピードを保とうとしながら走った最も長い距離はマラソンだった。戦略や意気込みなどまったくなく、ただその日1日を楽しく過ごすことしか頭になかった。３月のこの日は風が強く、身を切るような風がスタジアムのスタンドを吹き抜けた。

出場者は少なかった。ランナーは全部で確か25人くらいで、25人の辛抱強いタイムキーパーが、それぞれ担当のランナーがトラックを１６１周するのを数えるという骨の折れる仕事をしていた。不安になる？　そうかもしれない。でも、山とは違って雪崩に巻き込まれたりクレバスに落ちたりする危険はない。それに道に迷う心配もない。だから、全体として見れば本当に簡単なはず、ではないだろうか？　ただ走ればいいだけなのだから。それで、わたしはそうした。出場者が少なかったのと、優勝候補の女性が本命のレースを別に控えていたおかげで（将来行われるレースの選考基準を満たすために、ある程度の距離を走る必要があっただけだった）、わたしは優勝した。

このレースは地元のちょっとしたイベントだとわたしは思っていたのだけれど、実際にはそうでもなく、風の吹きすさぶ競技場にまだいるときに、わたしが優勝したのに驚いたイギリスの選考委員が近づいてきた。この人は、例の優勝候補の女性が適格かどうかを確認するために来ていたのだった。わたしはその人から、数週間後のアングロ・ケルティック・プレート100キロメートルという大会で行われるイギリス100キロメートル選手権にイングランド代表として出るつもりはありませんか、と言われた。そんなこと、考えたこともなかった。考えられたはずがない、そのようなレースが存在することすら知らなかったのだから。それで考えてみた。そして、はいと答えた。ときには思いがけない機会をつかまえなければならないこともある。そうした機会が再び訪れるとはかぎらないのだ。わたしには、こうした機会がまた来るとは思えなかった。だから、アイルランドに行きイングランドの赤と白のユニフォームを着てかなり長い距離を走るというのも、試してみる価値はあるだろう。1度は。そうわたしは思った。

1カ月後、わたしはダブリンのフェニックス・パークを何周も走っていた。

それまでに行ったトレーニングは、トルコ北東部の人里離れた山脈をトラバース（山の斜面を水平方向にたどって進むこと）する12日間のスキー旅行だった。この時期ほかのランナーは集中トレーニングの最終段階を終えて調整に入っていたのだろうが、わたしは骨身に染みる寒さのなか、黒海沿岸にそびえるカチカル山をトラバースしながら、雪崩の起こりそうな場所を避けることに全神経を注いでいた。今回の旅のリーダーだった友人のデイヴィッドは前に一度この地域に来たことがあったけれど、わたしたちがスキーで入ったのは未知の領域で、ロードマップ上では2インチの距離をのろのろと進んでいた。わたしたちがトラバースする前にもしている最中にも大量の雪が降り、雪崩の危険を避けるには、常に警戒を怠らず慎重に行動しなければならなかった。ベースキャンプから山頂にアタックするのではなく、トラバースなので毎日キャンプを張っては畳む必要があり、気温は非常に低くて（マイナス18度くらい）、寝袋をきちんと乾かす機会もなかった。すばらしい旅だったけれど、テントと食料と燃料を運んでいたため荷物は重く、重労働だった。レースの準備としては最も楽だというわけではなかったが、信じられないほど豊かな経験だった。トラバースしているあいだは、当然ながら少人数のグループで孤立した状態だったけれど、山から下りるとあたたかく歓迎されてお茶をたくさん勧めてもらったし、さまざまな文化が混じり合っている様子には本当に心ひかれた。

続いて経験した異なる世界の衝突には困惑した。ダブリン行きのフライトが遅れてグループでの夕食には間に合わず、わたしがテーブルについたときは次の日に向けての最終準備の真っ最中だった。ダブリンという都市とトルコの山岳地帯の大自然という著しい対比は、特殊な点が多々あるプロのロードレースの世界とそこに突然やって来たわたしの姿そのままだった。わたしは、100キロメートル走のあれこれについて、誰にも説明してもらっていなかった。けばけばしい色のスポーツドリンクをボトルに入れて距離ごとにラベルを付けておかなければならないとか、消化しやすい食べ物も同じように用意しておかなければならないといったことをわたしに教えようと思った人も、それまでいなかった。その場の会話を聞きながらわたしが不安を募らせていくのに気づいたチーム・マネージャーが、隣にあったセブンイレブンにわたしを連れていき必要なものを買うのを手伝ってくれて、ルームメイトはわたしがあまりにも何も知らないのを気の毒に思い、自分のボトルをいくつか分けてくれた。

レースは始まり、そして終わった。長かった（8時間以上）。そしてわたしは、白状すると、公園をそれ以上1周たりとも走らずに済むことに満足しきっていた。1着でもビリでもない。いつもどおりの心地よさ。けれども次の日、強い風のなか友人とダブリン郊外の小高い山に遠出に行って帰ってきてみると、男性のチームメイトたちはベッドのはしごを登るのもひと苦労で、その日の朝食もろくに食べられない様子だった。それを目にして、これは何かの始まりにすぎないかもしれない、と気づいた。わたしの体も心も、この種の挑戦に耐えられるらしい。

それからの数カ月で、博士論文の最終仕上げをして印刷し、論文についての口頭試問に答え、英国南極観測局の仕事に応募して採用された。

その合間には、スイスとイタリアの国境沿いでほとんど雪のないスキー旅行をしたけれど、その際、氷が割れてサッビオーネ湖に危うく沈みかけるという大変な目にあった。これは今でも、いつかは訪れる死に最も近づいたときだったと思う。晩春で雪崩の危険があったために標高の高いルートを通るという選択肢はなく、小屋の管理人がダムのあたりの氷はまだ安全だと請け合ってくれた。岸から遠く離れたところをほかの人たちよりも先に進んでいると、突然わたしの足の下で氷が割れた。時間の流れが遅くなり、わたしはとっさに、氷の割れ目の上で手足をぱっと大きく広げた。わたしの体重を支えるものはほとんど何もなかった。スキーもポールも水面を漂っていた。手を伸ばしてなんとかそれらをつかみ、ひとつずつ、もっとしっかりした氷の上に放り投げた。ほかの人たちがロープを投げてくれて、それが実際どれほど役に立ったかはわからないけれど、全員にとって心理的な助けにはなった。すさまじい孤独感に襲われた。溶けかかった氷の上を這って、わたしももっと固い氷の上にたどり着き、それからみんな十分に間隔を取って、もと来た道を引き返した。小屋に戻ってから、何が起きたか少しずつ実感がわいてきた。濡れた服を脱ぎストーブのそばに座って乾かしているときに、かなり深刻な状況だったかもしれない、ということにようやく思い至った。管理人と話したけれど、現在は雪崩の危険性があること、いまや氷の具合も怪しくなってきたことを考え合わせると、残された唯一の手段は、歩いて谷を下り、谷を出たらバスでドモドッソラに向かい、モンテレオーネ山の手前で予定していたルートに戻ることだった。今回の経験も、平静かつ臨機応変に対応する必要があること、そして刻々と変わる状況に合わせるという心構えの大切さを改めて教えてくれた。言うは易く行うは難し、だけれど。

旅の終わりに、わたしは仲間に別れを告げ、数日間かけて、それまでの旅を氷の部分を除いてほとんどくり返した。これは冒険で、ときどき怖い思いもしたし、目指していた山小屋に到着してみると冬季小屋がないことがわかり、戸外で、積み重ねた枝の上に寝た夜もあった。ローヌ渓谷のブリークに戻る旅の終わりに、何かが変わった――自分の心と体を信じられること、自分ひとりで、自分の2本の足を使って長い旅ができることに気づいたのだ。解放された気分だった。

数週間後、論文の口頭試問を終えたわたしは北へ行くことにした。できるかぎり北へ。友人と一緒にスカイ島探検に行った。クイリン山で1日だけすばらしくよく晴れた日があったけれど、そのあとは何日間も、霧と土砂降りの雨のなかで尾根を歩いた。あそこにはぜひまた行きたいと思っている。

それから、アルプスでハイキングもした。道連れは、わたしのビビィバッグ〔薄手で軽量の寝袋〕、少量の荷物、そして、よき友人たちとの別れ。それだけだった。電車の切符、キャンプ用品や登山用品が詰まった重いリュックサック、トンネルを抜けてフランスを横切る長い旅。そして、わたしはシャモニーに着いた。これが、2005年8月の終わりにわたしがあのスタートラインに立つまでの出来事だ。世界はわたしたちの前にあり、無限の可能性に満ちていた。

＊＊＊

ゴールへ向けて

闇。降りしきる雨。どんどん弱まっていくヘッドランプの光が、わたしの前を流れ落ちる雨の粒に当たって反射する。わたしの後ろでも。わたしの横でも。わたしの上でも。目の前を川が流れる。足元の岩やねじれた木の根はほとんど見えない。木々が衛兵のように立ち並び、疲れた目を休めるために空がごくわずかな隙間をつくることすら許してくれない。もう何時間もこの岩棚の道を走ってきたような気がする。本当はそんなに長いはずはなく、たぶん1時間も経っていないけれど、時間の観念をすっかりなくしてしまったらしい。最後の休憩所はアルジャンティエールだった。今はこのとおり。わたしと、トレイルと、わたしの前の光だけ。最後に達するまでずっと。

わたしが頼もしい小さなテントと一緒にこの2週間暮らしていた村を走り抜けるのは、なんだか変な気分だった。わが家のような、山腹の牧草地。あそこでの暮らしは気に入ったし、必要なものはすべてそろっていた。今はずっと後ろにある。ずっと後ろに。あと何時間たったら、あそこに戻って、この降りやまない雨からようやく逃れ、寝袋にぬくぬくとくるまり、小さなストーブでお茶を入れるという、ほとんど自堕落な楽しみを味わえるようになるのだろう？　温かい飲み物、それがあったらどんなにありがたいことか。じっくりと時間をかけて楽しみ、ひと口ひと口心ゆくまで味わい、手を暖める。あちこちで適当に手に取ったものを飲み下すだけなんて、もううんざり。そう、温かい飲み物があればごちそうだ。でも、そのごちそうはわたしのものではない、少なくとも、まだ当分のあいだは。

このトレイル、プチ・バルコン・スッドのことはよく知っているつもりだった。明るい時間帯に何度か走ったことがあり、そのときは足元の地面も乾いていて、太陽の光もわたしを暖かく照らしてくれた。それどころかこの道はわたしのお気に入りで、町からじかに続いているような急斜面の森を抜けて、騒がしい下界の生活から遠くにわたしを連れていってくれた。それなのに、それとは似ても似つかない、情け知らずの恐ろしい怪物のようなこの道は、いったい何？　曲がりくねって執拗に上り下りをくり返し、この果てしない道の先ではわたしの過去と未来の最悪の事態がひとまとまりになっているかのようだ。どんな地獄がわたしを待ち受けているのだろう？

自分の前を行く光にやみくもについていき、ヘッドランプと電池の神に慈悲を祈る。最後まで電池を交換しなくて済みますように、替えのランプをリュックから出さずに済みますように。取り替えた方がいいのはわかっている。でも、そのためには少し足を止めなければならない。そのあいだに、わたしの前を行く光はどんどん遠ざかってしまうだろう。それに、2位の女の人が迫っているに違いない。彼女は夫と一緒に走っている。あの人たちは、このレースを知っている。何がどうなるかわかっている。その知識が力となって、これまでなぜかリードしてきたわたしに追いつけるはずだ。もう、すぐ後ろにいることだってあり得る。曲がりくねった道や、暗い森のせいで姿が見えないだけかもしれない。足を止めるなんてできない。まだ力を使い果たしたわけじゃない。まだわたしは動いている。ひたすら進み続けなければ、降りしきる雨のなかに、体の形をした穴をうがちながら。「だめ、立ち止まってランプを交換するなんて。飲み物? さっきの休憩所で少し飲んだばかり。寒いし濡れているから、飲み物なんかいらない。食べ物もいらない、それもあとでいい。ただ足を動かし続ければいい、というより、動き続けている足が闇を抜け岩や木の根を越えて自分を運ぶのに任せればいい」

こんな調子で進む。どんどん先へ。さらに先へ。

でも、ちょっと待って。ここ、なんとなく見覚えがあるような気がしない? やっと、やっと怪物はいなくなり、ほっとするようななじみのある景色が戻ってきた。あれは、この張り出した道の最後の曲がり角だ、数歩行って右に曲がればトレイルの最後の部分に出る。ここまで来ればもうわかる、自分の足元のトレイルが下りになることも、小さな流れがあって飛び越えなければならないことも、最後の200メートルでは傾斜が増し、重力に任せてどんどん下りていけることも。前の方では、ちらちらと光るヘッドランプの光が遠ざかっていく。でも、ここだ、道路に出たし、光もある。街灯だ。シャモニーに帰って来た。終わりがこんなに近いなんて、なんだか信じられない。足の下は固いアスファルト。突然変わったけれど、ああ、なんてありがたいの。ということは、ゴールラインまで、せいぜいあと数分のはず。きっと、きっともう追いつかれることはないし、追いつかれたとしたって、歩幅を広げるようにすればまだチャンスはあるはずだ。ラストスパートをかけられるかどうか自信がないけれど、ここまで来たのだから力を出し切ろう。左に曲がり、メインロードまであとたった数メートル。あそこに誰か立っている。誘導してくれる人だ。

当たり前だけど、明かりが増えた。カフェやレストランがもうすぐ開店し、遅めの夕食を食べに、またはビールを飲みにお客がやって来る。ああ、でも見て、道の両側に大勢の人が立っている。スタートのときもこんな感じだった。まあ、あのときよりは人の姿はまばらかもしれない、雨だし、暗いし……でも……この人たちは、どうしてまだここにいるんだろう？　最後の角を曲がると、見えた。教会広場のゴールのアーチ。待っている人たち。拍手の音が耳のなかで鳴り響く。そして、やっとわかった。わたしのためだ。

あの人たちは、1位の女性がゴールする瞬間を見ようとしているのだ。わたしがその女性なのだ。

ちょっと圧倒されてしまう。こんなときって、どんなことを感じるものなのだろう？　待ち構えていたカメラのフラッシュが光る。誰かが両方の頬にキスしてくれる。この女の人は誰だろう、ここですべてを取り仕切っているらしいけれど。いろんなことが立て続けに起こる。優しく抱きしめられる。完走記念のベストをもらう。食べ物が満載されたテーブルのある方を示してもらう。水の入ったボトルを渡される。

これで終わった。もう走り続けなくていい。もうこれ以上どこにも行かなくていい。終わりにたどり着いたのだ。

なんだか受け止めきれない。

最初に頭に浮かんだのは、暗くなってからずっと心配だったことについての質問だった。

「わたしのキャンプ場に帰る方法はありますか？」ここまでずっと走ってきた挙句にこの質問だなんて、なんだかおかしい。100マイル近い距離を走り、あの巨大なモンブラン山塊を回って、3カ国を通り抜けた。それなのに、谷を数キロ上ったところに行く方法を尋ねるなんて。でも今は、それがわたしのいちばんの気がかりだと思う。寝袋への憧れは刻々と強くなっていて、どうすればそこにたどり着けるのかは大問題だ。シャモニーの谷の公共交通機関は充実している。でもどういうわけか、自分の車がない人は暗くなってから外出する必要はないという暗黙の了解があるらしい。だから電車は止まる。バスも止まる。そしてわたしも止まった。雨のなか、長い距離を歩く気にはなれない。今は無理。もう止まったんだから。ゴールラインにたどり着くためだったら、あと20キロくらい走れるかもしれない。でも、もう止まったのだから、もう一度走り始める気力、また土砂降りのなかに出ていく気力は出せそうにない。でも、ありますよ、という答えが返ってきた。ゴール担当のボランティアのひとりが車で送ってくれるそうだ。よかった。問題がひとつ片づいた。明日になってから到着するか完走できないかだと思っていたものだから、わたしを待っている寝袋まで「どうやって」たどり着くかなど考えていなかったのだ。

次なるジレンマ――わたしと同じようにずぶぬれで泥だらけで疲れているように見えるけれどもゴール地点のアーチと同じくらい大きな笑みを浮かべた男の人が、缶ビールを渡してくれた。最後の数時間は、この人を含め数人の男性と抜きつ抜かれつをくり返していた。下りで引き離されたこともあれば、上りで追いついたこともある。そんな具合だった。でも見て、その人たちが待ってくれていた。自分たちに続いてわたしもゴールラインを越えられるかどうか、わたしが女性1位でゴールできるかどうか見届けようと待っていたのだ。言葉はろくに交わしていない。名前すら知らない。それでも、何か特別なものを分かち合った。レースの最後の段階を、ばてそうになりながらこうしてともに過ごしたことで、見知らぬ者同士のあいだに、ほかに類のない絆が生まれた。特別な瞬間を分かち合ったのだ。わたしたちの瞬間を。今このとき。そして、今このときだけ。わたしは手を伸ばして受け取った。自分の胃がビールを受けつけられるかどうかはわからなかったけれど、試してみたい、この瞬間を彼らと分かち合いたい、と心から思った。

でも、待って。何かの係らしい女の人が来て、ドラッグのテストを受けてください、と言う。ああ、そうなんだ。こんなの初めて。ドラッグ？　でも、何の？　ずっと飲みたいと思ってきたのにまだ飲めていないカフェラッテに入っているカフェインのことだろうか、それとも、こうやって長い距離を走ったことで放出されたエンドルフィンが引き起こす、つかのまの幸福感のこと？　本当に長い道のりだった。でも、ええ、もちろん受けますとも。でも、「まずビールを飲んでもいいですか？　これで水分補給できます？」答えはノー。だめです、ときっぱり言われた。この女の人と一緒に、すぐ行った方がよさそうだ。それで、わたしはゴールエリアを離れ、レース仲間も、ビールも、食べ物が載ったテーブルもあとにした。体が濡れている。ずぶぬれだ。チクチクする毛布が体にかけられ、ボトルに入った水を渡され、椅子を勧められた。手順の説明を受けて、書類を何枚か渡され、サインするように言われた。項目がたくさん並んでいて当てはまる数字にチェックしなければならないのに、頭が働かなくて、ずらりと並んだ数字などろくに理解できず、ただ機械的にうなずいていただけのような気がする。濡れてかじかんだ手ではペンを持つのもやっとで、なんとか書き殴りはしたものの、ほとんど判読不能で、サインとはとても思えないような嘆かわしいほど単純な線になってしまった。

水分が補給されるまでしばらくかかるはず、と思っていたら、突然、もう試してみていいですか、と聞く羽目になった。なにしろ、ずっと雨で寒かったし、あちこちで少しずつ水分を取っていたんだから。そうじゃない？　もう行ってこないと。プラスチックの容器を手に、トイレに案内された。ひとりにされるのではなく、見張っている人がいるのに気づいて、少なからずどぎまぎした。夜の闇のなかで草むらに半ば隠れてしゃがむならともかく、トイレの個室で誰かに見られながらだなんて。気に入る状況とは言えない。でもどうしようもない。容器をいっぱいにできてほっとしたけれど、そこで止まらないのに気づいて、さらにどぎまぎしてしまった。容器を渡すと、ありがたいことに、あとはひとりでゆったりとすませることができた。

ドラッグのテストは終わった。次は何をすればいいだろう——バッグの受け取り、シャワー、温かい飲み物——そうしたら、ようやくあの寝袋を目指せる。聞き覚えのある声がする。誰の声かわかるまでしばらくかかった。アルジャンティエールのキャンプ場で一緒だった友人たちだ。今ごろは車でイギリスにはるばる帰る途中だと思っていたのに、シャモニーに一晩泊まっていたのだ。友人たちは、歩道沿いのカフェで夕食にしていたところ、イギリス人女性が優勝したというニュースを耳にした。もちろん、それがわたしだなどということはとてもありそうになかったけれど、確認しないで帰るわけにはいかなかった。そしてわたしを見つけた、というわけだ。友人たちが辛抱強く待ってくれているあいだ、わたしは預けておいたバッグが集められている建物を探し、スポーツセンターの奥にあるシャワーを探した。お湯。なんてぜいたくなんだろう。汗と泥と疲れを洗い流そうと、しばらくたたずむ。お湯で体が温まり、自分がどんなに冷え切っていたかようやく気づいた。ぼうっとしていたら、男の人がやって来たのでびっくりした。彼も、お湯を浴びてくつろごうとシャワーを探していたのだ。男女共用シャワー？　女性用シャワーの用意はなかったのだろうか、それとも、わたしの探し方が悪かっただけ？　疲れがひどくてそれ以上気にしていられず、乾いた服をなんとか身に着けた。

それから、疲労で頭がもうろうとしてきた。あとでココアを飲んで、そうしたらもういつでも寝られる。でも、まずは両親に電話をしなければ。レースを終えたらすぐに電話すると約束していたのだ。わたしはたっぷり100マイル近く走り、海抜ゼロメートルからエベレストの頂上まで登ってまた下りてきたようなものだったし、両親も、少し寝た方がいいよ、と眠そうな声で言っただけだった。おっしゃるとおり。

キャンプ場に戻ると、幸いまだ立っていたテントに転がり込み、それから——あまりにも疲れていてバッグの中を探す気にもならず——そのまま寝袋に潜り込んだ。明日のことは明日でいい。

あまりよく眠れなかった。それでも、寝袋のなかは暖かく、乾いていて、じっとしていられる。走ってもいないし、動いてもいない、じっとしていられるのがありがたい。これ以上、何も必要ない。

次の日の朝、スーパーまでぶらぶらと歩いているとき、現実を目の当たりにした。村のなか、ゴールまでまだ何キロもある道を、まだ走っている人がいる。疲れているようだ。いや、疲れているどころではない。まるでゾンビのよう。そう言ってもいいくらいだ。自分の足で、2晩ずっと走ってきた。大変なことだ。あの動きを見れば、疲れているのは明らかだ。顔つきからも、うつろなまなざしからも、疲れ果てていることがうかがえる。それなのにまだゴールしていない。本当に尊敬してしまう。

テントに戻ってくつろいでいたけれど、不意に気づいた。スケジュールを確認しないと。わたしは優勝した。ということは、表彰式に出席することになっているのでは？　なぜか、式は午後4時からだと思っていた。でも違う。午後2時からだ。だったら、あと数分で駅に行かないといけない。日曜日にはバスも電車も少ない。急がないと、表彰式に間に合うようにシャモニーまで走らなければならなくなる。これ以上、どこへだろうと走って行きたくなんかない。

わたしは知らなかったけれど、このころ母はシャモニーの観光案内所に電話をかけていた。昨晩の電話で自分が聞き間違えたのではないかと思ったのだ。母は、UTMBに出た友人の成績を教えていただけますか、と尋ねた。「もちろんですとも」と、電話に出た親切な女性は答えた。「それで、その方のお名前は？」母は、わたしが注目されるのを避けたがることをよく知っているので口ごもった。「お名前をうかがわないと、結果も申し上げられないのですけれど」と優しく促されて、「エリザベス・ホーカーです」と母は答えた。「リジー・ホーカーさんですか」と、その女性は大きな声を上げた。「あらまあ。優勝なさってますよ」

シャモニーで、大勢の人が通りを歩いたり食べたり飲んだりしているなかをぶらついていたら、視線を感じるようになった。なんだか居心地が悪く、これからどうなるんだろう、と思ってほんの少し落ち着かない気分になった。

表彰式は夢うつつのうちに終わった……大勢の人が教会広場を埋め尽くすなか、ステージに立ったのをぼんやりと覚えている。すべてが始まった場所で、すべてが終わった。

次の日、わたしはなじみのトレイルをのんびりと走っていた。

変わったことは？　すべて。そして何も。

帰りの電車の切符、キャンプ用品や登山用品を詰め込んだ重いリュックサック、フランスを横断する長い旅、そしてトンネルを抜けて、わたしはロンドンに戻ってきた。わたしがモンブランを巡る旅をしたことを示すものは、「女性第1位」と刻まれた木の台座の上に金属でできた4人のランナーの彫刻があしらわれたトロフィー、それに、サン・ジェルヴェの寝台車で自分の席を尋ねたとき、思いがけず2人の年配の女性から抱きしめられたことだった

――2人とも、新聞でわたしの写真を見たのだ。

第2部　探索の旅

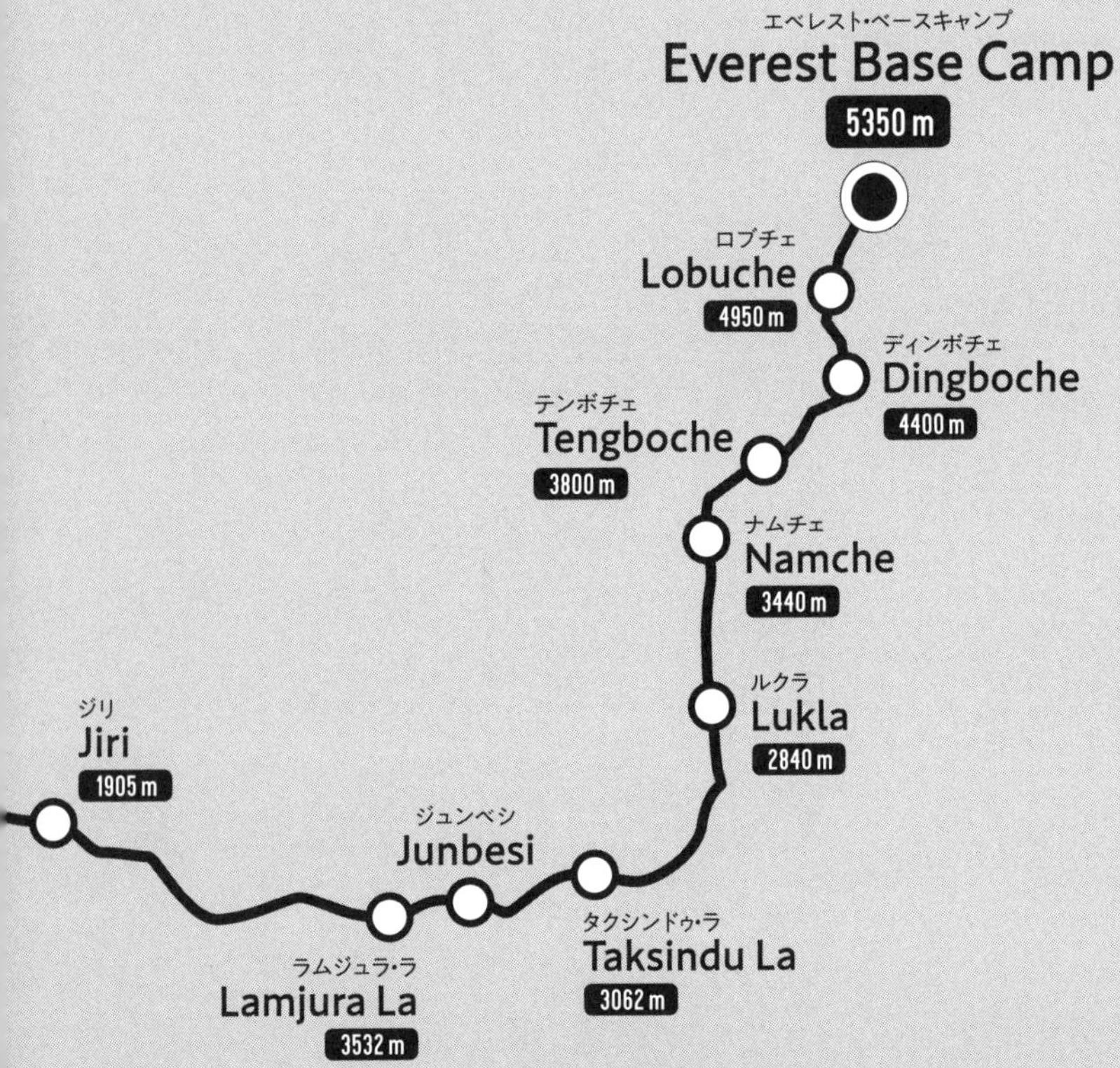
Everest Base Camp《エベレスト・ベースキャンプ》
5350 m
Lobuche《ロブチェ》
4950 m
Dingboche《ディンボチェ》
4400 m
Tengboche《テンボチェ》
3800 m
Namche《ナムチェ》
3440 m
Lukla《ルクラ》
2840 m
Jiri《ジリ》
1905 m
Junbesi《ジュンベシ》
Taksindu La《タクシンドゥ・ラ》
3062 m
Lamjura La《ラムジュラ・ラ》
3532 m

エベレストからカトマンドゥまでの行程

The Itinerary from Everest to Kathmandu

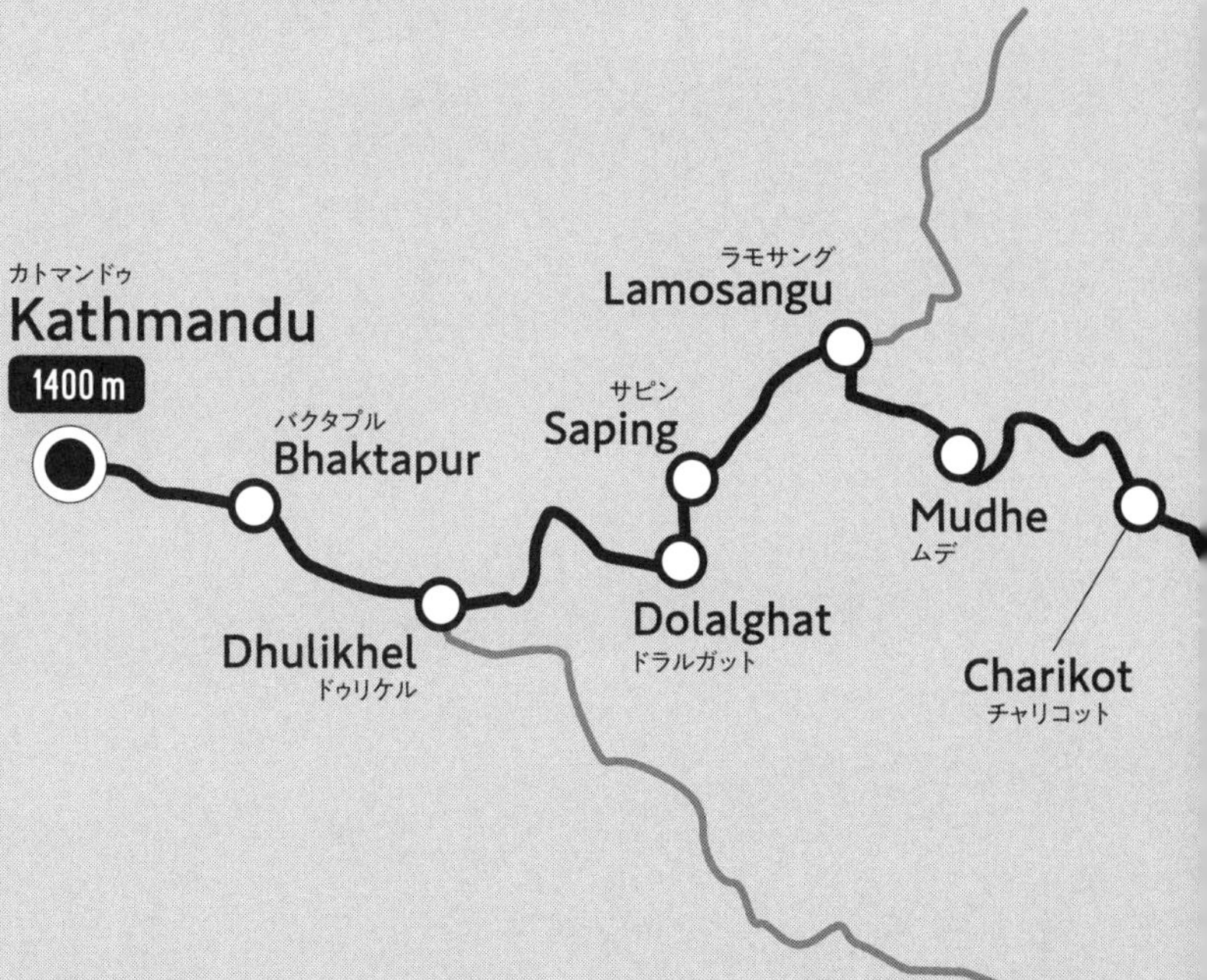

◎第6章：ヒマラヤに挑む

大切なのは記録ではなく、メダルでもない。
レースに勝つことでも、表彰台に立つことでもない。
大切なのは、恐怖と涙、笑いと笑顔。
共有された経験と、生の感情だ。

エベレストにて

今はまだ夜。携帯電話が鳴り、浅い眠りからわたしを起こす。「幸運を祈る！　ぐっすり寝ろよ。何枚か写真が撮れるといいね、それから雨よけのビニールシートを忘れないように！　楽しんでおいで。金曜日の午後X時に会おう」。リチャードからのメールだ。わたしは寝袋にくるまって、朝になったらどうなるかをあまり考えすぎないようにする。彼のメッセージのおかげで笑みが浮かぶ。きっと大丈夫。

ぐっすりでなくてもいいから、もう数時間寝ておこう。

また携帯が鳴る。今度は目覚ましだ。胃がむかむかする。前もそうだった、これで2度目だ。それでもこれは、偉大で壮大で大いなる挑戦だ。天候に恵まれるかどうか、自分の体が持ちこたえられるかどうか、まだわからない。というのは正しくない。自分の体のことは信じている。わたしが求めることにはきっと応えてくれる。でも、山や天気や道の状態は、わたしにはどうしようもない。

実際に、予報では天気は荒れると言っていた。だからあんなに急いでここに来たのだ。高度順化〔時間をかけて少しずつ高い場所に移動し、薄い空気に徐々に体を慣らしていくこと〕について教則本に書かれているような決まりごとをすっかり破ってしまった。でも調子はいい。わたしのテントから、外をのぞいてみる。本当はビリーのテントだ。今ビリーは、標高7861メートルのヌプツェに登るための高度順化の最中で、留守のあいだ、親切にもこのテントを貸してくれたのだ。雪がちらほら舞っている。でも今のところはほんの少しだから、わたしを止めるものは何もない。大雪になるのは、たぶん今夜だろう。

そしてわたしは今夜、ここからはるか遠く、3000メートルほど低いところにいる予定だ。だからリチャードはビニールシートを持っていくようにと言ったのだ——たぶんわたしはずぶぬれになる。それで、わたしが今いるのは？　標高5364メートルのエベレスト・ベースキャンプで、ゆっくり流れる氷河がつくったモレーン〔氷河に運ばれてきた岩石や土砂などが堆積してできた地形〕の上に立てたテントの中。そして、わたしはこれからカトマンドゥまで走って戻る。これが3度目。まったくどうかしている。

＊
＊
＊

ネパールのこと

「ナマステ、ディディ、ナマステ」

「ナマステ」はあいさつの言葉で、胸の前で両手を合わせておじぎをしながら言い、ネパール・ヒマラヤ全域と東南アジアの多くの地域で用いられる。文字どおりには「わたしの内なる精霊は、あなたの内なる精霊を認識して敬意を払います」という意味で、わたしたちがおざなりに使う「ハロー」より、ずっと深い感情と意味がこもっている。わたしたちが同じ人間であり、根本的にまぎれもなく平等であることを示す動作で、謙虚な気持ちにさせられる。「ディディ」はネパール語で姉という意味で、愛情や尊敬の念を表す。単に親しみを表す場合もあるけれど、それだけでも十分だ。

この言葉は、2003年に初めてカラナグ遠征に参加したときからずっと、ネパールとヒマラヤでの経験のあいだ、いつもわたしとともにあった。初めての遠征のあと、絶対に戻って来よう、と思った。どのように、どんな理由で、いつ戻ってくることになるかはわからなかったけれど。

ツェルマットとその周囲の山々が、自覚が芽生え、愛情を認識し、情熱が生まれた地だったとするならば、ネパールはその愛情を深め、情熱を強めた場所だ。わたしに試練を与え、そして慰めをくれた場所でもある。わたしを骨の髄までゆさぶり、生命力で満たしてくれた。ネパールは、わたしの好奇心、わたしの情熱、わたしのとまどい、わたしの驚きをかき立ててやまない場所となった。わたしが心を奪われた場所だ。

ウルトラトレイル・デュ・モンブランと、そのスタートラインに立つまでに起こった出来事すべてが発見の旅だったとすれば、エベレスト・ベースキャンプからカトマンドゥまで走ったこと、そして最初の挑戦から3度目の挑戦に至るまでのアスリートとしてのキャリアは探索の旅だったといえる。

初めて参加したUTMBは新たな世界への扉を開いた。これがきっかけとなって、わたしは競技としてのランニングの世界に足を踏み入れた——主に自分自身のために走り、いくつかのレースに気軽に参加してみるだけだったわたしを、そこには自分が探求すべき可能性がある、という気づきへと導く橋となったのがUTMBだったのだ。不屈のアスリートとして競技世界を探索するうちに、わたしは極限まで行き着いた——長い距離を走る、短めの距離を走る、スピードを上げて走る、標高の高いところを走る、平坦なアスファルトの上を走る、山岳トレイルを走る——このような多彩さがわたしは好きだった。その結果、UTMBでは5回優勝し、100キロメートル世界選手権では金メダルを獲得、24時間走では世界記録樹立と総合優勝達成、スパルタスロンでは総合入賞を果たした。でも、こうしたレースは物語のなかではほんの小さな部分にすぎない。競争は、わたしの走りにとってはいつだって副次的なものだった。わたしにとって、走ることが競うための単なる手段だったことはない。わたしは、社会通念に逆らうことに独特の満足感を覚えるようになった。これは、わたしが自分の潜在能力を完全に発揮できることは決してない、ということかもしれない。けれども、その道の方がずっと興味深い、ということかもしれない。

ネパールとそこでの冒険は、競争から遠ざかる要因には決してならず、わたしはその地で天空のトレイルを一心不乱に走ってきた。でも、これはそれまでに行ってきた山での探索の続きでもあった。レースの競争としての側面と、それ以外のことにも挑戦したいという強い気持ちがただ絡み合い、分かちがたく結びついて発展していった。1本の糸が撚《よ》り合わせた2本の糸でできているように、わたしにとっての走ることの意味——探求の方法——が、別の違った形で現れただけだ。

ヒマラヤ挑戦の夢

2006年の夏に書いたメモを読み返してみると、ランナーとしてのキャリアが始まったときからずっと心に抱いていた夢がひとつあることに気づく。競争の世界とはまったく別のところに根差していて、純粋で混じりけのないチャレンジ精神から生まれた夢だ。考えたことや夢や将来の計画のリストには、マラソンや100キロメートルレースをもっと速く走りたいという希望や、さまざまな由緒あるレースに出たいなどということが並んでいるが、それに挟まって「ヒマラヤをひとり、またはふたりで走る――クレイン兄弟や、ヘレン・ディアマンティーデズとアリソン・ライトがしたのと同じように」と書いてある。

ニック・クレインの『Clear Waters Rising（澄んだ水の源）』を読んでからしばらくして、『*Running the Himalayas*（ヒマラヤを走る）』の中古本を手に入れた。ニック・クレインのいとこのリチャードとエイドリアンが、最小限のサポートと5、6キロの荷物を携え、現地調達主義を旨として、[*1]ヒマラヤを東から西へ（ダージリンからラワルピンディーへ）101日で横断したときの記録だ。そのうちネパールの部分の横断には3日間の休養を含めて49日ちょっとかかり、山の中腹をたどる（エベレスト・ベースキャンプに立ち寄り、トルング・ラを越える）ルートだった。彼らの物語の素朴さにわたしはすっかり夢中になり、想像力をかき立てられた。そのような旅をすることを考えると、恐ろしくもあったけれど、同じくらい心が躍った。どうやって？　誰と？

この本を読んでしばらく経ったころ、ヘレン・ディアマンティーデズとアリソン・ライトが1980年代に行った旅のことを知った――彼女たちは、エベレスト・ベースキャンプからカトマンドゥまで走って戻る最短記録（FKT）を打ち立てた。でも、そんなレッテルはまったく重要ではない。わたしが感銘を受けたのは、2人を旅に駆り立てた純粋な冒険心と精神だった。

このふたつの旅の両方から影響を受けて、わたしは自分の夢のリストにあのように書き込んだのだった。そしてその夢は、自分でも説明しきれないほど多くをもたらしてくれた。

わたしはネパール横断[*2]に挑戦した。このときは断念せざるを得ず、それについてはまたあとで述べることにする。けれども今では、エベレスト・ベースキャンプからカトマンドゥまでの旅は、わたしにとってすっかりなじみのあるものとなった。もしかしたら、今もまだ終わっていないのかもしれない。一見何の意味もないように思えるこの試み[*3]には、ちょっとした歴史がある。昔、カトマンドゥからジリまでの道ができる前、そしてルクラまで飛行機が飛ぶようになる前は、この山岳地帯から伝言を送るには、人が走っていくしかなかった。文字どおりに。それがそもそもの始まりだ。

ソレル・ウィルビーの著書『*Across the Top*（山々を越えて）』は、ソレルが夫のクリス・チャンターとともにパキスタンからインドのアルナーチャル・プラデーシュ州までヒマラヤを越える旅をしたときの物語で、そのなかで彼女はソナム・ギルメとの出会いについて語っている。場所は、わたしにもなじみ深いナムチェバザールだ。ソナムは、成功裏に終わった1953年のエベレスト遠征隊に12歳という若さで飛脚として雇われた。山を「出る」仕事としては最もきつかったが、報酬は最も高かった。

「夜もずっと、昼もずっと走り続けた」と、彼はうめくように言った。「懐中電灯なんてない、ランプだけだ」。仕事は2人ひと組のリレー方式で、カトマンドゥからベースキャンプへ、あるいはベースキャンプからカトマンドゥへのマラソンをするたびに、数日間休むことができた。「低高度の荷物運び」の当時の相場は1日3ルピーで、エベレストへの旅は1カ月かかった。だが、2人の飛脚チームで街なかの道が終わった地点から山までの距離をわずか4日で行けたなら、1回の旅につき1人200ルピーもらえた。ペースがもう少し遅くて5日かかったら、報酬は150ルピーに下がった。ソナムは身振りを交えて、走ったあとにどんな気分がしたか教えてくれた。四つん這いになって火から遠くに這っていき、部屋の隅で胎児のように体を丸めてみせた。「ああ、ひどく痛かったよ！」と彼は笑った。「2日間、ひょっとしたら3日間、動くことも泣くことも、何か食べることもできなかった」。だが、金のことを考えればそれだけの価値はあった。[*4]

エベレスト・ベースキャンプからカトマンドゥまでは、走ると長い道のりだ。およそ320キロメートルで、迷子になったり距離的には近いけれどもっと時間がかかる道を通ったりすれば、数キロメートル増減する。モンブランを1周するルートのほぼ2倍だ。これまでに、わたしはその旅を3度行った。最初のときは、断るなんて考えられなかった。2度目は、出場したレースのゴールがクンブだったので、どうせ帰るなら走って帰っても同じだと思ったからだ。3度目は単なる好奇心からで、新記録を出そうとしたわけではなく（わたしは既に新記録を出していたから特にその必要はなかった）、そのようなことをする**わけ**を探り出そうとしたのだ。結局わからなかった。今も相変わらずそのわけを探し続けている。

ケンブリッジへの引っ越し

新しいオフィスの床の上に仰向けに寝そべり、体を伸ばす。シャモニーで電車に乗ってロンドンに戻ってきてから、怒濤の数日間だった。人生の舞台はケンブリッジに移った。新しいオフィス、借り物のベッド、借り物の自転車。そして今朝は借り物のベッドを出て借り物の自転車に乗り、このオフィスの床にやってきた。このルートがすっかりおなじみになるころには、次の部屋をもっと長い期間借りることになるのだろう。それとも、前にここに来たときと同じようになるのだろうか？　調査航海の合間にあちこち移り住む生活に。こうした移動の日々にもすっかり慣れてきて、数時間あればすっかり荷造りできる。

胃の具合が悪いのが悩みの種だ。わたしの体は平地に再び順応するまでしばらく時間がかかるし、頭もそうだ。先週末の奮闘――ウルトラトレイル・デュ・モンブラン――は、まるで別世界のような気がする。実際に別世界だ。ここの人たちに説明しようとすることすらできるはずがない。朝のコーヒーを飲みながら持ち出せるような話題だろうか？

こうして、自転車で出勤、仕事、コーヒーブレイク、仕事、昼休みのひと走り、仕事、テイーブレイク、仕事、自転車で帰宅、という毎日のリズムが始まった。住む場所は何度か変わった。昼休みに走るルートは何種類かあり、本格的なトレーニングというよりは、職場を出て自由になるという側面の方が強かった。ときには昼のひと走りだけではなく、早朝か夕方にもうひと走りすることもあった。こうして、修道院のような規律正しい生活パターンが出来上がっていった。

ロブ・コリスターの友人が、セーラ・ローウェルを紹介してくれた。セーラはマラソンを2時間30分台で走り、1984年のオリンピックで初めて行われた女子マラソンの出場者で、山岳ランナーとして刺激を与えてくれる存在でもあった。彼女と話していると勇気がわいてくる。自分には無視するには惜しい潜在的な可能性がいくらかある、と気づかせてくれるのだ。競技としてのランニングの世界が、探索されるのを待っている。セーラはのちに親しい友人になり、わたしがイギリスを離れがちになるまでの数年間、かけがえのない助言をくれて、わたしを導いてくれた。彼女の経験からは多くを学んだし、信じがたいほど寛大な心で励ましてくれた。

それでもわたしは落ち着かなかった。博士課程を終える前に、これから一生ずっと研究者として過ごしたいとは思っていないことに気づき、研究の経験を積めば積むほど自分が研究者として働くようには「できて」いないことを自覚させられた。昇格や昇進は、今では論文だけで評価されるようだ。論文の執筆もデータ収集も好きだけれど、自分が出した数字を信頼できないことがときどきある。チームでの仕事はまた違っていて楽しいかもしれない。でも今の仕組みでは、実際には自信がなくてもあるように見せなければならない。それに、わたしの研究の重要性は、はるか遠い未来のどこかに埋もれてしまいそうに思える。自分のしていることが、今何らかの意味を持っているという感触が欲しくて仕方なかった。

ある日、電話がかかってきた。相手はザ・ノース・フェイス社のすてきな女性で、UTMBの打ち上げパーティーで会った人だった。イタリアにあるヨーロッパ本部での昼食に招いてくれて、わたしのスポンサーになりたいと言うのだ。まったく思いがけない話だった——わたしは、ただ山を愛し海に行く科学者で、ランニングは趣味にすぎない。あのUTMBが初めての山岳レースだった。生来のためらいがちな性格、利用されるのではないかという不安、スポンサーになってもらう代わりに自分に何かできることがあるだろうかという疑念、自分にはスポンサーがつくだけの価値が本当にあるのかという自信のなさなどが合わさって、なかなか話がまとまらなかった。ようやく、2006年に行われるいくつかのレースの参加旅費を支援してもらうことで合意した。この関係はのちに発展し——相互の信頼も高まり——やがてわたしは固定給をもらえることになり、そのコミュニティーでの評判を築き、それは彼らにとっても揺らがぬ価値を持つものとなる。

秋の半ばころ、ボブ・グラハム・ラウンド・クラブ[*5]の懇親会に招かれて湖水地方を訪れた（2004年夏に、頓挫しかけながらも、わたしがラウンドをなんとかやり遂げたため）。ここでヘレン・ディアマンティーデズに会い、彼女のヒマラヤでの冒険やエベレスト・ベースキャンプからカトマンドゥまで走って戻ったときのことについて語り合ううちに、わたしのなかに種がまかれた。わたしが知っていることやこれまでに経験したことからはかけ離れているけれど、思い切って試してみてもいいのではないだろうか？　それから、長年BGRの記録保持者だったマーク・ハーテルから、イギリスにおけるウルトラランニングの促進を目的とするイニシアチブであるランファーザー*6のためのインタビューを受け、その後のメールのやり取りで、わたしたちが2人ともエベレスト・ベースキャンプからカトマンドゥまで走ることに挑戦したいという願いを持っていることがわかった。種は育ち始めていた。

競争に引き込まれる一方で、ほかの方法で山を探索したいという思いもまだ強く、冬のあいだずっと春の計画が楽しみでならなかった。有給休暇をためておき、残業もできるだけ多くしておいた。「キルギスに行くんです」とわたしが言うと、「どこにですって？」と決まって聞き返された。キルギス共和国は中央アジアの内陸の国で、ソビエト連邦崩壊後に続々と誕生した新たな独立共和国のひとつだ。国境はある程度人為的に定められたが、古くから存在する多様な民族集団は今も変わらず複雑に融合していて、さまざまな文化、信仰、伝統が混じり合っているさまは興味を引いてやまない。わたしたち——わたしと何人かの友人——は、キルギスの山々に好奇心をかき立てられた。もっと正確に言えば、雄大な天山山脈の一部をなすアクシュイラク山脈に。遠征が初めて行われたのは1857年で、それ以降人が訪れたことはほとんどない。住む人もなく気候も厳しいため、20世紀の大半は旅人に閉ざされた地域だった。

冒険のことを考えて、長い冬を乗り切った。自転車での通勤、オフィスで机に縛られて過ごす時間、何マイルもの風雨にさらされながらのランニング。レースにもいくつか出場し、何度か優勝もした。2度目の100キロメートルのロードレースに参加し、なぜかイギリスの100キロメートル走のチャンピオンになった。これは、風の吹きすさぶ英国空軍基地を8時間以上ものあいだ何周も走るという奇妙な体験だった。寒さのなかで行われる長距離レースが終盤に入って苦しくなったときに、甘い紅茶を1杯飲むだけでどんなに生き返った心地がするかを知ったのはこのときだ。でも、1年前にダブリンのフェニックス・パークをぐるぐると走ったときよりは、はるかに楽だった――わたしはアスリートとして成長し、さらなる成長の可能性があることも間違いなかった。もっとも、競争の過酷な面を身に染みて感じたのもこのときで、あたたかいサポートと嫉妬の落差を思い知らされた。わたしのルームメイトは、たぶん優勝したかったのだと思う。だから、その晩同じ部屋で過ごすのは少し気まずかった。ときにはそんなこともある。

アクシュイラク山脈遠征

遠征の機会は、(わたしにとって)絶好のタイミングでやってきた。わたしは初めての故障を経験していた。腸脛靭帯《ちょうけい》症候群。あの100キロメートル走で、中央が若干盛り上がった道を何時間もずっと同じ方向に走り続けたせいかもしれない。理由はどうあれ、勧められたのは、走るのをやめることだった。道の半ばで文字どおりストップをかけられたのは、これが初めてだった。嫌でたまらなかった。だから、氷河におおわれた地域をスキーで旅する機会ができたのは願ってもないことだった——そこなら、わたしが走れる状態だったとしても走るわけにはいかない。

遠征直前の数日間はいつも、荷物を詰めては詰め直し、重さを量っては量り直し、のくり返しで慌ただしく過ぎていく。「多すぎるだろうか、少なすぎるだろうか?」と常に問いかけながら。このときも変わらなかったが、いい気晴らしになった。プルカ(子供が乗るようなそりで、配管用のチューブ、ワイヤ、ダクトテープ、それに、引き綱らしきものをつくるためのプルージック結びをいろいろと組み合わせてつくる)、テント、寝袋、ストーブ、山中での18日分の食料、スキー、スキン、ポール、トランシーバー、カメラ。何もかも真に必要なものだけに切り詰めなければならず、荷物の1キロ1キロを自分で背負ったり引きずったりしなければならないことを意識する一方で、どうしても欠かせないものは何かということも忘れてはならない。

わたしたちの遠征は、未知の地域で高所のルートをたどる山岳スキーの旅だった(少なくとも1度は、雪のある地点に到達した)。目的は、アクシュイラク山脈をトラバースすること。街から山に向かう途中、通訳をしてくれた若い人が、わたしたちの好奇心を満たそうと、自分の国の歴史と文化について熱心に教えてくれた。美しい国で、独立はしたけれど、まだまだ数多くの困難を抱えている国。わたしたちの乗ったトラックは、でこぼこ道を通って高原を越え、イシク・クル湖に着いた。信じられないほど美しい湖面が広がっている。高山地帯の湖としては世界で2番目に大きく、海かと思うほどだけれど、考えてみればここは標高1500メートルなのだ。ここはわたしたちの憩いのオアシスで、出発地点でもあり終着地点でもあった。数時間かけて一生懸命プルカを組み立て、沈みゆく太陽のもとで伝統的なキルギス料理のごちそうを楽しんだ。次の日は、まだ雪の残る高い峠を（かろうじて）越えたが、下りで、わたしたちのドライバーが、地元の人たちが安全な道に案内しようとしてくれたのを無視したため、雪が残っていた唯一の場所で立ち往生してしまった。ドライバーたちが提案や援助を受け入れようとしないまま時間が過ぎていったが、ついに、救いの手がミニバスという形でやって来た。タバコ、ウォッカ、それに多少の現金が手渡され、わたしたちは国境地帯へ向かった。

みんな、時間を無駄にしてしまったことを残念がった。「道端」に無造作に降ろしてもらったが、あたりはすっかり暗くなり、これではアプローチに使う谷に向かうかすかな道を見つけることなどできない。その日はその場にキャンプを張り、翌朝、それからの数日間の方向性が決まった。谷には雪が残っていなかったため、当初想定していたようにプルカを引いて進むという楽なアプローチはできず、何日もかけて何往復も荷物を運ぶ羽目になり、じれったいほどゆっくりとしか進めなかった。そのうちに安全な場所がなんとか見つかり、そこから凍った川床に出て天空へのハイウェイをたどった。

キルギジア山（標高4946メートル）で、アクシュイラク山脈の最高峰）のふもとにキャンプを張り、周囲の峰々の美しさに目を見張った。どれも未踏峰かもしれない。ここは大自然の支配する国で、ここまで来るのに長い時間がかかっただけに、孤立感がいっそう強まる。それほど高くない7つの峰に登頂し、原始的な生活リズムにもとづくシンプルな生活を送った。明るくなったら起き、暗くなったら寝る。重労働の毎日だった。スキンを装着して上り、スキーで滑り降り、キャンプを張っては畳んだ。地面を踏み固めてテントを張る場所をつくり、雪を掘り、溶かして水をつくり、食料と燃料を大切に使い、星を眺める。わたしにとっては、それが生きる糧となった。

山のひとつひとつに語るべき物語があるが、ここでは、最後にペトロフ氷河を下ったときのことに話を進めたい。そこから出るのは入ったときに劣らず大変だった。それから、ようやく金鉱採掘の道に出て、採掘所からは、待ち合わせ場所になっているさびれた気象観測所まで、警備員が親切に案内してくれた。それに、わたしたちがひもじそうに見えたらしく、ロールパンも1ダースくれた。ただ、どれも肉が入っていたのでわたしは心底がっかりした。それで、ほかの人たちはむしゃむしゃと食べているのに、わたしだけは、新鮮なパンが欲しいと思いながらお預けをくらうことになった。

わたしたちの旅には、長距離のトラバースという冒険がもたらす興奮と、未踏峰に登る満足感の両方があった。登頂を果たした瞬間の甘美さには安らぎを感じた。緊張、葛藤、登りの苦闘、これから来る下りへの不安のはざまにある、つかのまの安らぎ。けれども、このように大自然に囲まれた山の上でさえ、クムトール金鉱を見下ろせば、環境搾取の証拠は明らかだった。立ち上る黄色い煙、爆発音のとどろき、山腹全体が階段状にばっさりと切り崩され砕かれている光景、採掘場から絶えず聞こえてくる機械音。

連帯感と孤独感のコントラストはすばらしかった。わたしたちは同じことに一緒に取り組み互いに頼り合ったけれど、孤独を味わえる美しい瞬間もあった。前の日につけておいた道を、スキンを装着したスキーでたどり、ぱっくりと口を開けたクレバスのあいだをぬって安全なルートを通り、危険なセラック（氷河が割れて柱状または塊になったもの）を避けて進む——孤独、黙想、静寂。そこにいることで得られる自由が、少しずつわかってきた。生きていることに素朴な喜びを感じた。

だが、高い山のなかで過ごす時間は特別に与えてもらえる機会であって当然の権利ではなく、そこで暮らすのはかりそめの時間だ。山を下りて樹木限界線や氷が溶け出す地点に達すると、いつもそのことを意識させられる。わたしたちが生きていけるのは、飲める水があって火を起こすことのできる、標高の低い場所だけなのだ。高山でわたしたちにできるのは、旅をすることと、そこにいられる機会に感謝することだけ。でも、高山のなかを進んだこの旅では、その瞬間だけを生きる必要に迫られ、わたしのなかの奥深くにある静けさの核心とのつながりを与えてもらえた。そしてその力こそ、わたしが走っているときに、そして日々の生活を送っているときに、わたしの拠り所となるものなのだ。

＊＊＊

リチャードと再びカトマンドゥへ

もうしばらく、寝袋にくるまってまた横になる。暖かくて安全で、まゆのようなこの心地よさから離れたくない。いつものように、入り混じった感情に襲われる――期待と不安、熱意とためらい。レースの前はいつもこうだ。でも、これはレースではない。ルートを示す標識もなければ、公式のスタートやゴールもなく、競争相手もいない。ただわたしだけ。それなら、どうしてわたしはこの長い旅を再び行おうとしているのだろう？

今は4月。わたしはしばらく前からネパールに戻ってきていて、春の数週間、リチャードと幾晩も長いこと語り合って過ごした。ある晩は、不屈の精神とは何か、一般的に困難だとされていることを乗り越えて何かを行うとはどういうことかという話になった。わたしは、自分があのように長い長い距離を走る**わけ**について、満足のいく答えを返せなかった。そもその話題は、わたしがこの前エベレスト・ベースキャンプからカトマンドゥまで走ったときのことだった。もう一度試してみるのはどうだろう、とわたしは思ったけれど、今回そうするのは、疑問に対する答えを見つけるため、このようなことをする**わけ**を探すためだ。こうして、次のような案が生まれた。わたしは再度挑戦し、リチャードはジリに来てわたしをサポートし、2人でそうした疑問への答えを探す。

1、2週間が過ぎ、ここからムスタンに行ってリチャードが新しく立ち上げるレース[*7]の開始に間に合うようにするには、時間的な余裕があまりないことに気づいた。時間はどんどんなくなっていく——やるとしたら今しかない。急いで計画を立てた。と言っても、記録更新のために何でも自分自身でやるというわけではないが、いつもの単純な方針は変わらないが、それほど細かい計画を立てる必要はなかった。飛行機でルクラに行き、自分で歩いてエベレスト・ベースキャンプに上り、ジリまで走り、そこでリチャードとウペンドラと合流してまたカトマンドゥに戻る。こう書くと簡単そうな気がする。果たしてそんなに簡単だろうか?

起き上がって、わずかばかりの準備をする。やることはあまりない。コンタクトレンズを入れ、くしで髪をとかし、歯を磨く。ランニング用のスカプリ〔短いスカートのついたレギンス〕とサーマルウェアは寝る前にもう着ていたので、あとは帽子をかぶり、フリースのズボンをはき、大きなダウンジャケットを羽織るだけだ。ここまでだって最小限のものしか持ってこなかったけれど、走るときの持ち物はさらに少ない。必要なものは全部、小さなパックにまとめてある――軽量のダウンジャケット、軽量の防水ウェアの上下、帽子、薄手の手袋、水のボトル、食べ物、携帯電話、予備のサーマルウェアの上、ヘッドランプ、眼鏡と少額のルピー。それだけだ。ほかのものは、全部ここに置いていく。数週間したら、遠征を終えたビリーがカトマンドゥに持ってきてくれる。

食堂用テントに歩いていく。わたしがもう一度挑戦すると聞いて、ビリーの遠征隊のリーダー、ラッセル・ブライスが、このキャンプ地に泊まっていくようにと親切に招待してくれたのだった。わたしは招待を喜んで受けた――エベレスト・ベースキャンプに滞在できる機会なんて、めったにない――ここにはトレッカーのためのロッジはないので、遠征隊の一員でないかぎり泊まれる機会はない。ここより下のゴラクシェプにある凍えるようなロッジでなくここに泊まれて、本当にありがたい。手厚くもてなしてくれたけれど、昨晩、わたしが新鮮なステーキを断って、代わりにトマトスープとチャパティーというハつもの質素な食事を頼んだら、ラッセルはがっかりしたようだった。彼らの遠征の話を聞いていると神経が静まってきて、これから自分がしようとしていることをしばし忘れ、頭がずきずきと痛んで目が覚めるのではないだろうかなどという心配も消えた。標高の高い所まで軽率なほど速く上ってきたので、頭痛がしても何の不思議もない。高度順化では、1日につき300メートルから500メートル高度を上げ、4日ごとに1日休むことが推奨されている。そうすると、ルクラからエベレスト・ベースキャンプまでは歩いて6日から10日かかることになる。わたしは2日間で済ませた。標高1400メートルのカトマンドゥを出発して、3440メートルのナムチェバザールで1泊、4620メートルのドゥグラで1泊し、昨日の午後、5364メートルのここに到着した。決してわたしの真似をしてはいけない！　それでも調子はよく、頭痛もなく、雪が降る前に出発できる。経験から、自分が通常はすぐに高地に慣れることはわかっていたとはいえ、かなり思い切ったペースだった。賭けだったが、運よくうまくいったようだ。ここまでは大丈夫。

朝食の時間には早すぎたけれど、厨房のスタッフが待っていてくれた。甘い紅茶を何杯か飲み下し、ポリッジ〔オートミールの粥。イギリスでは朝食にすることが多い〕はまだできていなかったので、ウィータビックス〔シリアルバーの一種〕を砕いてボウルに入れて食べた。ラッセルとエレンがストゥーパのところにいるわたしの方に近づいてくる――スタートラインはないけれど、ここをスタート地点にしようと決めたのだ。何枚か写真を撮り、大きなジャケットとフリースのズボンを脱ぎ捨てる。エレンがビリーのテントに戻しておいてくれることになっている。持っていく服は今身に着けているものがすべてで、気温はたぶんマイナス10度くらい。すぐにでも動き出さなければ。わたしは震えながらみんなをさっとハグし、みんなわたしの幸運を祈ってくれた。この人たちが一緒にいてくれてよかった。今このとき、始まりを見届けてくれる友人がいてくれて本当によかった。

始まった。わたしのクンブからの3度目の長距離走が。

◎第7章：数々のレース

一粒の砂にも世界を
一輪の野の花にも世界を見、
君の掌のうちに無限を
一時《ひととき》のうちに永遠を握る。

――ウィリアム・ブレイク、「無垢の予兆」
（『対訳ブレイク詩集』松島正一編、岩波書店、２００４年）

スタートに間に合わない!?

動き出せてうれしい。まずはゆっくりと。ここ、モレーンの上の岩には氷が張っていて、足が少し滑る。よく晴れたすばらしい朝だ。今夜大雪になれば、このあたりは別世界になるだろう。雪が降る前でよかった。降ったあとだったら、この旅をもっと短い時間で終える望みなどなくなってしまっただろう。雪の積もったトレイルをかき分けて進むのは、時間がかかって骨の折れる大仕事だ。

スタートできて、ほっとした気持ちでいっぱいだ。レースのスタートラインに達するまでがいちばん難しいのではないかと思うことがよくある。トレーニングももちろんそのひとつだ。でも、バス、電車、飛行機の乗り継ぎを調べ、最も安いチケットを探すなど手続き的なことに費やす労力と時間、それから、実際にその場所まで移動する手間があり、不安や緊張については言うまでもない。いったんスタートラインに立ってしまえば、あとは簡単だ。ただ走ればいい。

今も同じ。ただ今回は、このスタートラインに立てるかどうかすら確信が持てなかった。わたしの力ではどうしようもなかったのだ。

悪天候のせいでルクラ行きのフライトの出発が延び、トリブバン空港で2日間も足止めされた。3日目の朝、わたしはリチャードに3度目の別れのあいさつをした。今度こそ飛んでくれなければ困る。山には嵐が近づき、ムスタンに行く時期も迫っているので、時間切れになりつつあった。空港に戻ったわたしの心は沈んだ。出発がまた延びている。でも今回は、カウンターで働いている男の人が、わたしがそこに座って辛抱強く時間をつぶしているのを気の毒に思ってくれた。ここ数日で彼はわたしのことを覚えてくれて、ヘリコプターの席に1人分空きが出たから乗ってはどうかと勧めてくれた。ヘリコプター？　そんな可能性があるなんて、考えもしなかった。料金は高くて飛行機の3倍以上するし、それでも記録を更新できなかったらどうしよう？　でも、これが唯一の選択肢かもしれない。頭も心もこんがらがってしまった。結論を出すまでの時間を10分もらった。リチャードにメールを送る。わたし以外の誰かの客観的な意見を聞きたい。「行け」、というのが彼のアドバイスだった。さらに、「金はいつだってなんとかなる」、記録を更新できるかどうかについては「どうでもいい、大切なのは物語だ」。

ヘリコプターの出発予定時刻まで40分ほどしかなかった。わたしのお金は全部、町の向こう側にあるリチャードの金庫に入っている。ヘリコプターの人は空いた席をどうしても埋めたがっていて、お金を取りに行くなら自分のバイクに乗せていってあげよう、と申し出てくれた。こんなに速く町を横断したことはなかった。既に山岳ランニング用のウェアに身を包んだ状態で、日中の暑さのなかを駆け抜ける。しっかりつかまり、疾走するバイクが巻き起こす風に髪をなびかせながら、自分はいったい何をしているんだろう、と思った。でもリチャードの言うとおりで、大切なのは物語であり、クンブに到着することだって、わたしの物語の一部、挑戦の一部なのだ。

リチャードは、わたしのお金を持って門のところに立っていた。わたしは必要な分を取り、予備のダウンジャケットも取ってきた。予報ではこれから天気が崩れると言っていたので心配だったのだ。慌ただしくハグを交わして別れを告げ、この場はこれでおしまい。もしヘリコプターが飛んでくれれば、次にリチャードと会うのは30時間かそれ以上走ってジリに着いたときになる。

ヘリコプターは飛んでくれた。飛行中の揺れはかなり激しく、ルクラでは雨に迎えられた。4時を過ぎていて、ほとんどの人はもう、その晩泊まるロッジを探していた。でも、わたしは高度順化のプロセスを始めるためにその晩は直接ナムチェバザールに行かなければならなかった。それで、わたしは闇の迫るなか、濡れてすべりやすくなったトレイルを急ぎ、約4時間後、雨で人けのないナムチェに到着した。適当にロッジを選び、少し食べて、濡れたものをできるだけ乾かそうとした。

次の日わたしは、よく知っているトレイルに沿って上りを急いだ。何度かリチャードとメールのやり取りをした。わたしたちの友人アレックス・トレッドウェイは何日も前に出発していた。アレックスも、写真の仕事でエベレスト・ベースキャンプに向かったのだ。わたしたちは落ち合って、この冒険の始まりの記録として何枚か写真を撮ることにしていた。[*1] わたしはその晩ドゥグラ（4620メートル）に泊まるつもりだったのだが、リチャードによれば、アレックスは高度順化についてはもっとずっと慎重で、標高の低いディンボチェに滞在しているということだったので、わたしもディンボチェに立ち寄ることにした。この日の午後は寒く、雲が低く垂れこめていた。村の入り口に着き、わたしはロッジをひとつずつ順番に調べていった。携帯は圏外だったので、薄暗い午後、アレックスが外出せずに食堂で温かい飲み物でも飲んでいるところに会えればいいなと思ったのだ。ほかの探し方があっただろうか？　会えないのではないかと心配になってきた——寝ているかもしれないし、散歩に出かけているかもしれない――そして、あるロッジの食堂の扉を開けると、アレックスが驚いたように顔を上げた。少しおしゃべりして、ホットレモンを何杯かもらった。そのときは天気が悪くて撮影は無理だったので、次の日に改めて会うことにした。ここからは、数時間でエベレスト・ベースキャンプに着ける。

アレックスに会ったのは、もう遅い時間だった――特に待ち合わせ場所は決めていなかった――それに、もう雲が押し寄せてきていた。使える時間は20分で、それ以上頑張っても意味がなかった。アレックスは、わたしが上から戻ってくるときに落ち合おう、と約束してくれた。ビリーもロブチェに向かって下りていくところで、わたしがエベレスト・ベースキャンプに向かうトレイルを上っているときにゴラクシェプで会った。

これはつい昨日のことだけれど、もう何週間も前のことのような気がする。もう、時間がまったく新しい意味を持つようになった。レースのときもそういう気分になる。現在にすっかり没入し、時間の経過がまったくわからなくなってしまうのだ。ブレイクが詩のなかで「一時《ひととき》のうちに永遠を」握ると言ったのはこのことだったのだろうか?

とにかく、不確実だったことはいろいろとあったものの、わたしは無事にクンブ、そしてエベレスト・ベースキャンプにたどり着いた。今、わたしは走っている。旅は始まった。わたしのやるべきことは、できるだけ短時間でカトマンドゥに戻ること。ここまで来るのにあれだけ苦労しておきながら、今は真っ直ぐ引き返している。まったくどうかしている。

＊＊＊

2006年、転機

わたしは少しとまどっている。少し疲れている。少しためらっている。これがどんな意味を持つことになるのかよくわからないけれど、これが重要だということは認識している。きっと、これから起こることすべてに影響してくる。これまでに知っていた世界の縁に立っているような気分だ。

わたしはレースで優勝したところだ。2006年のツェルマットマラソンで、標高差は2000メートル近い。それに、上りがあったにもかかわらず、あの初めてのロンドンマラソンよりも速かった。なんだか信じられない。1年前、4206メートルのアルプフーベルに登ったあとでツェルマットまで歩いて戻ったとき、マラソンのコースになっている道を横切った。みんな走っていた。既に30キロメートル地点なのにまだ走っていて、しかも上り道を走っているのだ。すっかり驚嘆したのを覚えている。わずか12カ月後に自分が同じことに挑んでいようとは想像もしなかった。それ以上に想像していなかったのは、そのようなレースで自分が優勝することだ。でも、わたしは優勝した。

少女時代。アップミンスターでの運動会にて。
©Robert Hawker

兄と弟とともに。マッターホルンがうっすらと見える。
©Robert Hawker

南極半島の西、アデレード島のロゼラ岬の奥にあるライダー湾にて。
©Lizzy Hawker

下：氷の海を行く王立調査船ジェームズ・クラーク・ロス号。
©Mark Brandon

ロブ・コリスターと、ガルワール・ヒマラヤ山脈のカラナグ（6387メートル）を目指す。©*Lizzy Hawker*

若さにまかせて走る。
2005年のUTMBにて。
©*Quim Farrero*

ガルワール・ヒマラヤ山脈のカラナグにスキーで登ったあと、チャイで一服。2003年。
©*Lizzy Hawker*

ゴールラインへ。
2008年のUTMB。
©The North Face Archive

スタートを前に、物思いにふける。
©Damiano Levati

ひたすら上へ。
2010年のUTMB。
©Damiano Levati

夜を徹して走る。2010年。©*Damiano Levati*

わたしの足。2009年撮影。©*Damiano Levati*

集中。
ネパール、ムスタンの麦畑にて。
©Richard Bull

荘厳な風景に、思いは深まる。
ネパールのムスタンにて。
©Richard Bull

幸せな日々、ムスタンの
幸せな女性たちと。
©Natacha Giler

ネパール、クンブ地方の高地にて。
©Alex Treadway

グレートヒマラヤトレイルへの挑戦後、カトマンドゥに戻ったところ。傷だらけでも笑顔は忘れない。
©Richard Bull

アマ・ダブラムを背に、
ヒマラヤの天空を走る。
©Alex Treadway

さらに先へ、さらに上へ。
5100メートルのラルキャ・ラを目指す。ネパールにて。
©Richard Bull

35時間走ったあとで、森を出てジリに向かう。
©Richard Bull

ジリで体を乾かしエネルギーを補給。
©Richard Bull

ウペンドラ・スヌワールと、ムデに向かう古いトレイルを探す。ネパールにて。
©Richard Bull

わたしの足。エベレスト・ベースキャンプからカトマンドゥへの3度目の挑戦中に撮影。
©Richard Bull

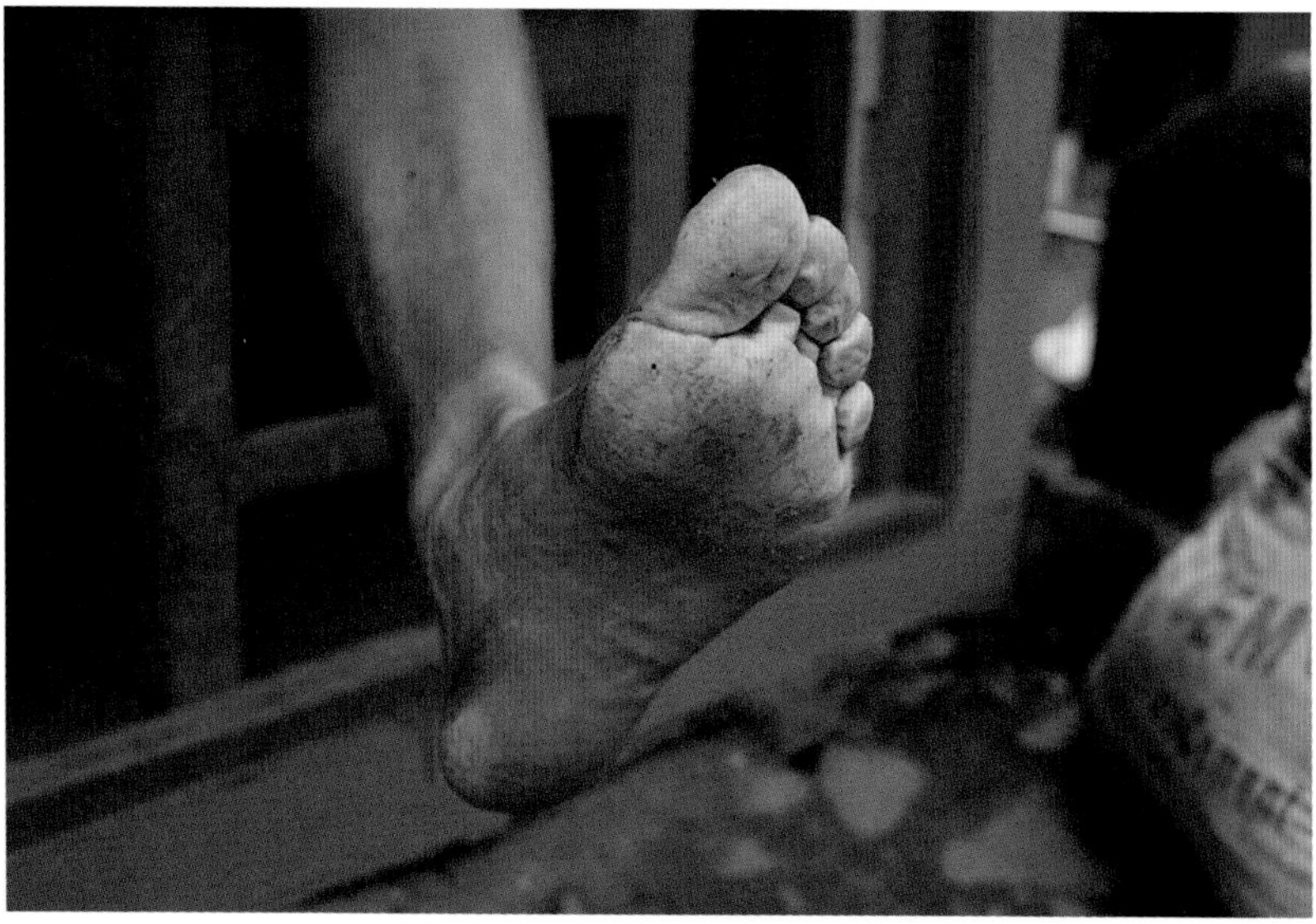

試練のひととき。エベレスト・ベースキャンプからカトマンドゥへの3度目の挑戦。
©Richard Bull

下：色彩豊かなボウダの裏通り。ネパールにて。
©Alex Treadway

エベレスト・ベースキャンプからカトマンドゥへの3度目の挑戦を終え、スタジアムのゲートでリチャード・ブルとウペンドラ・スヌワールとともに。©*Dennis Curry*

上：スイスのツェルマットを臨む夢のトレイル。
©Alex Treadway

信頼：トレイルのなかには分かち合うべきものもある。ネパールにて。
©Richard Bull

この年は既にいくつかのレースで優勝していたけれど、これは何かが違うと感じる。まったく違う。これは重大なことなのだ。物事を新たなレベルに引き上げるようなこと。

わたしは山腹に座っている。祭典は終わり、表彰式も終わり、音楽も止んだ。あそこにひとりでいるのは変な気分だった。その瞬間を分かち合う人は誰もいない（この状況には、やがてすっかり慣れっこになる）。わたしはこれから、ゴール地点のリッフェルベルクからツェルマットまで歩いて下りていく。まだ足には力が残っているし、午後も遅くなったこの時間はこんなに美しいのだから、電車に乗るなんてもったいない。レースディレクターのアンドレアは、わたしが払った登録料の返金として100スイスフラン札を手渡すことさえしてくれた。アンドレアも、エリートでない一般のランナーのなかから優勝者が出るなんて予想していなかったのだろう。誰だって予想していなかったはずだ。この山岳マラソンの世界で、わたしはまったく無名の存在だ。ここで岩の上に座り、マッターホルンを眺める。レースの最中もますますわたしを引きつけてやまなかったあの山を。そして、表彰台の上で渡された封筒を開けた。思わず息をのむ。1カ月分の給料より多い。たった数時間走っただけなのに。ちょっと圧倒されてしまう。リュックに入った丸々1個のチーズ（「自然」部門の賞品）のにおいにも。夏の残りはこれで暮らしていける。

ケンブリッジの仕事に戻って数週間が過ぎた。チーズの塊は少しずつ小さくなっていった。それから、もうひとつアルプスでのレースに出た。今度はダヴォスで行われたスイス・アルパインK78。山岳トレイルを78キロ走るレースだ。この地域には冬にスキーをしに来たことはあるけれど、15年以上前のことだ。今度は、雪のないトレイルを自分の足でじかに感じることができる。あのときは両親がそこで休暇を過ごしていて、わたしは週末のたった数日間しかいられなかった。仕事があったからだ。

なぜか怒りがこみ上げてきた。めったにないことだ。でも、おかげで決意と情熱がかき立てられ、それはスタートラインに立つまで消えなかった。どうしても飛びたい、飛ばずにはいられない。スタート地点までは友人夫婦に連れてきてもらった。彼らのまだ小さい息子と、その子のいとこも早起きして一緒に来ていて、その場の雰囲気で、彼らもすぐには家に引き返さずにレースの開始を見ることにした。わたしはこういうレースは初めてだった。78キロメートルの山岳トレイルを、わたしはマラソンと同じように走った。何も持たず、コース沿いで食べ物や飲み物を手渡してくれるサポーターもいない。わたしにあったのは、そのとき身に着けていたものと、給水所で手にできたものだけだった。

走るのは気分がよく、ダヴォスの競技場のゴールラインにできるだけ早く戻るという単純な目標に集中できて幸せだった。それ以外のことはどうでもいい。ほかのことはすべて後回しでいい。人生はいったん放っておける。ほかの女の人の姿は見えなかった。そして、わたしは飛んだ。その日のわたしには楽だった。このときはずっと力を維持できていたと思う。力を出しすぎることもなく、かといって抑えすぎることも決してなかった。ケッシュ小屋までの長い上りをいちばん速い男の人と同じ速さで上り（ということがあとでわかった）、そこのチェックポイントのボランティアの人たちは、わたしが食べ物をほとんど何も取らないのを見てとまどった。わたしが手にしたのは、甘いロールパン半分くらいだったと思う。経験がなかったおかげで、慣習に逆らう自由があったのだ、といっても慣習がどんなものかすら知らなかったけれど。スカレッタ峠に向かって、谷底からずっと上のところを横切って伸びる、眺めのすばらしいトレイルを走っていたとき、天気が変わった。涼しくなったのでいっそうペースが上がる。峠に着いたときはずぶぬれで寒かったけれど、おかげで下りに弾みがついた——速く下れば、それだけ早く暖かくなる。途中で足を止めて、トレイルで出会ったハイカーにお願いして靴ひもを結び直してもらわなければならなかった。手がすっかりかじかんでしまい、自分ではできなかったのだ。谷を下りていくと、友人たちの声援が聞こえたのでびっくりした。わたしが先頭にいることを聞きつけて、家に帰るなどという考えが頭からすっかり吹き飛んでしまったようで、早起きしてから何時間も経つのに、あの男の子たちはまだ笑顔でわたしを励ましてくれた。

デュルボーデンから伸びる谷は長い。でも、ようやく道に出た。残りはあとたったの1、2キロ。速いペースをできるだけ保つ。2位の女の人がすぐ後ろに迫っているに違いない。そして、スタジアムが視界に入る瞬間がやってきた、数歩走ってゲートをくぐり、さらに数歩進んだところでオリーブの葉でできた冠を渡された。どうすればいいのかわからず、手に持ったまま走ってカーブを曲がり、ついに来た――ゴールラインだ。わたしより先にスタジアムに入った男性は4人だけだった。この記録はまだ破られていない。

あっというまに平地での生活に戻った。自転車で出勤、仕事、コーヒーブレイク、仕事、昼休みのひと走り、仕事、ティーブレイク、仕事、自転車で帰宅というパターンに再び埋没していく。2週間後、わたしはまたレースに参加した。今度は、グロースターシャーで行われた50キロメートルのロードレースだ。100キロメートル世界選手権の出場者に選ばれたのだが、適格かどうかを示さなければならなかったのだ。スイス・アルパインでの走りっぷりや記録は、英国陸上競技連盟にとっては何の重みもないようだった。適格であることを示すためだけに出場するなんて労力の無駄のような気もしたけれど、選択の余地はなかった。最初は、適格だと示すために規定の時間内に完走すればいい、とだけ思っていた。けれどもいざレースが始まると、もちろん手を抜くなんてできない。その結果、わたしは当時のイギリス新記録を打ち立てた。

ユングフラウマラソン参戦

職場のルーティンに戻ってから、さらに数週間が経った。でも今では走ることがわたしの心を占めていて、科学にはなかなか専念できなかった。あのチーズの塊はどんどん小さくなり、夏が過ぎ去っていくこと、そしてわたしが競技としてのランニングの世界に参入したことを示していた。

　夏の初めにツェルマットで奮闘したあとで、わたしは初めてレースの招待を受け取った。ユングフラウマラソンだ。旅費が支給されるほか、宿泊先も用意してもらえるという。エリートの仲間入りをするというのはなんだか怖いような気がしたけれど、断るなんてできない。このマラソンは実にすばらしいレースで、ユングフラウ、アイガー、メンヒのふもとを走る。山岳マラソン界のハイライトとされ、山岳界の「ニューヨークマラソン」と称されている。このレースならではの難しさは、前半はほぼ平坦なコースでかなりのスピードが必要とされ、それに続くクライネ・シャイデックまでの１５００メートルの上りでは山岳ランナーのスキルが要求されることだ。この恐るべき組み合わせのため、エリートランナーのあいだではカルト的なステータスを持っている。

　レースの前はひとりで過ごした。当時はそうしていたし、今でもそうしている。自分に自信がなく、そこでの自分の立場に確信が持てなかった。こうしてひとりで過ごすのは、ひとつにはわたしが生来内向的であるため、もうひとつには周囲から自分を切り離す必要があるため、さらには、思考の明晰さを保って精神と肉体のエネルギーを温存する必要があるためだ。でも、それはわたしの生き方でもある。ほかの人に近づきすぎることを警戒しているのだ。長いあいだ、独立独歩は自分の長所だと思っていた。でもそれは、ほかのことすべてと同じように、幻想にすぎなかった。それがわかったのは、あとになってからだ。

あまりよく眠れぬまま、レース当日の朝を迎えた。朝方の秋の冷気は、やがてアルプスの夏の暑さに道を譲った。青空のもと観衆もサポーターも盛り上がりを見せ、わたしたちが山村を走り抜けるときは耳をつんざくほどの拍手をしてくれた。わたしは懸命に走った。でも力を出し切れなかった。前の週末に、北ウェールズで肌寒い雨のなかを走ったせいで風邪をひいていたのだ。このときのレースは今回のユングフラウマラソンのウォームアップとして参加したもので、10キロの個人最高記録を出した。まだ風邪が治っていなかったせいだろうか、それとも単にわたしの力不足だったのだろうか？　2位だった。このときのこの場所では自慢できる成績だった、ということをあとで知った。

でも、レースに参加するようになってからのごく短い経験のあいだに、わたしは序盤からリードすることに慣れていた。無名で、まだ未知の領域にいても、自分がそうすることを早くも期待するようになった。レースにまつわることはすべて楽しんだけれど、終わってから夜中に目が覚めて、何度も何度も自分に問いかけたのを、今でも覚えている。どこが悪かったのだろう？　もっとうまくできたはずのことは？　目が覚めたときに、まずそれ以外のことを考えるようになるのはかなりの日数が経ってからだった。罪悪感が薄れるまでには時間がかかった。今眠れないのには、また別の理由がある。

わたしはただ走るだけでなく、競争するようになった。自分のなかにもっと探索すべき可能性があることに気づいた以上、その可能性を追い求めないなんてもったいない。けれども、この移り変わりと同時に、わたし自身の期待が重くのしかかることにもなった。自分が達成したことを信じられない一方で、すぐさまそれ以下では満足せずにさらに多くを期待するようになり、このふたつの思いに挟まれて葛藤した。思いどおりのいい結果を出すのは難しく、それが本当に自分の実力だと考えるのはさらに難しかった。まるで、その結果はわたしよりずっと大きなもの、ずっと偉大なものに属しているかのようだった。わたしはドラマに出演させられているようなもので、脚本はもう出来上がっていて、自分に与えられた役をただ演じているだけ、そんな気がしていた。その一方で、ユングフラウマラソンで2位だったのは**わたしの**失敗だと痛切に感じていた。自分が何か間違えたのではないか。レースの前やレースの最中にやるべきことについて判断を誤ったのではないか。レースの結果には実に多くの要素が関わってくる。でも、これはわたし自身のものだった。失敗はわたしのものだった。脚本を書いたのはわたしで、これはわたしの失敗なのだ。

韓国大会での優勝

1カ月後、わたしは2006年の100キロメートル世界選手権にイギリスチームの一員として参加するため韓国に向かっていた。有給休暇は使い果たしていたので、特別に無給休暇をもらうための申請をせざるを得なかった。渡航と準備とレースと帰国にちょうど必要なだけの日数を。検討の結果、許可が下りた。考えてみると釈然としないときがあるのだが、何が起こって何が起こらないかは――能力、準備、機会の有無は別として――こまごまとした手続きや、就業規則に書かれている内容、却下または許可の判断にかかっていることがよくある。

金メダル。まだ韓国にいるあいだは実感がわかなかったし、灰色の10月のある日、仕事に戻り、あのはるかな国の暑さがぼんやりとした思い出になってからも、それは変わらなかった。今もまだ実感がない。世界選手権大会でイギリス代表になれたのは本当に光栄だったけれど、初めて国際大会に参加した身には恐ろしいほどの責任がのしかかった。到着したのはレースのわずか数日前で、その数日のうちに、時差ぼけを解消し、この国に慣れ、チームの絆をつくり、精神的にも肉体的にも長丁場に耐えられるように準備しなければならない。これは世界選手権で、これまでとは雰囲気がまるで異なり、これまでのレースの準備ではまったく感じたことのない真剣さがあった。わたしは近くの丘に歩きに行った。内緒で。本来なら休息することになっていたからだ。でも、自分の足で自然のなかを歩くという、いつもの心安らぐ感覚を味わいたかった。

レース前のわたしのランキングは19位で、頭のなかには、自分がこんなところで才能ある選手に交じって走ってもいいのだろうか、という疑問があった。それとは別に、自分の調子がいいこと、走ることに関してはかつてないほど調子がいいこともわかっていた。自分には走る準備ができている、実際に走れるという確信もあったし、初心者の気楽さで、それで十分だと思っていた。つまり、自分にとっていい結果が出せれば十分だということだ。「自分にとっていい結果が出せる」というのがどういうことになるか、まったくわかっていなかった。それだけだ。

時間はゆっくりと過ぎていった。宿泊先の近くにあった公園で、何度か軽く走った。走るのにちょうどいい自転車道があったので、足を延ばして少し長めのランニングに出かけ、わかると思っていた目印がわからなくなってしまったときは、予定より長い距離を走ることもあった。驚いたのは、地元の韓国の人たちのあいだに、朝の散歩のとき後ろ向きに歩く習慣があったことだ。レースの最中に後ろ向きに走っている人を見たら、わけがわからなくなってしまうか、幻覚を見ているのではないかと思ってしまいそう、とチームメイトに言った。走るときに聴いたのはヴァンゲリスの「新大陸発見／コロンブスのテーマ」だ。ウルトラトレイル・デュ・モンブランのスタートラインで耳にして以来、この曲を聴くとわたしの奥底にある何かがかき立てられ、期待で体が震えてくる。

レースの前の日の晩、もう何度も走った公園に行き、芝生に座って小さな缶ビールを飲んだ。そしてしばらく座ったままでいた。それが瞑想だったとは言い切れないけれど、次の日のレースについて深く思いを巡らせる行為だったのは間違いない。心の奥底にある静けさに分け入る行為だった。

よく眠れないまま何時間も過ごしたのち、ついにスタートのときがやってきた。なんだか変な感じだ。重要なレースの前の、最後の午後、最後の夕方、「最後の晩餐」、最後の夜、最後の（浅い）眠り、最後の朝食。このようにありふれた出来事も、奇妙な意味合いを帯びてくる。やがては必ず訪れる死の前も、このような感じなのだろうか。レースの始まりとともに、世界が動きを止めるかのようだ。それに、自分には時間を止める力はない。時間は否応なく進む。スタートの時はやって来る。

夜明けの前に訪れる闇のなか、イギリスのユニフォームを着て震えながら水辺にたたずんだ。空には金色の円盤のような月がかかっている。スタートラインに着いたと思うだけでも胸がいっぱいになる。最も難しい部分はその「前」だ。いったんスタートラインに立ってしまえば、あとは簡単だ。ただ走ればいい。このとき、この場所で覚悟を決めた。わたしにできるのは、全力を尽くして最高のレースをすることだけだ——わたしの心と魂、それに頭と足、すべてをかけて。

レースが始まり……わたしはひたすら走った。長距離を走るときはどのように時間が過ぎていくのかとよく尋ねられるけれど、時間はただ過ぎていく。走ることは動きながら行う瞑想となり、絶好調だと思うときも、これ以上は無理だと思うときも、時をやり過ごすのを助けてくれる。サポーターやほかの選手との連帯感を覚えるときもあれば、完全に孤独だと感じるときもある。

そして本当に、冗談ではなく、地元の韓国の人たちが後ろ向きに走っているのを目にした。わたしが幻覚を見たのではない。そのときは知らなかったけれど、「バック走」という運動があるのだ。後ろ向きに走ると、普通に走るときとは異なる筋肉の使い方をするので、筋肉の緊張のバランスが取れると（一部では）考えられている。「バック走」のレースさえある。最初から自分にとって心地よいと感じられるペースで走ったけれど、わたしの前にもまわりにも女の人が見当たらなかったので少しとまどった。ほかの人たちは、わたしの知らないことを何か知っているのだろうか？　それで、わたしはペースを落とした。ほんの少し。2位の女性が追いついてきて、そこから40キロは並走した。その先はひとりになった。やり遂げられる、と本当に確信できる時点は来るけれど、本当に終わるまでは決して終わらない。

100キロメートル走はこれでまだ3回目で、真剣に走りながらどうやって食べたり飲んだりするか、もっと練習が必要なのは間違いなかった。初めての100キロメートル走のときとは違い、体力維持のために何か摂取しなければならないことは少なくともわかっていた。でも、わたしの思いつくものなどたかが知れていて、イギリスから持ってきたライビーナ〔カシス味の清涼飲料水〕ひとびん、板チョコのかけらをいくつか、朝食のテーブルから持ってきたサンドウィッチ数切れ程度だった。口にできるだけのものは口にした。でもそれでは不十分だったようで、最後の20キロでスタミナが切れてきた。イタリアのランナー、モニカ・カーリンが迫っているのはわかっていたが、実際に振り返ってみたのはゴール前２００メートルくらいになってからだった。モニカがいて、ぐんぐん近づいてくる。彼女を振り切れるだけの力をかき集められるかどうかわからなかったけれど、できるかどうかやってみられないほど疲れ果ててはいなかった。

そこで、７時間半弱（くらい）走ったあとで、わたしたちはデッドヒートを繰り広げた。わたしは全力を出し切った。わたしは走った。そしてレースは終わった。金メダルだった。

その年イギリスが運動競技の成人部門で獲得したメダルはそれだけだということを、しばらくしてからあるジャーナリストが指摘してくれた。そのことを何らかの形でねぎらってくれたのは、何カ月もあとになって英国陸上競技連盟から届いた、気のない手紙だけだった。

不屈の精神は生まれつき

振り返ってみると、わたしは競技スポーツの世界にたまたま入り込んだようではあっても、何年ものあいだ自分なりにトレーニングをしてきたことになる。不屈の精神は、わたしにとってスポーツではなく生き方になっていた。そうした考え方はずっと前から常にあり、子供のときでさえ、わたしは物事を難しいやり方で行うのが好きだった。忘れられない出来事がひとつある。冬にツェルマットに行ったとき、ケーブルカーを待つ列に並ぶのは時間の無駄に思えてがまんできず、わたしはスキーを肩にかついで歩いて下りていき、家族のほかのメンバーよりも先に戻った。

わたしは、自分がアスリートだということに納得していない。従来の意味では。不屈の精神は、生まれ持った性質なのだ。

これはおそらくわたしの最大の強みであり、きっとわたしの破滅の要因にもなるのだろう。もしかしたら、わたしは生まれつき怠け者なのかもしれない。エリート級のアスリートは、故障のときには長期間クロストレーニング〔自分が専門とする競技以外にもさまざまなスポーツの動きを取り入れたトレーニング〕をする、という話を読んだ。わたしは、冬のさなかに何時間もトレッドミルを踏んで過ごしたことがあるけれど、それでもやはり、ジムで過ごす一瞬一瞬が苦痛でならない。わたしには難しい。でも、知らない街ではタクシーで移動するより何時間も歩く方がいい（それに、実際にそうしている）。バスは最後の手段だ。誰かに牛乳を持ってきてくださいと頼むよりも、ぴかぴかに磨かれた階段を松葉杖で苦労しながら下り、穴だらけのほこりっぽい道を何百メートルも歩いた方がいい（実際にそうしたことがある）。それがわたしなのだ。これは独立心だろうか？　それとも、自分自身の体と心以外のものに頼るのは気が引けるからいやだ、というだけなのだろうか？

２００６年の夏が終わるころ、わたしはもう、まったく無名の選手としてレースに出て番狂わせを演じるという存在ではなくなり、当然ながら周囲の期待も高まっていた。でも、わたしが自分自身にかける期待の方が常に大きかった。そういうものなのだ。楽々と走れているときは、信じられないほど爽快な気分になる。自分にできるとわかっていることを、ケガや心のせいでやめなければならないときはつらい。けれども、押し寄せる荒波を乗り越えることを学ぶのも旅の一部だ。それが人生なのだ。これが、わたしが走るという手段を通して学び取ったことだ。

◎第8章：走ることと日常

ただひとつの「意味」は、
わたしたちが注ぐ集中力、注意力から生じる。
おそらくそれで十分なのだ、なぜなら、
そのなかのどこかで、わたしたちは自分の「フロー」を見つけるのだから。

ロブチェからナムチェへ

自分のしていることに理由づけしようとするのはやめ、走るという単純な動きを楽しむことにする。この朝の美しさを前にすると、不安などすっかり溶け去ってしまう。空は澄み渡り、眼下の谷間は雲海に覆われ、朝日がヌプツェ、プモリ、タムセルク、チョラツェの山頂を照らす。この最初の数マイルを堪能しながら、雄大な山々の影を抜け出して明け方の太陽の光のなかへ足を踏み出す。

ようやくまた暖かくなり、数軒のロッジが並ぶゴラクシェプにたどり着き、かつては湖の底だったところを渡る。砂の感触が足の裏に柔らかい。カラパタール（5550メートル）

に登る人たちが、そろそろ出発しようとしている。この山はプモリの南の尾根にあり、エベレストの姿がベースキャンプから山頂まで眺められる場所としては、最も行きやすいところだ。あの人たちのデイパックでさえ、わたしのちっぽけなリュックサックより大きい。

しばらく大きな岩のあいだをぬうように進み、ほこりっぽいトレイルを下る。ここは進みやすく、標高は5000メートル程度あるけれど、かなりいいペースを保てる。これは喜びそのものだ、としか言い表しようがない。ここでの一瞬一瞬をじっくりと味わう。こんなことができる場所なんて、世界にそういくつもあるはずがない、この標高で本当に走れるなんて！　何組かのトレッカーが、重々しく慎重な足取りでゆっくりと上っていく。わたしがその脇をさっさと通り過ぎると、その人たちはぎょっとした。ショックを受けたようだ。わたしのスピードに自分の目を疑い、信じられないと思ったのだろう。

ここロブチェではアレックスと落ち合って写真を撮ってもらう約束だったのに、数軒のロッジが並ぶこの独特な場所を走っていても、彼の姿は見えないし、呼びかけてくる声も聞こえない。わたしがこんなに早く着くとは思っていなくてまだ朝食の最中なのかもしれないけれど、ここで足を止めて彼を探して時間を無駄にすることはできない。がっかりして、どうしたんだろうと思いながら、さらに下っていく。すると、わたしを呼ぶ声が聞こえた。アレックスとビリーのふたりが、エベレスト登山の際に命を落とした人たちをしのぶ石塚のある峠で待っていた。ふたりに会えて、なんだかほっとする。わたしの長い旅を多少なりとも見届けてくれる証人ができたような気分だ。
アレックスのために10分か15分くらい足を止め、何枚か手際よく撮ってもらう。ビリーは高度順化に苦労しているようなので心配だ。ハグして別れを告げ、ビリーには、お大事に、無事に登頂できますように、と伝えた。アレックスには、カトマンドゥに戻ったときにまたすぐ会える。ふたりは、わたしが順調に走れるように、安全に気をつけるように、それから、リチャードに引き留められないように、と言ってくれた。

ほんの少し下るとドゥグラに着き、ロッジのオーナーT氏が、約束通りお茶を用意して待っていてくれた。わたしは喜んでおかわりをもらい、T氏はわたしの手にマースのチョコレートバーを滑り込ませる。あとのためにとっておこう——こうしたものはめったに食べないけれど、これで夜の楽しみができた。この高さでは計り知れない価値がある。カトマンドゥでは安かったものも、トレイルを上れば上るほど価格が跳ね上がる。何から何までヤクかポーターに運び上げてもらわなければならないのだから、やむを得ない。でもそのおかげで、それほど必要ではないものを買うときによく考えるようになった。

先へと進む時間だ。クンブの美しいトレイルは、もうすっかりおなじみだ。アルプスにもよく行く場所はたくさんあるけれど、ここの方がずっとなじみ深いような気がする。これまでにこの道を通ったときの記憶が一挙に頭のなかを駆け巡るけれど、それも「今」の感覚と感情に飲み込まれていく。だから、わたしの経験は過去と現在が溶け合ってひとつになっているようなものだ。でも、それがわたしたちの在り方ではないだろうか？　これまでに起きたことはどれも、わたしたちが今の自分になるために必要だったのだ。そして偉大な悟りの瞬間は、わたしたちが振り返り、すべては必要なこと、すべては美しいことだったと気づくときに訪れる。

ナムチェで足を止めて法外に高いチーズパンを買い、先へと進みながら食べる。すっかり踏みならされたトレイルをどんどん下っていく途中で雨が降り始めた。またた。心が沈み、頭のなかを疑問がぐるぐると駆け巡る。またこの前のように、夜のあいだずっと降り続けるんだろうか？　もしそうなら、今回はやり遂げられるだろうか？　何時間も雨のなかを進み続けるだけの力がわたしにあるだろうか？（わたしの軽量の防水ウェアがいかに優れているとはいえ、猛烈な土砂降りにはかなわない。）ちょっと立ち止まって温かい飲み物を飲み、そして考える。でも、考えることなんてそれほどないし、自分ができるかぎり長く進み続けることはわかっている。例の、生来の頑固さのせいだ。いったんやろうと決めたことは、とことんまでやり抜いてみせる。この性格がそもそもどこから来たのか、よくわからない。強情なのかもしれない、それに、物事を普通とは違った方法でやりたがる気質。子供のころ、自動車マニアの兄と弟に向かって、わたしは車なんか絶対持たない、と言ったのを覚えている。それから30年が経った今も、わたしはいまだに車を持っていない。それに、5歳のときから肉を食べていない。動物とつながりがあるものだと気づき、自分は食べないことにしよう、ときっぱりと決めたのだ。

＊＊＊

生活と走ることの両立

ネパールと、エベレスト・ベースキャンプからカトマンドゥまで走って戻ること——種は育っていた。マークは、ネパールで登山とランニングを組み合わせた冒険をするという計画をつくり上げ、わたしも一緒に行かないかと誘ってくれた。恐れる気持ちと楽しみだと思う気持ちが半々くらいだったが、その時点ではやめておいた方がいいことなのか、それとも自分が挑戦していいものなのかどうか、決められなかった。自分が知っていることとは、あまりにもかけ離れているように思えた。

ＢＡＳでのフルタイムの仕事とレースで真剣に走ることのバランスを探っているうちに、人生はあっというまに過ぎていった。研究者としてのキャリアに確信が持てずに辞職し、リバプールの英国海洋データセンターでパートタイムの仕事を見つけ、住む場所を変え、レースを続けた。働く生活とレースに出る生活の折り合いをなんとかつけようと格闘した。パートタイムの給料では家賃と通勤費を払うのがやっとだった。パンとチーズさえ買えない。レースに参加するための旅にはあまりにも多くの時間がかかったし、アルプスのトレイルを懸命に走る生活と、その後あのオープンプランのオフィスに戻ってパソコンに向かい、わたしが訪れた場所のことなどまったく何も知らずじっと机に向かっている同僚と一緒に過ごす生活は、差がありすぎて落ち着かなかった。ネパールのことが、いつも脳裏から離れなかった。

それでも、わたしはそうした冒険がもたらしてくれる機会を見過ごすことはできなかった。し、挑戦や山々の魅力に抗うこともできず、マークとスティーヴン・パイク（スパイク）と一緒にエベレスト・ベースキャンプからカトマンドゥに向かうという挑戦に加わることにした。ふたりがわたしにもぜひ加わってほしいと熱心に言ってくれたのはうれしかった。ふたりともわたしよりずっと経験豊富で、イギリスのフェルランニングをはじめ、外国でも数多くの記録を保持しているのだ。出発のわずか数週間前、ようやくわたしは登山の部分にも参加することに決めた。こう決めたせいで、当然ながらいろいろなことが一気に慌ただしくなり、準備を進めるうちに時間は目まぐるしく過ぎていった。

ほかのこととはまた別に、自分の「居場所」の申告をどうすべきかという問題を解決しなければならなかった。100キロメートル世界選手権で優勝してから8カ月ほど経った2007年6月以来、わたしはIAAFが競技のないときに行うドラッグテストの対象者になっていた。IAAFは長年100キロメートル走を競技だとは認めてこなかったので、その点では、これはウルトラ・ロードランニングにとって大きな一歩だった。わたしは対象者リストに載った17人のうちのひとりで、ほかの顔ぶれは、ポーラ・ラドクリフ、モー・ファラー、クリスティーン・オフルオグ、ドウェイン・チェンバース、ケリー・サザートンなど――つまりはイギリスのロードおよびトラック競技のエリートたちだ。これは、世界チャンピオンというわたしの立場に対する最大の評価だった。

実際には何をするのかというと、自分がいつテストを受けられるか、毎日欠かさず1時間の枠（と居場所）を設定して申告しなければならなかった。家にいるときでさえ、これは十分大変だ。通常は出勤時間前に時間枠を設定したが、ひとり暮らしなので、もしうっかりシャワーを浴びていて呼び鈴が聞こえなかったら「検査未了」になってしまうし、朝のコーヒーに入れる牛乳を買いにふらりと出かけた場合も同じだ。3回検査未了になるのがどんなに簡単か、ちゃんと考えたこともなかった。ありがたいことに、レースに出るためにイギリスとアルプスのあちこちを行き来することが多かったにもかかわらず、テストを受けそこなったことはなかった。でも、ヒマラヤで6週間過ごすときはどうするのだろう？ ＩＡＡＦの世界では、わたしは異色の存在だった。１００キロメートル走で大健闘したことから、オリンピックを頂点とする通常のトラックとロード競技の世界と、運営団体というほどのものもない、長距離のトレイルランニングや山岳ランニングの雑然とした世界の両方に関わることになった。思うにＩＡＡＦは、トレーニング場所その1、その2、その3を順番に巡るような日々を過ごしている通常のアスリートには慣れていたけれど、はるか遠くの山岳地帯で長距離や超長距離を走るのが好きなパートタイムの科学者には慣れていなかったのだろう。所在確認の担当者に問い合わせた。それに対するアドバイスは、単に、できるだけ詳しく情報を教えてください、というものだった。それで、そのとおりにした。毎日、「居場所：ネパールのクンブ地方のどこか」と記入しておいた。わたしの知るかぎり、そこまで探しには来なかったようだ。

「母の首飾り」の山へ

そして、わたしは再び未知の領域に身を投じた。アマ・ダブラムは、クンブ地方にある息をのむほど美しい山だ。標高は6837メートルで、わたしたち全員にとって、これまでに目指したなかで最も高い山になる。アマ・ダブラムとは「母の首飾り」という意味で、左右に長く伸びる尾根が子供を守るように両腕を広げる母親（アマ）の姿を思わせ、山肌に垂れ下がる氷河がシェルパ族の女性が身に着ける「ダブラム」という伝統的な首飾りのように見えることから名づけられた。1961年にイギリス、アメリカ、ニュージーランドの混成チームが初登頂を果たし、今では遠征先として人気がある。だが実際は、この名前から思い浮かぶような温和で守ってくれそうなイメージとは大違いだ。

わたしたちは南尾根を通る通常のルートで登っただけだったが、（ほとんどは固定されたロープを伝って登るとはいえ）技術的に難しく、岩肌が露出しているところが多い。わたしたちを待ち受けていたのは、そびえ立つ尾根と急斜面を持つ「ヒマラヤのマッターホルン」

だった。

自分が登山と長距離走のどちらの方を怖いと思っているのか、自分でもわからなかった。でも待ち遠しかった。物事はなされるべくなされ、ようやく人生もひとまず片づき、わたしの後ろで扉が閉まった。

ネパールは、4年前にあの初めての遠征で行ったインドに少し似ていると思った。でも、カトマンドゥの混沌はデリーよりもずっと穏やかだ。色彩、におい、さまざまな光景と音の氾濫。吸引力は感じたけれど、このときはまだ、よく知ることも好きになることもなかった。それはあとになってからだ。わたしたち、つまり尊敬すべきヴィック・ソーンダーズ（わたしたちのガイドをしてくれたすてきな男性で、今ではいい友人だ）とわたしは、すぐに山を目指して出発した。でもその前に、すばらしきビリー・ビアリングのインタビューを受けた。ビリーはジャーナリストで、8000メートル級の山に登る登山家でもあり、このときは、伝説的存在であるミス・ホーリー〔エリザベス・ホーリー、1923〜2018年。山岳ジャーナリストで、ヒマラヤ登山の記録を正確にまとめたことで知られる〕のエクスペディション・アーカイブス[*1]のためのインタビューだった。それ以来ビリーとはすっかり親しくなり、わたしたちが登山と走りの両方をやり遂げられる可能性はほとんどないと思っていた、と打ち明けてくれた。6000メートル級の山というのは、それだけで大きな挑戦だ。

ほかの人たち――マークとスパイクとあとふたりの友人――は先に出発していて、歩いたり走ったりしながらジリ経由でクンブに向かっている最中だった。わたしたちが走るコースの下見をするためだ。わたしは参加を決めたのが遅かったので、これ以上早くは仕事を休めなかった。自分が彼らの経験と知識に依存することになるのは十分自覚していて、申し訳なく思った。

「オム・マニ・ペメ・フム」。仏教では至るところで用いられる経文で、わたしがネパールに行った最初のときからずっと、この言葉がついて回った。寛容、倫理、忍耐、勤勉、自制、知恵の実践を表している。クンブ地方の住人であるシェルパ族はチベット系で、仏教を信仰している。この地のトレイルでは、彼らの宗教の証をそこかしこで目にすることができる――仏塔、祈禱旗、マニ車、マニ壁。どの道沿いにも、経典の美しい言葉が刻まれた石が置かれ、経文が記されたマニ車が（空を渡る太陽の動きを追うように時計回りに）回っている。

クンブの高い山々が、そのひと月のあいだわたしたちの住処となった。わたしたちは住民の歓迎を受けながら、ロッジからロッジへと身軽に旅をし、この地方の中心となる村ナムチエバザールの上にある支谷を探検した。高度順化のためアイランドピーク（6198メートル）に登り、あまり知られていない道をぶらつき、チュクンとロブチェのあいだにある、あまり行く人のいないコンマ・ラを越えた。ゴラクシェプまで走って上り、1日中歩き回って最後には冷たい霧に包まれたあとで、素朴な1杯のお茶を飲んでくつろいだ。優雅にそびえ立つふたりの巨人のような、ローツェとヌプツェの南側の斜面に触れた。わたしたちの知っていた世界は崩れ去り、高地の広大な空間と、山村の素朴な生活に溶け込んでいった。

わたしたちは高度にも慣れ、意気揚々と目的の山に到着した。ベテラン登山家で遠征隊のリーダーであるヘンリー・トッドと一緒に、テントがまるで「都市」のようにひしめき合って立っている地帯から離れた人目につかない尾根に、独自にベースキャンプを張った。のちにその場所にはロッジができたが、当時は夏の牧草地が広がるだけだった。そして今では都市はにぎやかになり、毎シーズン250人を超える人々が入れかわり立ちかわりベースキャンプを訪れるが、実際に登頂するのは100人に満たない。

登頂は学びの場であり、忍耐、統制、喜び、信頼の入り混じったゲームだった。稜線はわたしのような経験の浅い初心者にとっては胸が痛くなるほど美しく、むき出しの岩肌を見せていた。高さを増すにつれて、あれほどなじみのあった景色はさらに開けてまた違った展望を見せるようになり、新たな可能性の領域をのぞくことができた。何年か前にカラナグを訪れたときと同じように、ここでもわたしは、長年心に抱いていた夢が実現するかもしれないことに気づいた。

ギリギリのカトマンドゥへの帰路

わたしたちの夢は、この大自然のなかの高い山々からカトマンドゥの混沌のなかに走って戻ることだった。10月も後半に入ったある日の午前中、ほこりっぽい暑さのなか、わたしたちはダサラス・スタジアムにたどり着いた。疲れ果て、足は痛み、引っかき傷や泥にまみれた姿で、笑顔と花輪に迎えられた。新記録だった。わたしはそれまでの74時間を過ごした別世界に思いを馳せた。静かで穏やかな夜明けのなかエベレスト・ベースキャンプを出発してからカトマンドゥの混沌とした熱気あふれる通りにたどり着くまでは、とても長い道のりだったような気がした。信じられないほど対照的な世界。それに、信じがたい旅だった。

危うく目的地にたどり着けないところだった旅。

この旅は、秋の夜明けの冷え込みのなか、フリースとダウンジャケットに身を包み、エベレスト・ベースキャンプのごつごつしたモレーンの上で始まった。わたしたちは、最初のタイ・エベレスト遠征隊の旗に触れた。テントではそろそろ人々が動き始めるころだ。GPSを設定し、ストップウォッチをスタートさせて出発し、モレーンの上を渡っていく。ここより下にあるゴラクシェプのロッジで肌寒い夜を過ごしていたので、もう活動を開始してから90分経ったことになる。エネルギー源はお茶とツァンパ(麦の粉を炒ったもの)のおかゆだけだ。向きを変えてこれから下っていく道を眺めたとき、朝の信じがたいほどの美しさを前に、わたしはしばし不安を忘れた。手足が温まってきたのでフリースとダウンジャケットを脱ぎ捨てる。この地ではカタツムリのようにのろのろとしか進めないのが普通だけれど、(それと比べれば)速く進めてうれしい。わたしは運がよかった。気分はよかったし、厄介な咳も出ない。マークとわたしはわずか数日前にアマ・ダブラムに登頂し、その名残でマークとスパイクは気管支炎による咳に悩まされていた。

ドゥグラのロッジでは、わたしたちの新しい友人T氏（タシ・ツェリン）が、歓迎のしるしに約束どおりミルクがいっぱい入ったお茶をたっぷり用意して待っていてくれた。トレイルをさらに下ると道がかなり混み合ってきて、無数のヤク、ポーター、旅行者にぶつからないように気をつけながらナムチェバザールに向かった。そこではヴィックが待っていて、わたしたちをハグし、熱いお茶とお菓子をくれて、もう必要なくなったフリースとダウンジャケットを引き取ってくれた。

高地の山々を（わたしにとっては）あっけないほど早くあとにして、日が暮れるころには、小さな空港のある大きな村ルクラに向かうトレイルを通り抜けていた。人混みを離れ、いよいよ本当のネパールに戻ってきた。簡素なロッジがあり、わたしたち以外にトレイルを通るのは、日用品の詰まった巨大な荷を運ぶ地元のポーターだけ。夜が更けていく。闇のなか、わたしはスパイクとマークに続いてタクシンドゥ・ラに向かう急な道を上る。疲れを忘れるために、彼らのリズムにしがみつき、彼らの動きに合わせる。上に着ていたものを脱いだので、夜の空気が冷たい。今も覚えている。ストゥーパと祈禱旗、雲が低く垂れこめるなか、向こうにぼんやりと見える簡素なロッジの影、不気味な静けさ。

ジュンベシに向かうトレイルを走っているときに夜が明けた。エネルギーがわいてくる――夜通し走ったあとに光が現れると、わたしはいつも、途中のどこかで眠ったはずだと自分になんとか暗示をかける。だから、夜が過ぎて新たな日がやってくるのは、新たな始まりのようなものだ。それでも自分の胃をごまかすことはできず、ひどい空腹に見舞われ、ツァンパのおかゆとお茶が待ち遠しくてたまらない。長い夜を、用意しておいたビスケット数枚と各種のバー1、2本だけで持ちこたえてきたのだから。でも、ジュンベシまで弧を描いて伸びるトレイルは起伏が多く、マークとスパイクの記憶よりも長かった。行くとき（または帰るとき）にエベレストが最初に（または最後に）見えるロッジを、村に着きたい一心で立ち寄りもせずに通り過ぎた。ようやくたどり着き、胃袋を満たす。

この旅の大部分は自分たちだけの力で行うことにしていて、暖かい服をナムチェに置いてきたので、荷物は最小限、持っている食べ物も水もごくわずかだ。途中でロッジに立ち寄り、物資を補給し、必要に応じてお茶をたっぷりと飲み、ツァンパのおかゆとチャパティーを食べた。これは、自分のことは自分で行いながら新記録達成を目指すという試みなのだ。

ジェットコースターのように激しい起伏が続いた。1日が過ぎ、デウラリ峠を越えてシヴァラヤに着いたころには、早くも2日目の夜が迫っていた。足を止めて食事をし、ここでマークは、ジリでわたしたちと別れるという苦渋の決断をした。マークは登山で自分が思っていた以上に体力を消耗してしまい、もう力が残っていなかったのだ。そうなるかもしれないという可能性についてはほとんど話し合っていなかったし、多少は話し合ったとしても、わたしはカトマンドゥに一緒に行けないことの意味を深く考えてはいなかった。いずれにしても、シヴァラヤからジリ、そして道が終わるところまでは、自分たちの2本の足で一緒にたどり着かなければならない。36時間が過ぎたのに全体の半分も進んでいなかった。楽に進めたはずの2時間は、古いトレイルと建設中のジープ道を間違えて、混乱のうちに過ぎてしまった。

断念すべきか

何時間も経ってから、わたしたちはへとへとになってジリにたどり着いた。スパイクも疲れ果てて、もう限界だとわたしに打ち明けた。意気消沈し、野良犬の群れに囲まれたなかで、この件について話し合った。わたしは、精神的にも身体的にも続けたかった。でも、マオイスト（ネパール共産党の毛沢東主義派）の反乱からまだ日も浅く、まだネパール国内を旅した経験がほとんどないわたしが女性ひとりで旅をすることになってしまう。ほかの人たちは、自分がわたしの立場だったら続けようとは思わない、と率直に言ってくれた。それで決まった。もともと選択の余地などなかったのだ。わたしたちは吠える犬に囲まれたままその場にたたずみ、待っている友人たちと連絡を取ろうとした。でもメッセージが送れない。夜のジリは、騒々しいにぎわいもバスも茶店も露店もなく、わびしくて歓迎されざる場所に思えた。わたしたちは失意のうちにもと来た道をとぼとぼと引き返し、有刺鉄線の柵の向こうにある建物を目指した。偶然か幸運か、荒れ果てた干し草小屋があったので、少しばかりの予備の服を着込んで干し草に潜り込み、忘れようとした。寒いなか数時間が過ぎて新しい1日が始まり、わたしはこわばった体と沈んだ気持ちでまどろみから目覚めた。

これでおしまい？　あんなに苦労したのに？

自分たちがどこにいるのかも、歓迎されるかどうかもわからなかったので、さっさと立ち去ることにして、有刺鉄線の柵を乗り越え、バスの駐車場に向かう道を引き返した。一緒に歩いている途中で、突然スパイクが考えを口にした。「まだチャンスがあるかなあ？」たった数時間の浅い眠りだったけれど、そのおかげで新たな力がわいてきたのだ。わたしはわらにもすがる思いで、続けるチャンスに飛びついた。これだけ時間を費やしてしまったあとで新記録を達成できるかどうかはまったくわからなかったけれど、そんなことはほとんどどうでもよく、はるばるとここまで来たからには、カトマンドゥまで自分の2本の足で戻りたかった。今になっても、それがなぜかわからない。道沿いの店でお茶を何杯か流し込み、つぶれたパンを荷物に詰め込んだ。

マークのことはバスに任せた。数時間後にムデで再会できるはずだ。友人たちも、まだそこで待っていてくれるといいのだけれど。

そして出発。足の下には固いアスファルトの道。やり遂げられるかどうかわからないけれど、そんなことはかまわない。動けるだけで、挑戦できるだけでうれしかった。さっさと進めたときもあれば、のろのろとしか進めなかったときもある。キランティチェプとムデのあいだでは、近道しようとしてかえって時間を無駄にしてしまった。この区間はスパイクとマークが何週間か前に下見していたところだったけれど、川に下りるのが早すぎて、1キロくらい苦労して上り直さなければならず、多くの田んぼのあいだを抜けて（仕事中の地元の女性たちを戸惑わせながら）進み、とうとう下れる道を見つけて橋に出た。ここを上るのは大変だけれど、何時間かすれば小さな町ムデにたどり着ける。

3日目の晩、マークと、そして待っていた友人たちと合流したときには、あたりはすっかり暗くなっていた。何時間も自分たちだけで走ったあとで突然こんなに大勢の人たちに出迎えられるのは妙な気分だ。予定していたスケジュールからずっと遅れていたため、友人たちはそのあいだ村の人たちと一緒に過ごして時間をつぶしていて、地元のユースクラブのメンバーが大勢集まり、旅を続けるわたしたちに声援を送ってくれた。ここからは道路を通るので、友人たちは借りた車でついてくることができた。みな交代で1、2マイル一緒に走り、他愛ないおしゃべりをして、長く寂しい夜の時間をやり過ごすのを助けてくれた。

夜の最後の数時間、わたしは空腹にさいなまれた。空腹感がどうしてもおさまらない。それなのに、自分たちが持っていたものも、友人が持ってきてくれたものも、とっくに食べ尽くしてしまっていた。道沿いには小屋がいくつも立っていたけれど、どれも真っ暗で、戸は閉まり、物音ひとつしない。本当にがっかりだ。夜明けまでは誰も動き出そうとしないだろう。ドゥリケルに向かう長い上りの途中で日曜日の朝になり、そこでようやくロティとチャイ（パンとお茶）にありつけた。

ここからもうひと上りすればカトマンドゥだ。道路沿いは、街に近づくにつれてどんどん活気を増してにぎやかになり、いろんなにおいが漂ってきた。長い道をゆくあいだ、わたしたちひとりひとりが自分の内面の深いところに引きこもっていた。もう話もせず、食べもせず、友人がバスで通り過ぎても目を合わせない。何を見つめるでもなく目を見開き、前に進み続けなければならないという思いのほかはすべて頭から消えた。自分たちがしていることに、すっかり没頭した。

午前8時、わたしたちは街のはずれにいて、大渋滞のなかを進もうと悪戦苦闘していた。どこからともなく（いまだにわからないが）警察のバイクが先導しに現れ、わたしたちの前で車が分かれて通り道ができた。スパイクとわたしの横にはマイクと友人たちが並んでいる――助かった。というのも、このころにはわたしは自分の身を守るという本能をすっかり失っていて、ひたすら前に進むことしか頭になく、自分の前に何かが現れても、それがバスであれバイクであれおかまいなしに、そのまま突き進んでしまいかねなかったからだ。ついに、先導のバイクは、前にいた車のあいだを抜けて走り去った。このときわたしはまだこの街を知らなかったので、どんなに近くまで来ていたかようやく気づいた。ここだ。スタジアムのゲートまであと数メートル。待っている人たちがいる。ヴィック、ジャーナリストが数人、それに、ネパールオリンピック委員会の会長。

やっと終わった、と思った。でも、本当に終わるまでは決して終わりではない。スパイクとわたしは、促されるままにほとんど人のいないスタジアムを1周し、それからようやく、わたしたちの旅の終着地点にいざなわれた。400メートルをこんなにのろのろと走ったことはないと思う。たぶん。それから、疲れ果て、足は痛み、引っかき傷や泥にまみれた姿で、あの笑顔と花輪に迎えられたのだった。

ジャーナリストと少し言葉を交わし、幸せな気分でネパールの友人に別れを告げ、最後に残ったわたしたちもその場を去った。スパイクは、ホテルまで帰る短い旅の途中にバスの中で眠り込んでいた。わたしは実に1カ月ぶりにシャワーにありつき、どうしようもないほど汚くなってしまった足を洗って汚れを落とそうとした。その晩、わたしたちはインド料理とネパール料理のごちそうを楽しんだ。もっとも、わたしたちの目の方が、縮んだ胃袋よりずっと大きかったけれど。そして次の日、わたしはタメル地区の路地を訪れ、柔らかくて新鮮なパンを求めてパン屋を物色して回った。

ビリーと再会し、今回はわたしたち3人とも彼女のインタビューを受けた。ビリーはのちに、唯一の女性だったわたしだけが登山と走りの両方をやり遂げたことにどんなに感銘を受けたか話してくれた。そんなこと、わたしはあまり考えていなかった。それに、やり終えたばかりだったので、自分たちが成し遂げたことがどんな意味を持つかなど実感できなかった。単に、いい冒険だったというだけのことだ。

目標と集中力、意志と努力。これらは夢を実現に導くもので、自分たちがやりたいこと、やる必要があることを行う力となってくれる。そしてそれこそが、わたしたちがやりたいこと、やる必要があることに意味を与えてくれるのだ。

カトマンドゥに戻るあの長い道で、

長い道をゆくあいだ、わたしたちひとりひとりが自分の内面の深いところに引きこもっていた。もう話もせず、食べもせず、友人がバスで通り過ぎても目を合わせない。何を見つめるでもなく目を見開き、前に進み続けなければならないという思いのほかはすべて頭から消えた。自分たちがしていることに、すっかり没頭した。

自分の努力、集中力のすべてを注げるものがあれば、それがたとえつかのまであっても、そのときこそ、魅力的ではあるけれどもはかないフローの感覚に触れることができる。[*2]

好奇心、粘り強さ、謙虚な気持ちがあるとき。心、意志、精神――それに、挑戦、準備、実践――が協調しているとき。そんなとき、わたしたちは魔法を感じ始める。それを感じる。それがわかる。ひとことで言うなら、その特徴は、なされていることに完全に没頭していることだ。

この概念は、歴史を通じて、さまざまな文化で体験されてきた。仏教と道教の教えは「無為の為」や「無動の動」と呼ばれる意識の状態について語っているし、バガヴァッド・ギーターなど、ヨガに関わるヒンドゥー教の聖典も同じような状態について述べている。

人生とは、自分の存在意義を求めることだ。アラン・ワッツが雄弁に語っているように、「どのような技であれ、完璧に遂行するには、こうした今という永遠のときの感覚を自分の骨で感じなければならない——なぜなら、それが適切なタイミングを見出す秘訣だからである。焦ってはならない。ぐずぐずしてもいけない。出来事の流れを、音楽に合わせて踊るときのように、ただ感じ取るのだ。早まっても遅れてもいけない。早まるのも遅れるのも、どちらも現在に抵抗しようとすることなのだ[*3]」。

人生のすべては、今この瞬間に凝縮されている。でも、ときには、今この瞬間が常にわたしたちとともにあることを認識するために、極限まで行かなければならないこともある。最大の障壁は、当然ながら、あがくことだ。わたしたちがそれを探し求めているかぎり、見ることはできない。人生のフローを感じるには、今この瞬間に完全に存在しなければならない——それはわたしたちにただ起こるのであり、無理やり引き起こすことはできないのだ。

◎第9章：100キロメートル走

おれは最初に行こうとしていた場所にはたどり着けなかったかもしれないが、行くべき場所にはちゃんと行き着けたんじゃないかな。

――ダグラス・アダムス、『長く暗い魂のティータイム』

（『長く暗い魂のティータイム』安原和見訳、河出書房新社、2018年）

なんとしてもジリへ

雨は降り続き、足元のトレイルがぬかるんできた。スルケに向かう分かれ道で足を止め、何か食べることにする。ジリのトレイルはここで枝分かれし、主なトレイルはルクラに通じている。これから1時間もしないうちに携帯が（ラムジュラ峠に着く明日の中ごろまで）圏外になることはわかっているので、リチャードにメールを送って進み具合を知らせる。チャパティーを待っているあいだに返信が届いた。リチャードは仕事やどうしても延ばせない締切に追われて大変だそうだ。バスの予約はしてあるけれど、早く帰ることになるかもしれないし、着くのが遅くなるかもしれないという。また心が沈む。今度はいっそう深く。リチャードはちゃんとジリに来られるだろうか？　考えが極端な方へ飛んでいく——最悪の事態を想像してしまう——もしリチャードがまったく来られなかったら——それに、ウペンドラも来られなかったら？　ふたりのサポートがあって初めてこの旅ができるのだ。サポートがなかったら？　やり遂げられるかどうかわからない。ジリから先のあの最後の段階は、サポートしてくれる友人がいたって大変なのに——ひとりきりであの長い道を走る気力がわたしにあるだろうか？　それに、リチャードに会いたい。返信を送り、やるべきことがあるならそちらを済ませてしまってほしい、こちらは大丈夫だから、と伝える。徹夜するつもりだ、と返事がきた。わたしもそうするつもりだ。

またトレイルに戻る。また雨のなかだけれど、携帯電話の着信音が小さく鳴り、リチャードがいてわたしのことを考えてくれている、と思って心があたたかくなる。道中の無事を祈る、何か用があったらロッジの固定電話からかけてくれ、だそうだ。「天気を改めて確認。よくなるといいね。鼻水たらしながらなんてごめんだ！　足を滑らせないように。ゆっくり着実に。幸運を！」そして圏外になった。夜のなかを走り抜ける。リチャードとウペンドラがジリで待っているかどうかはわからない。でも、それは今は重要ではない。ジリから先がどうなるとしても、まずはわたし自身がジリに着かなくては。

雨は上がり、今度は標高が下がったところにあるこのトレイルがわたしの記憶に焼きつけられる。午後9時ころ、ロッジに立ち寄って食事にする。ロッジの人たちはわたしを覚えていてくれて、今晩は泊まって休み、続きは明日の朝にしたらどうかと言ってくれた。ええ、そうしてもいいんじゃない？　ロッジのはるか向こうの空は時折明るく光り、雷と激しい嵐が近いことを示している。わたしがあのなかに入っていくことになるのだろうか、それとも、嵐がこちらにやって来るのだろうか？　このロッジに泊まってもいいのでは？　この誘惑に負ける前に、あたたかくて心地よいロッジから自分を引き離し、再びトレイルに出ていく。

わたしはまだ、ドゥード・コシ川の流域をたどっている。支流のひとつ、イムジャ・コラ川の始まりはわたしが今朝出発したクンブ氷河の上の方だけれど、あの高い山々は今ではわたしのずっと後ろにあり、ここは再び丘陵地帯で、標高は下がり空気も濃くなってきた。

長い長い夜。でもありがたいことに雨にはならず、嵐のなかに入ってしまうのではないかという不安は消えた。ジュビン橋を過ぎて川を離れ、石ころだらけの土地を横切り、峠を立て続けに越える。この先はジェットコースターのように激しい起伏が続く。よく知っている道だ。それなのに、タクシンドゥ・ラへの上りで道に迷ってしまう。ほんのちょっとだったけれど、細い道を堂々巡りしてたっぷり1時間か2時間無駄にしてしまった。このトレイルをよく知っているなんて思い込んでいた報いだ。峠に着いてから自分の不注意によるミスを責め、上りの苦労が終わったので夜風の涼しさを感じる。何年も前、マークとスパイクと一緒に行った、あの最初の挑戦のときもそうだった。祈禱旗が張られたストゥーパのまわりを回る。不気味なほど静かで、雲が低く垂れこめるなか、向こうに簡素なロッジが何軒かあるのがぼんやりと見える。

リンモを抜けて着々と下り、下を流れる川に出た。上り下りをくり返しながら弧を描いてジュンベシまで伸びるトレイルを走っているときに夜が明けた。安堵のため息が漏れる——今度は夜を無事に切り抜けた、あとは今日1日を残すだけ。わたしは夜になる前にジリに着けるはずだけれど、リチャードとウペンドラは来ているだろうか？　エベレスト・ビュー・ロッジに立ち寄り、またツァンパとお茶をもらう。ここの持ち主はかなり年配で、わたしとはすっかりおなじみだ。外のベンチに座って用意ができるのを待つあいだ、振り返ってエベレストを眺める。ここまではるばると来たけれど、先はまだまだ長い。いったいどうして自分はこんなことをしているのだろう？　レースではないし、記録もあまり関係ない、だってわたしはもう2度この旅をして、このトレイルを知っているのだから。確かに、わたしはいつだって自分の2本の足、自分自身の力で旅をすることに素朴な満足感を覚えてきた——今回は距離と時間が長くなったにすぎない。今回がほかのすべてのときと比べてどう違うか見てみたい、という好奇心はある。自分の体がどうやって持ちこたえるか、自分の心がどう反応するか、何かが起きたときに自分がどう対処するか。未知の領域には、いつだって心をかき立てるものがある。それに、とにかく楽しい。それで十分なのかもしれない。

食べるという単純な行為をしているあいだは、ありがたいことに走ることも考えることもいったん休める。大盛りのツァンパとおいしいお茶。そして、朝の暖かい日差しを浴びる。

自分の旅のことや、これからどうなるかについて知っていることをあれこれ考えるのは、しばらくやめることにする。危険はないし、夜通し走り続けたあとでも、ジリに着くだけの元気は十分にある。わたしのなかでは、確信と迷いというふたつの相反する感情が奇妙に入り混じっている。これまでに2度この旅をして、数週間前にはトレーニングでこのトレイルを走った。自分がしなければならないことが何かはわかっている。それが自分にできることもわかっている。それでもやはり、カトマンドゥに戻れるかどうかは、まだ答えのわからない大きな問題だ。これだけの距離を、これだけの時間をかけて自分の足で走れば、わたしの心と体がどんな反応をしてもおかしくない。毎回違う。怖くもあり、楽しみでもある。

＊＊＊

走る体験を分かち合う

時は流れ、人生は再び移り変わった。わたしは、研究生活に対して魅力と不満という対になったふたつの感情を抱き、葛藤を覚えていた。自分が今取り組んでいることの成果が出るのは何年も先かもしれず、成果を出すのが自分だとは限らない。そこで気づいたのが、自分が目指す方向や集中する対象を探さなければならない、ということだった。自分のしたことの成果が目に見える形ですぐに現れるようなことがしたい。科学者としての知識や経験を失いたくはないけれど、別のやり方でそれを生かせる方法はないだろうか。今ではアルプスが主な住処となり、半ば遊牧民のように暮らし、どうにかつつましい生活を送っていた。ザ・ノース・フェイス社との関係は発展して相互の信頼関係もでき、今では固定給をもらえるようになった。そのほかにも、あちこちに文章を書いたり、ラウフシューレ・シュクオルでランニング・キャンプを実施したりして生計を立てていた。[*1]

フレンツィ・ギスラーにたまたまメールを送ったのが縁で、一緒に仕事をすることになった。フレンツィはパートナーとともに、彼らの会社アウトドア・エンガディンの事業の一環としてラウフシューレ（ランニングスクール）・シュクオルを運営している。仕事上の協力関係は今なお発展を続け、深い友情も生まれた。すばらしいことが思いがけずに起きることもあるのだ。わたしはしばらくのあいだ彼らと一緒に暮らした。小さなワンルームマンションで3人一緒に共同生活を送り、ある年の冬にはスノーシュー・ツアーを引率した。彼らは今も、わたしのためにいつでもベッドを用意してくれている。

わたしはこの協力関係を機に、走るという体験をほかの人たちと新しい方法で分かち合うようになった。各種のトレーニング・キャンプを行い、シュクオルを拠点にしたこともあれば、アルプスの山々を、小屋と小屋を結ぶルートで走ったこともある。シャモニーからツェルマットまでのUTMB準備キャンプを引率し、ツール・ド・モンテローザのランニング・ツアーも開催した――すばらしい時で、多くを学び、すばらしい友情も育んだ。けれども、レース、トレーニング、ランニング・キャンプ、その他もろもろの雑務のすべてをうまくやろうとするのは大変だった。特にある年の夏は、レース、トレーニング期間、ランニング・キャンプ、レース、雑務、レース、とスケジュールがびっしり詰まっていて、休みは1日もなかった。豊かで興味深い時間ではあるけれど、続けていくのは難しい。

このようにして、歳月は独自のリズムを取るようになった――隠者のような静かな生活と、それとは対照的なレースのシーズン（今では年間通して行われている）のペース。犠牲も払った。誰だってそうだ。人生では常にバランスを取り続けなければならず、自分にとって最も大切なのは何か、なくてもやっていけるものは何かを見極めなければならない。わたしはフルタイムの仕事と安定した収入を捨てて、念願だった融通のきく生活を手に入れた――レースに出場でき、トレーニングの時間があり、どうやって、いつ、どこで働くかを選択する自由がある生活。アスリートの生活には、毎日のように犠牲が伴う――ノートパソコンに向かう時間が、トレーニング、食事、睡眠で区切られる長い日々――お店をのぞいたりテレビを見たりする時間（や、そうしたいという気持ち）はない――夜に外出することなどめったにない。この種のライフスタイルは不安定だったけれど、その経験のシンプルさと豊かさが十分補ってくれた。わたしたちは選択をする。わたしたちは常に選択をしている。

再びのUTMB

今は2008年8月。わたしはシャモニー中央にある古い教会広場、トリアングル・ド・ラミティエ広場に再びやって来た。この場所のことは覚えている、ああ、どんなによく覚えていることか。でも、まったく違う感じがする。今、わたしはスタートラインのいちばん前にいて、緑のベーズでできたマットの上に座っている。初めてのときのように、自分の前にのベーズのマットの向こうには人の姿はない。待っているかのようだ。2500人のランナーがひしめいているなかで教会の石段に腰を下ろしているのではない。この緑大勢のランナーたちで埋め尽くされるのを待っている。そして今回、通りの脇の柵の向こうには、さらに大勢の人が集まっている。

初めてのときと今回を比べてみて、どちらの方が不安が大きいかは自分でもわからない。確かに、あのときは未知のものに対する恐れがあった。今回は、この先何が待ち受けているかわかっている。ほんの2週間前、同じルートを丸々3日かけて歩いた。160キロの長さを改めて感じた。とても長い道のりだ。そして今、わたしはあのときと今回のあいだの2年間の優勝者と一緒にここに立っている――どちらも、わたしよりずっと速いタイムでゴールした。今わたしの胸には、ずっと抱いてきた自分自身の期待と、もつれた疑問の塊がある。この長い夏、既に何度か山岳レースに出場したけれど、やりすぎただろうか？ わたしの脚は大丈夫だろうか？ わたしの心はくじけないでいてくれるだろうか？ わたしの足はシャモニーまでわたしを連れ戻してくれるだろうか？

わたしたちはここに一緒に立っているけれど、それでもみんなひとりきりだ。誰もがひとりきりで、それぞれの考え、それぞれの希望や期待、不安や疑いを抱いている。興奮と恐れのあいだで大きく揺れ動きながら。

レースが始まり、わたしは走る。走り続ける。

ほかの女性の姿は見えない。わたしは先頭グループのどこかにいる。

楽なときばかりではない。大フェレ峠からの下りで、腱滑膜炎《けんかつまくえん》の症状が現れ始めた。痛みのせいで動きが鈍り、シャンペを出るころには、ほとんど這って進んでいるような気分になる。それでも、ときにはギリギリのところでなんとかできることもあり、わたしは痛みを通り越して、再び走り、再び楽しめるようにさえなった。もうすぐこの最後の下りが終わり、あと数メートルで町に出てしまうのが残念なくらいだ。

今度も観衆が待っている。

みんな、ゴールラインを越える最初の女性を見に来たのだ。わたしがその女性なのだ。今度も。これが2度目の優勝だ。

わたしはよく、どうやって、なぜ、何度も何度もＵＴＭＢに戻ってくるのかと尋ねられた。意図してそうなったわけではない。けれども何年ものあいだ、ほかのレースや挑戦が行われる時期がうまくずれていたおかげで、8月の終わりにはシャモニーに行くことができた。

生活はすっかり忙しくなり、UTMBだけに集中するわけにはいかなくなった。立て続けにレースに出場したり、その合間にトレーニング・キャンプをしたりするうちに、走った距離の合計は必要なトレーニングをはるかに上回るものになった。それでもわたしは、来る年も来る年もUTMBに引き戻された――おそらく、体に要求される挑戦（毎回異なる）と、あの山の旅の美しさのためであり――おそらくは情熱の分かち合い、献身の分かち合いのためでもあり――それにわたしは、UTMBであれほかの場であれ、自分が持てる力をすべて出し切ったと感じられるレースをまだ待ち続けていた。

なぜレースに参加するのか

長いあいだ、わたしは走れさえすれば満足だった。でも、競技ランニングの世界への扉が開いたとき、この世界にもしばらく注意を向けられることに気づいた。わたしの潜在的可能性は、表現の場を求めていたのだ。

それで、わたしはなぜレースをするのだろう？　レースに深く入り込んである時点に到達するまでは自分でもそのことを問うのを忘れてしまうことがあるけれど、その**わけ**を考えはじめると、注意力はそがれ、集中力は失われてしまう。

なぜなら、確かに、途中でやめることになって完走できなかったレースもある。肉体的な痛みに耐えて走ることはできるし、実際に走り抜いたこともある——特に、レース中にケガをしたり痛みが生じたりした場合には。でも、わたしの頭と心がほかのところにいってしまうと、体の調子がどんなに良くても、集中力を失い、続ける**わけ**も失ってしまう。

恐れと興奮、期待とためらい。レースという状況のなかで、わたしは情熱、美、心の痛み、苦痛、涙、喜びなど、あらゆる感情を極限まで味わうことができる。これも、レースが持つ魅力の一部だ。わたしの弱さや傷つきやすさを思い出させてくれる。と同時に、自分の力や強さを感じることも学べる。

カール・セーガンが言ったように、「私たちは、勇敢に問い、奥深い答えを得ることによって、私たちの世界を意義あるものにすることができる」[*2]（『COSMOS（下）』木村繁訳、朝日新聞出版、2013年）。レースと、それに必要なトレーニングを続けるには、自分自身に問いかけざるを得ない。時間をつくり、規律を保ち、トレーニングに対するモチベーションを高めるためには、日常生活のなかの無数の雑事のうち、どれが自分にとって最も重要かを決めなければならない。おかげで自己認識が養われ、もっと意識的に生活するようになってきた。

レースはわたしに目標を与えてくれる。日々の走りに、目指す方向と動機を与えてくれる。もちろん、何事にも時というものがある。そして、レースはわたしの走りの一部にしかなり得ない。でもときには、レースが与えてくれるもの——わたしが力を注ぎ、集中力を向けられるもの――が必要になることもある。心地よい領域から踏み出さざるを得ないときに、何度となく。わたしは、自分が感じていること、今ここで耐えていることに集中せざるを得なくなる。それが寒さのなかで暖かさを保つことであろうと、暑さのなかで涼しさを保つことであろうと、食べたり飲んだりすることであろうと、自分の体調に気を配ることであろうとかまわない。身体的には力を振り絞っていても、レースの最中のどこかで、静けさのなかで安らぎを覚える瞬間を経験することがときどきある。**行う**ことをやめ、その代わりに**存在するる**ことに集中する。自由だと感じるのはそんなときだ。

でも、もちろんレース自体は物語のごく小さな部分にすぎない。大切なのは旅だ。毎日毎日、来る日も来る日も。スタートラインとゴールラインは、旅の段階のひとつにすぎない。得られるものは、順位や記録ではない。自分自身を知ること、成し遂げたこと、トレーニングそのものが報酬となるべきなのだ。

優れたアルピニストであるアルバート・ママリーは、山にいることを次のように描写している。「山の高みでは、澄明な大気とすべてを暴く日差しの中で、静かな神々とともに活動し、互いを、そして自分自身が何者かを知ることができる」[*3]（『アルプス・コーカサス登攀記』海津正彦訳、東京新聞出版局、2007年の訳をもとに、後半を改変）

「遅ればせながら、厳しくも喜びに満ちた挑戦の成功、おめでとう」と、カトマンドゥのビリーの友人で同居人でもあるリチャードが、わたしのブログにコメントしてくれた。リチャードは、エベレスト・ベースキャンプからジリまで走って戻ってきたところだった。彼が走ることにしたのは、悪天候のせいでルクラから飛行機が飛ばなかったためでもあるが、部分的には自分で決めたことでもあった。わたしたちがどんな体験をしたのか試してみたい、という好奇心があったからだ。「全体としてすばらしい走りだった」。本当にそのとおりだった。そして、わたしと同じようにそう考えたこの男性はどんな人だろう、と好奇心をかき立てられた。

これが、その後のわたしの2回の挑戦に欠かせない存在となってくれる、あのリチャードだった。リチャード自身も熱心なトレイルランナーで、いくつかのすばらしいシングルステージやマルチステージのレースのディレクターを務め[*4]、トレイルランニング・ネパール[*5]の創設者のひとりでもある。この組織は、ネパールでトレイルランニングを発展させ、地元の人々の参加を奨励し、ネパール人のトレイルランナーたちをサポートすることを目的としている。

わたしはママリーの言っていたことがいくらかわかるような気がして、数週間後に2009年のUTMBに戻ったとき、レースの数日前に次のように書いた。「多くの点で、澄明な大気とすべてを暴く日差しの中では、わたしたちはひとりきりになる。ひとりきりというのは、自分のレースを走れるのは自分自身しかいない、という意味だ。自分以外の誰でもない。

だから、ある意味レースは人生のメタファーだと言える。これからの時間でわたしたちは、自分自身をより深く知ることに、自分自身が何者かを知ることになる」

わたしは「互いを」知るという部分を忘れていた。それについてはのちに知ることになる。

このレースで自分の身にどんなことが降りかかることになるか、わたしは知らなかった。足がびしょぬれのまま走っていたら、かかと全体が水膨れになって皮膚がはがれた。2003年に行われた第1回UTMBの優勝者で友人のクリッシー・モールに追い抜かれた。わたしも抜き返した。その場ではほかにいい方法が思いつかなかったので、はがれた皮膚をテープで止めた。再びクリッシーに追い抜かれ、そこから先は、針が敷き詰められた上を走るようなものだった。完走できた。2着だったし、痛みに耐えながらだったけれど、ともかくゴールラインを越えた。

何年か経つうちに、UTMBに対する自分なりのトレーニング戦略が出来上がっていった。ほかのレースやトレーニング・キャンプの引率のあいだに、1度か2度「ラウンド」を行う——2日間連続で、宿泊先はボナッティ小屋だ。小屋の人たちはすっかりわたしと親しくなり、わたしが夜遅くに到着して早朝に出発したいと言っても嫌な顔ひとつしなかった。いつもわたしに寝床を用意してくれた。2日間連続で12時間走ることができれば、調子が整ってきたことがわかる。トレイルの岩も、どう曲がっていくかも、ひとつ残らず頭に入った。どこでどのくらい力を出せばいいかもわかった。未知のルートを白紙の状態で走るという挑戦も大好きだ。でも長年のうちに、この特別なトレイルとはすっかり親密になった——ここまで親しくなったおかげで、トレイルを、そして自分自身を、違った方法で探索する余地が生まれた。

それでもまだ、UTMBで**わたしの**レースをしたいという思いは消えなかったけれど、たぶん、完璧なレースができることなど決してないのだろう。どのレースも一度かぎりで、挑むべきことも求められることも毎回異なる。わたしたちはどのレースでも、少しばかりの自負心とたくさんの謙虚さを抱いて走ることになるのだ。

山と政治

数週間が経ち、弟の結婚式に出席するために生々しいエネルギーに満ちたニューヨークを慌ただしく訪れたあとで、わたしはクンブに戻り、チョ・オユーに登るための高度順化に入った。8000メートル級の山に挑むのは、これが初めてだ。ザ・ノース・フェイスのアスリート仲間からなるわたしたちのチームは、多目的の遠征を計画していた——シモーネ・モロとエルヴェ・バルマッセは新たなルートに挑み、わたしはエミリオ・プレヴィタリと一緒に「通常のルート」で登頂し、エミリオはそのあとで新たな試みとしてスノーボードで下りる予定だった。わたしは登りと同じ方法で下山する（ことを願っていた）。カトマンドゥまでは、エルヴェとエミリオは自転車で、シモーネとわたしは走って戻ることになっていた。野心的で盛りだくさんの企てだった。どれもうまくいかなかったときの心構えはできていた——悪天候、寒さ、高度、体調不良が理由で登頂を果たせないかもしれないし、8000メートル級の山に登ったあとではカトマンドゥまで走って帰るだけの体力が残っていないかもしれない。

唯一心構えができていなかったのは、目的の山にたどり着くことすらできないという事態だった。

そのニュースを知ったのは、高度順化の一環としてアイランドピーク（6189メートル）の山腹に泊まった直後のことだった。クンブの高地の大自然のなかでは、政治などというものははるか彼方の事象であって自分たちとは関係のないことのような気がしていた。でも、わたしたちが目指す山のふもとに行くことすらできなくなったのは、中国が政治権力を誇示したためだった。ネパールとチベットのあいだの国境が封鎖された。わたしたちはチュクンのロッジで数日間過ごしながら検討を重ねた。わたしは1日もらってエベレスト・ベースキャンプまで走って往復した。どうしても、ほかの誰かに左右されずに自分だけの力ででできることを何かせずにはいられなかったのだ。エミリオは、わたしがこうして長く走ったおかげで落ち着いたのを見て取り、顔つきが変わったのがわかる、と言った。わたしたちは話し合いを続けたが、届いた知らせによると、国境が再び開放される予定の日付はどんどん先送りにされているという。目的の山までたどり着けたとしても、もう時間がない。

これは実にもどかしい展開だった。通行が禁止されている5806メートルのナンパ・ラを越えることができていたら、あとはせいぜい数日歩けばいいだけだったからだ。ここはネパールとチベットを結ぶ古くからの交易路だったが、外国人には閉ざされていて、2006年9月には、中国の国境警備隊がチベットを出ようとしたチベット人の巡礼の一団に向かって発砲し、17歳の尼僧ケルサン・ナムツォが殺され、ほかにも大勢が負傷した。

わたしたちは体調も万全で、高度にも慣れていた。正直に言うと、わたしはカトマンドゥまで走って戻りたいという考えが頭をよぎったが、シモーネは、正しかったと思うけれど、失意もみなで分かち合うことを提案した。ここを去り、チュクンからなだらかな斜面を下っていったときのことを今でも覚えている。生い茂るシダ、なじみのあるビャクシンの香り。そしてわたしは、ここに戻ってこられるだろうか、あるとしたらどんな形になるのだろう、と思っていた。

シモーネとわたしはビリーに会って「報告」のためのインタビューを受けた。リチャードにも会えるといいなと思っていた。わたしのブログにリチャードが寄せてくれた別のコメントでは会えそうだというようなことを言っていたのだけれど、結局会えなかった。わたしがカトマンドゥに戻るのが早すぎて、彼はランタン谷を走っているところだった。

UTMB三度目の優勝

2010年のUTMBは曇り空のもとで始まり、すぐに雨が降り始めた。雨は最初のうち少し弱まったものの、その後本降りになった。わたしはスコット・ジュレクと一緒にサン・ジェルヴェに着き、iRunFar[*6]のレースレポートによれば、先頭のキリアン・ジョルネとの差はわずか7分だった。レ・コンタミンヌ（30キロメートル）に着いてみるとレースは中断されていて、柵が設置されチェックポイントから先へ行くことはできなくなっていた。ランナーのなかには動揺して感情をあらわにする人もいて、やり直しだという話に始まり、再開される、いや、完全に中止だ、などさまざまなうわさが飛び交った。どうなっているのか、確かなことは誰にもわからなかった。

シャモニーに戻ると、濡れた服を乾かせないかと思ってとりあえず部屋に広げ、CCC[*7]の完走者を見にゴールラインまで行き、うわさの真偽が分かるかもしれないと思って、そこでしばらくぐずぐずしていた。結局何もわからず、わたし自身のレースがスタートしてからわずか数時間後に教会広場のスタート兼ゴールのアーチのところに戻っているという予想外の事態に呆然とするばかりだった。早朝になり、ようやく自分の部屋に戻って少しばかり眠ろうとしたところで携帯電話が鳴り、開催者からのメッセージが届いた。レースは実施される――翌朝、UTMBのコースのうちクールマイユールからシャモニーに戻るルートで。午前6時からバスが出て、トンネルの向こうまで連れていってくれるという。わたしはほとんど眠れず、また疲れが残っている状態で、少し朝食を食べ、まだ湿っぽい必携品をリュックに詰め直した。自分が何をしているのかよくわかっていなかったけれど、ここに来るためにほかのレースを犠牲にしたのだから、機会を与えてもらえるのなら何だって受け入れよう、と思った。

クールマイユールには明るい空が広がり、思いがけない展開によるとまどいは多少残っていたとしても、あたりはお祭り気分に包まれていた。スタートラインではみな笑顔を交わし、レースができることを喜んでいたけれど、わたしは内心不安だった。昨晩は労力を費やして30キロ走り、あまり眠れず、ほとんど何も食べていない。それでも、今わたしは88キロのレースのスタートラインに立っている——予定より短くなったので、必然的に、わたしが準備していたよりも走りのスピードは速まり、激しさも増すことになる——わたしはこの挑戦に応じられるだろうか？　でも、アラン・ワッツが言ったように、「変化から意味を見出す唯一の方法は、そこに飛び込み、ともに動き、踊りに加わること」[*8]なのだ。

ところどころでぬかるみを走ることになった。下りでは、場所によっては走るというよりもバランスを取って滑り降りるような感じだ。これはスキーのようで楽しく、いったん抵抗をやめて身を委ねてしまえば、かなり速く進むことができた。ついにヴァロルシーヌを越えてモンテ峠に至り、わたしは、シャモニーまでは谷を走ってあと11キロ程度だとすっかり思い込んでいた。でも勘違いだった。実際には、テットーバンまでの、１０００メートルの最後の上りが残っていたのだ。ヴァロルシーヌのチェックポイントはずっと後ろで、わたしはシャモニーまで楽に走れると思っていたのでビスケット1枚しか食べなかったため、もうエネルギーが切れていた。どうやって続けよう？　それでも、追い上げてくるほかの女性を振り切りたいという思いに駆られて（そう、2位の女性はずっと後ろだと言われていたけれど、疲れているときは1カ所上ったり下ったりするだけでかなりの時間を使ってしまいかねない）、速足でこの上りを越え、その先のトレイルを上った。まだ明るいうちに着きたいと思っていたけれど、クールマイユールからのスタートが午後遅くだったので、この上りの途中で暗くなってしまう。ほかの女性に抜かれたくない一心で、これまでにないペースでラ・フレジェールまでトラバースし、振り返ったときに遠くに見えるヘッドランプの光に戦々恐々としながら走り、岩やねじれた木の根をものともせず、暗い森のなかをこれまでにないペースで下った。

iRunFarによると、金曜日の晩わたしは他を「圧倒」し、そして土曜日もレースを支配していたそうだ。そんなこと、思ってもみなかった。ほかの女性が目に入らなかっただけだ。これが3度目の優勝だった。

ジブラルタルの100キロメートル走

月日は流れ、ほかのいろいろな冒険を経て、わたしは再び100キロメートル走に挑むことになった。2010年の世界選手権の開催国はイギリスで、開催場所はジブラルタルだった。地中海の入り口、イベリア半島の南端にある、イギリスの小さな海外領土だ。広さわずか6平方キロメートルの地域だから、100キロメートル走の開催地としてこれほど奇妙なところもなかっただろう。

今回は、初めて出場した韓国での世界選手権とは異なり、特別な機会だという感覚はまったくなかった。わたしたち選手の宿泊先は、使われなくなったクルーズ船だった。それを知ってわたしは少し不安になった。人生のうち18カ月ほどを船上で過ごしてきたので、ディーゼルエンジンのにおいが避けられないことはわかる。そのにおいをかぐとどうしても吐き気がしてしまうのに、そんななかで世界選手権のレースのスタートラインに立つためにできるかぎり体調を整えなければならないのかと思うと、ぞっとするばかりだった。船に到着してみると、不安は的中した。それに、舷窓は当然ながら開かないし（わたしは窓を大きく開けて寝るのが長年の習慣になっている）、さらに共用部分のサイケデリックな色使いときたら――このクルーズ船は1960年代のものだった。わたしたちのチームはレース前日の午後到着し、フライトでなまった足をほぐすために軽くジョギングをした。簡単なコース図をもらったけれど、誰一人としてコースの下見がそんなに重要だとは思わなかった。何と言ってもこれは世界選手権で、マークのある道を周回するだけの単純なコースなのだ。どうして問題が起こるはずがあるだろう？

レースは夜明け前の闇のなか、わたしたちの船からわずか数百メートル離れたドックの傍らでスタートした。わたしが穏やかなリズムに乗り始めたころ、前を走っていた人たちが突然足を止め、道の真ん中に立ち尽くした。誰も、どちらに行けばいいのかわからない。わたしたちを先導するはずのバイクが、行く方向がわからなくなってしまったのだ。わたしたちは正しい道を探し当て、急な曲がり角を曲がって進み、5キロの周回路に出た。100キロの残りの部分は、急なカーブや曲がり角、いくつかの坂道（小さな坂だったけれど、100キロのロードレースの終盤になってくるときつい）、ドック内のかなりでこぼこした道からなるこの周回路を走ることになる。レースの途中でクリップボードを手にした係員が現れて、選手たちを修正したコースに誘導し、それから本来のルートに連れ戻した。わたしたちが最初の急な曲がり角で道を間違えてしまったので、距離を修正しなければならなかったのだ。これはさらなるトラブルを招くことにしかならず、あのチームやこのチームから、うちの選手が余分な距離を走ったのではないかという主張が続出して対応に追われ、その晩の表彰式は何時間も遅れて開催された。この大失態の理由？　先導のバイクに乗っていたのは警察署長で、自分は打ち合わせの会合に行く必要はないと思っていたのだ。とんだお笑いぐさだ。

わたしはレースの大半はリードしたものの、2006年のような魔法を感じることはなかった。ゴールまであと10キロ程度の地点で、エリー・グリーンウッド（イギリスの選手でわたしの優秀なチームメイト）とモニカ・カーリン（2006年にわたしがデッドヒートを繰り広げた相手）のふたりに追い抜かれ、タイムは2006年より2、3分遅いだけだったけれど、3位でゴールに転がり込んだ。

アンナプルナ100

数週間後、リチャードからメールでアンナプルナ100への招待を受けた。アンナプルナ山群の山麓を走る100キロのレースだ。開催は2011年1月1日。またネパールに行って走れるなんて、これ以上の新年の迎え方は考えられない。わたしが行きたかった場所だし、参加する方法があると信じて疑わなかった。

全力を尽くしたものの、フライトにかかる費用を集めるのは絶望的に思えた。そんなとき、わたしは別の招待を受けた。今回初めて開催される香港100ウルトラトレイル[*9]で、時期は1月半ば。フライトの費用を一部負担してくれるという。これで決まった。

新年に100キロのレースに立て続けに出場するという挑戦に向けてわたしが行った準備は、普通ではとても考えられないものだった。12月にはサンフランシスコでザ・ノース・フェイス・エンデュランス・チャレンジ50マイルに出場した。このときは残念ながら2位に終わり、ももの裏側にはひどい内出血ができて（痛みを押して力走したせいでハムストリング筋が肉離れを起こしたため）、大西洋を越えるフライトのあいだ、時間が経つにつれて脚の下の方にまでじわじわと広がっていくようだった。

10日間走らずに休養を取ってから、間近に迫った100キロのレースに向けた即席の強化トレーニングを行い、その前後には、1日18時間費やしてオープン・ユニバーシティ〔イギリスの公立大学で、社会人に幅広く教育の機会を提供している〕のための原稿を書き上げようとした。そして、クリスマスなど関係なく働いてから数日後、大陸を横断する長くて眠れぬフライトの末に、わたしは、氷と雪に包まれた冬のアルプスから日光の降り注ぐカトマンドゥに降り立った。

ついにリチャードに会えた。それから、場違いだったかもしれないけれどサミット・ホテルで行われた記者会見に顔を出した。わたしをこのホテルに招待してくれたのは、当時このホテルのマネージャーだったロジャー・ヘンケだった。彼はラメシュ・バタチャンとともにレースディレクターも務めていて、今では良き友人だ。ロジャーと（そしてひざの切り傷と）一緒に観光がてら少しランニングしたのを別にすれば、次の日はサミット・ホテルの日当たりのいいテラスに座り、オープン・ユニバーシティの原稿を書き上げることだけに専念した。よく晴れた冬の日で、遠くの山並みがその神々しい姿をあますところなく見せていた。眠れない夜（地元ではグルン族のロサルというお祭りの最中だった）を過ごしたのちに1日かけてバスで移動し、湖のほとりにあるポカラという町に着いた。

アンナプルナ100は今回が5回目で、わたしは100キロ走にエントリーした唯一の外国人女性だったので、1位でもありビリでもあるという、栄誉なのかどうかよくわからない結果となった。長かったけれどすばらしい1日だった。でも、手の洗い方が不十分だったのか（あるいはドアノブにひとつ余計に触ってしまったのか）、次の日は何度も何度も胃の中身を空にする羽目になり、最後には吐こうとしても空気しか出てこなかった。何時間か寝袋にくるまって過ごしたのち、なんとか力を振り絞り、レースのときに泊まったホテルから、湖畔のもっと手ごろな値段のゲストハウスによろよろと移った。1日経つと回復し、地元のバスに乗ってベシサハールに向かい、すぐに5日間のアンナプルナ・サーキットのファストパッキング〔身軽な装備で山を走ったり歩いたりすること〕に行った。1月が始まったばかりのこの時期、ハイシーズンとは違って大勢のトレッカーが下って来ることはなかった。実にすばらしかった。孤独、考える時間、そして、その瞬間だけに存在する時間があった。わたしが見かけた人はほんのひと握りで、ほかの客のいないロッジに泊まり、キッチンでロッジの家族と一緒に食事をした。凍えるような夜明けから肌寒い夕暮れまで歩き通し、まるで動きながら行う瞑想のようだった。5416メートルのトルング・ラには、運よくまだ雪が積もっていなかった。プーン・ヒルでは美しい日の出を拝むことができた。わたしが泊まったのは歩いて2時間離れた人のいないロッジだったので、最初のうちは誰にも会わなかったけれど、この丘は絶景スポットで、登ってみると大勢の人々が集まって日の出を待っていた。突然現れた人の群れに恐れをなしつつ、わたしは空にあふれる色の洪水を眺め、何枚か写真を撮り、丘を下りて、ゴレパニ（集まっていた人々はここに泊まっていた）で待ちに待った朝食にありついた。ビレタンティまでの長い下りは、数日前のレースでもう通った道で、そこからは地元のバスに乗ってポカラに戻り、次の日にカトマンドゥに行った。

ささいなことを書き連ねてきたけれど、わたしはようやく、添乗員のいる至れり尽くせりのツアーではなく、自力でネパールを旅する方法がわかってきた。ここで過ごした日々のすばらしさが、今でも記憶によみがえる。牧歌的な山村の光景、峠に立ち風に吹かれて味わう孤独、はるか遠くにあるムスタンの広大な自然、家族で火の回りに腰を下ろして過ごす、分かち合いの精神にあふれた村の生活。サミット・ホテルでの別れの晩餐、ハグを交わしての別れ（なぜか、わたしはリチャードとロジャーにはまた会えると確信していた）、そして香港への短いフライト。対照的な光景が次々に目まぐるしく移り変わった。山のなかの大自然から、カトマンドゥの愛すべき混沌を経て、摩天楼のそびえる現代的な香港へ。各都市のあまりの違いに混乱しながら、わたしは腱炎（たぶん、村と村をつなぐ長い石段を下ったためだろう）を治そうと努め、なんとか間に合って香港の地で行われた初めての100キロ個人レースで優勝することができた。最高の新年の始まりだった。

◎第10章：24時間走り続ける

今日わたしたちの限界があるところは、昨日あったところとも、
明日あってほしいと願うところとも違うかもしれない。
でも、大切なのは今日だ。
そしていつの日か、もしかしたら今日にでも、
自分で思っていたところより遠くへ行けるかもしれない。

つかの間のジリ

ジュンベシを通り抜ける。ここは美しいシェルパの村で、ソルクンブ郡で最古のものとされる僧院がある。村の入り口にあるストゥーパをぐるりと回り、マニ車を回す。子供たちが遊んでいて、幸せな気分で「ナマステ」のあいさつを交わす。ここから松林を抜けてずっと上っていけばラムジュラ・ラだ。携帯の圏内に戻ったので、早速リチャードにメールを送り、進み具合を知らせる。返信を伝える着信音が鳴り、ほっとする。リチャードは借りたバスでウペンドラと一緒にジリに向かっている途中で、バナナブレッドを用意してくれているそうだ（わたしは、この前ロジャーにサポートしてもらったときよりも具体的に頼んでおいた）。リチャードが来る！　彼はどんな夜を過ごしたのだろう、やるべきことは無事終わったのだろうか。いろいろと頼んでしまったり、あと数日で彼の主催するムスタンでのレースが始まるというときに時間を割いてくれるようにお願いしてしまったりして申し訳なく思う一方で、彼に頼んでおいてよかった、という身勝手な気持ちもある。リチャードとウペンドラが一緒なら、この旅の最後の部分はきっと楽しいに違いない。

また着信音が鳴る。「ジリでカプチーノはどう？　フローサー〔ミルクを泡立てる道具〕を持ってきた」。メッセージを読んで笑みが浮かぶ。きっと大丈夫。

あとどれくらいで、そのコーヒーにありつけるだろう？　峠に積もっている雪は数週間前のトレーニングのときほど多くはないけれど、ケンジャへの下りは相変わらず長くてきつい。ランナーでない人は、下りは楽だろうと思いがちだけれど、この下りは2000メートル近くあり、しかもトレイルは岩だらけだ。石がごろごろしている道を歩くのは、へとへとになった足にとっては拷問だ。エネルギーを集中させて、前へ進むことだけに専念する。

今ではこのあたりのトレイルはすっかりおなじみになっていて、もう、意外なところで道が曲がっているなどということはない。デウラリまでの長い道をなんとか上りきったころ激しい雨が降り出し、そのなかをシヴァラヤまで駆け下りる。でも、今回は心が沈むことはない。今はずぶぬれになってしまうけれど、そんなことはかまわない。あと数時間でジリに着くし、そこではリチャードとウペンドラが待っている。

また着信音が鳴る——ジリから5キロのところでタイヤがパンクしてしまったそうだ。直るだろうか、それとも、わたしはこのまま走り続けて、ジリを過ぎたどこかでふたりに会うことになるのだろうか？　ふたりがどこにいようと、わたしにはできる自信がある。再会してから、その状況にどう対処するか決めればいい。また着信音。到着したそうだ。「嵐は過ぎた。ジリはさわやかだ」。よかった。ということは、あと少しでこの土砂降りから抜けられる。雨に濡れた村を走り抜け、橋を越え、最後の峠を目指してどんどん上っていく。雨は上がり、あと少しだ。リチャードが待っている、カプチーノとバナナブレッドにありつける、と思うと心がはやる。

このトレイルは、どこでどう曲がっているかも、どこにどんな溝があるかも、ひとつ残らず頭に入っている。どこで声が聞こえるかも、どこで民家や客のいないロッジを通り過ぎるかもわかる。かつてはこれがクンブに入る唯一の道だったけれど、ルクラに空港ができた今では、わざわざここを通る外国人はめったにいないし、わたしも外国人の姿はほとんど目にしたことがない。

頭にあるのはジリのことだけ。何かを食べたり飲んだりするために足を止めようなどとは思わない。あそこで待っているコーヒー、バナナブレッド、果物の方が自分のリュックサックに残っているものよりずっと心をそそるし、どこかで足を止めるなんて、時間の無駄になるだけだ。ただあそこに着きたい。嵐を抜け出せてよかった。進むべき道は簡単に見つけられる。ついに、森のなかを通る最後の下りに入った。開けたところはまだ明るいけれど、木の陰になっているところはどんどん暗くなっている。あと少しだ。

突然、足元の地面が揺らいだ。

わたしはまだ下に向かって進んでいるけれど、大地が崩れ落ちていくような感覚がして、トレイルも、それまでのようにしっかりと足を支えてはくれない。動きを止めて、地面に両手をつく。じっとしていると揺れはおさまった。それから先へ進む。

また同じことが起きた。

もう一度。

これは何だろう？　こんな経験は初めてだ。

心配になる。あともう少し。リチャードとウペンドラは、このトレイルが終わるところでわたしを待っている。たった10分か15分くらい先かもしれない。ふたりのところにたどり着けるだろうか？　たどり着けさえすれば、何が起きたのか突き止められるだろう。

全力を集中させる。わたしが森を抜けてジリに続くジープ道に出るまで、世界は真っ直ぐ持ちこたえてくれた。ふたりが待っているのが見える。きっと大丈夫。自分が別世界から現れた亡霊になったような気がする。35時間くらい自分の足で走り続けてジリにたどり着いたのだ。わたしと、わたしの小さなバックパックだけで。

ふたりのあとについてバスの駐車場まで行くと、ミニバスと運転手が待っていた。わたしはバスに飛び乗って、何日か前にリチャードのところを慌ただしく出るときに置いてきたバッグから着替えを引っ張り出す。リチャードが、ある茶店の2階を指さしてくれた。濡れた服を全部脱ぎ捨てて、完全に着替える。いい気持ち——また人間に戻れたような気分だ。テーブルの上に食べ物が並んでいる。パン、チーズ、オリーブ、バナナブレッド、フルーツジュース、それに、流しには水が張ってあり、ぶどうがいっぱい浸かっている。リチャードはわたしの希望を一字一句たがわずにかなえてくれたばかりか、それ以上のことをしてくれた。リチャードが泡立ったミルクのたっぷり入った熱々のコーヒーを差し出し、わたしは心からの感謝の念をこめて顔を上げる。

ここでのんびりしていたくなってしまう。乾いた服に着替えられたし、何時間もひとりきりだったあとで、友人たちと一緒にいられるのはすてきだ。でも、わたしがよく知るあの長い道が待っている。片づけ、すべての段取りの見直し、お店の人への支払いなどをリチャードに任せっ放しなのは気がとがめるけれど、時間は刻々と過ぎていく。わたしのやるべきことは、わたしを待ち受けている外の道にある。ここからはバスがついてきてくれるので自分で荷物を持ち運ぶ必要はなく、大きなハグをして別れを告げたあと、わたしは夜のとばりのなかへと足を進める。防水ウェアに身を包み、傍らにいるウペンドラとともに。

＊＊＊

4度目

2011年8月、嵐、そして気温30度という暑さのなか、このころにはすっかり習慣となった、UTMBのルートでの連日のトレーニングを済ませた。調子はよく、準備もできた。

レースの日がやってきた。朝には雷が鳴っていた。前の年のことがいろいろと脳裏によみがえってきて、休息する気になれない。あらゆる思いが頭のなかを駆け抜ける。やがて、レースの開始を5時間遅らせて午後11時30分にするという連絡があった。こうして時間が空いてしまったのは厄介だったけれど、わたしたちはどうにかスタートラインに立ち、激しく降りしきる雨にもかかわらず、当然ながら熱気に満ちあふれていた。

レ・コンタミンヌに向かう途中、雨で滑りやすくなったトレイルで転んでしまった。そのときはたいして気にならなかった。最初の高い峠を上っているときに雨がやみ、雲が切れた。その美しさに、すっかり打ちのめされた。2番目に高い峠で夜明けを迎えた。足元には氷、高くそびえる山々には雪、空には美しい光——美しい冬の世界だ。さっそうと峠を駆け下りてクールマイユールに向かいながら、ふと気づいた。かなり速いペースで進んでいるので、このコンディションでも24時間以内に完走できそうだ。でも、クールマイユールとラ・フリーのあいだで、転んだときの痛みがひどくなってきた。クールマイユールで取った食べ物はまったく食べていない。わたしは誤ったプライドから、マイク・フートのすぐ後ろを必死に走り続けた。ボナッティ小屋からアルヌーヴァに向かう途中でヘリコプターが頭上を飛んでいった。でも、ラ・フリーのスイス側の国境に着いたときにはマイクの姿はもう見えず、わたしのペースは歩くのとほとんど変わらないところまで落ち、どうやってこの先続けたらいいかわからなかった。

わたしは涙ながらにチェックポイントに入った。友人で当時ザ・ノース・フェイス社のマーケティング・マネージャーだったキース・バーンが、何が起きているのか突き止めようとしてくれた。キースは、クールマイユールで会って以来わたしがほとんど食べていないのを知った。痛み止めを飲んだかどうか聞かれた。飲んだことは飲んだけれど、まったく効き目がなかった。わたしは彼に言われるままに座り、しばらくじっとしていてから、彼が勧めてくれたおかげでようやく何か食べようという気になった。10分後、わたしたちは、次のチェックポイントのシャンペまでこのまま行ってみることに決めた。そこに着いたらまた改めて状況を判断すればいい。スピードが落ちたとはいえわたしはまだ1位だし、大幅にリードしている。失うものは何もなく、シャンペに行くのに必要な力さえあればいい。食べ物、痛み止め、10分間の休憩が功を奏した。シャンペに向かって走るわたしは別人になっていた。

それ以降は楽だったとは言えないけれど、あきらめるつもりなどなかった。夜の悪天候のせいでボヴィーヌの休憩所が被害を受けたため、コースが下のマルティニーに変更された。

このためレースの距離は170キロ以上になり、標高差もかなり増えることになった。キースは、ルートがマルティニーに変更になったことは教えてくれたけれど、距離と標高差も増えたことは言ってくれなかった。でもそれはあまりたいしたことではなく、痛みに負けずにこのレースを終えるというのがわたしのミッションだったので、何があってもきっと走り通せただろう。マルティニーを出て少し行ったところにつくられた急ごしらえのチェックポイントの外で、キースはバンをわたしに聞こえる距離のところで止めることができ——キースとわたしの両親（一緒に来ていた）がクイーンの「ドント・ストップ・ミー・ナウ」をかけてくれた。このときのわたしに必要な曲だったけれど、レースもこの段階までくれば、骨折でもしないかぎりわたしを止められるものはなかったはずだ。

そこからフォルクラ峠までは、長い長い上りだった。きついわけではないけれど、延々と続く。チームメイトのマイク・ウルフを追い越して、気分が沈むのを覚えた。マイクにとっては厳しいレースに違いない。もう遅い時間なのに、峠までの最後の数メートルでは道沿いに人だかりができている。ツール・ド・フランスでも見に来たかのようだ。トリアンまで下り、最後の大きな上りに入る。わたしの足取りは時が経つにつれてどんどん左右のバランスが崩れていったけれど、これだけの痛みに耐えたのだから今さら追い抜かれてたまるものか、と固く心に決めていた。ついにシャモニーにたどり着いた。かなり斜めになった体勢で。

わたしは、2位の女性よりも3時間近く早くゴールラインに着いた。これが4回目の優勝だった。

24時間のロードレース

24時間。そんなに長いあいだロードレースを続けるなんて、そもそも考えられるだろうか？　そのレースに出ないかという話が初めてあったのは2006年で、寒くて風の強いなか、グロースターの英国空軍基地を何周も走った、わたしにとって2回目の100キロメートル走のときだった。でも、わたしはあまり真剣に考えはしなかった。そのときも、あとになってからも。

2011年、国際的な陸上競技のコミュニティーで山岳ランニング、トレイルランニング、ウルトラランニングを促進する試みのひとつとして、英連邦選手権が開催されることになった。この種の大会はこれが2回目で、今回は山岳ランニング、53キロのトレイルレース、そして24時間のロードレースが含まれていた。わたしは夏のあいだずっと山のなかでトレーニングをしたりレースに出たりしていて、その頂点があの距離の伸びたUTMBだった。この大会はそれからわずか数週間後で、わたしはその後直接ネパールに向かい、グレートヒマラヤトレイルでの挑戦を行う予定だった。英連邦選手権は途中の用事のひとつにすぎず、荷物をバッグに詰めて人里離れた大自然のなかのヒマラヤのトレイルでの挑戦に向かう前に、片づけるべき仕事がもうひとつできた、というところだった。

わたしはトレイルランニングと24時間走の両方に選出され、ほかの女性の出場権を奪うことにはならないという確認が取れたので、どちらに出るか、ぎりぎりまで決断を延ばすことができた。

ほとんどの人は、わたしがトレイルランニングを選ぶと思っただろう。夏の山岳レースを終えてからは調子がよく、距離が伸びたUTMBで優勝したあとにはたっぷりと（3週間）休息を取り、いい走りをして表彰台に立てる可能性は十分あったはずだ。

でも、わたしは何か新しいことに挑戦したい気分だった。それは好奇心、未知の領域で自分自身に挑戦してみたいという願望だった。自分にはまったく何も期待していなかった。どうして期待できただろう？　これまでに出場した最も長いロードレースは7時間半だった。夏のあいだはずっと山岳トレイルを走っていた――わたしの競争相手が集中的に行っているようなな典型的なトレーニングとはまるで違う。そんなに長い時間道路を走ったら自分の体がどんな反応を示すか見当がつかなかった。正直なところ、わたしはこの選手権に対しては、感情的にも精神的にも、特に何の思い入れもなかった。レースに出る機会がある。それだけだ。わたしの体と心が見据えていたのは、ネパールで待ち受けている、それよりもはるかに心が躍り、はるかに身のすくむような挑戦だけだった。それに比べれば、ほかのものは何もかも色あせて見える。このレースは、その前に済ませる最後の一仕事にすぎなかった。

アルプスから戻ってロンドンで1泊し、それから電車に乗って北ウェールズのスランディドノに向かった。これは、もっと若いときに、スノードニアに行く前や、コンウィに住んでいるロブとその妻ネティを訪ねるときなどに、何度もたどった道のりだ。今回は町に滞在するだけなので変な感じがするけれど、時間がないし、行くのはレースに出るためだけだ。駅からは、イングランド陸上競技連盟が手配してくれたB&B〔朝食付きの手頃な値段の宿。ベッド&ブレックファストの略〕まで歩いた。途中でスーパーマーケットに立ち寄り、簡単な夕食と、次の日のレースに必要なものを少し買った。

走るときのユニフォーム一式を受け取り、イングランドの24時間チームのメンバーと簡単な顔合わせをした。自分ではサポーターをお願いしていなかったけれど、チームメイトの夫がわたしのサポートもしてくれることになった。ありがたいことだ。

夜には部屋で簡単な夕食を食べ、ひとり静かに過ごした。レースの前はいつもそうしていた。自分の内面に集中する時間が必要なのだ。あまりたくさん話したり人と接したりしているとエネルギーを消耗してしまう。夜が明け、ゆっくりと朝食を食べる……昼のスタートまでどうやって過ごせばいいのだろう？　レースが朝に始まるときは簡単だ――眠り（断続的でもいい）、起き、レース用のウェアを着て、朝食を食べ（わたしはレース開始の2時間前に食べるのが好きだ）、スタート地点に行く、それだけだ。任務完了。昼に始まるレースはもっと厄介で、空き時間がありすぎて無人地帯に取り残されたような気分になってしまう。B&Bの脇に1カ所だけあった芝生に静かに腰を下ろし、考えをまとめようとした。少し現実離れしたような気分だ。自分たちがもうすぐ英連邦選手権に出場するなんて信じられない。

遊歩道まで歩いていき、朝のにぎわいのなかを忙しそうに行き交う人々を眺めた。スーパーマーケットを見つけ、ミルク入りのコーヒーを1リットル買い、レース用の補給食に加えた。せわしない店にいるのは、なんだか場違いな気がした。わたしは既にイングランドのユニフォームを身に着け、これから24時間走ろうとしているのに、列でわたしの次に並んでいる人たちは、もうじきレースが始まろうとしていることすら知らないのだ。わたしは朝の買い物をする人たちに交じり、異なる世界が奇妙にぶつかり合うなか、大通りをゆっくりと歩く。こうしていると、新しい展望が開けてくる。そう、わたしはもうすぐ選手権に出場し、これまでの探索の限界を超えて走ることになる。それなのに、この町ではそのことを知っている人すらほとんどなく、日常生活がいつもどおりに進んでいく。レースの途中で何が起きようと、そんなことは重要でも何でもなく、ありふれた1日に、ありふれた状況のなかで起きた出来事のひとつにすぎない。

ゆっくりとスタート地点に向かう——何の変哲もない、500メートルの長さの片側2車線の生活道路だ。各方向の1車線がわたしたちのために通行止めにされ、住宅に面した側の車線は地元の住人が使えるようになっていた。レースのコースは単純な時計回りの周回路だった——道路の片側を500メートル走り、中にタイミングケーブルの入ったバンプで折り返し、反対側を500メートル戻り、もうひとつのバンプで折り返す。車線と車線のあいだを区切っているのは細長い草地で、そこに仮設トイレがいくつか設置され、サポート用のテーブルが置いてあった――テーブルは各国がそれぞれ用意していた。
レース、しかも選手権のレースにはそぐわない、意外な環境だった。ごくありふれた道路で、ごくありふれた9月のどんよりとした1日だった。

1周また1周

昼の12時になり、ついにわたしたちはスタートラインに立った。とてつもなく変な感じだった。わたしは、24時間（あるいはもっと長い時間）かけてA地点からB地点まで走るなら、あるいは大きな円を描いて出発地点に戻る旅をするなら、まったく平気だ。でも、今回は全然違う。自分が24時間走り続けることはわかっているけれど、1周1キロの周回コースのなかを走り続けるなんて、意味がわからない。そんなこと、わたしにできるだろうか。目の前には未知の領域が広がっている――身体的にも精神的にも。目的となるゴールラインがなく、単に決まった時間走り続けるレースは、これが初めてだ。これまでとはまったく違う、精神的な試練。集中力を保つのがどのくらい難しくなるのだろう？

チームメイトのひとり、シャロン・ゲイターは、2年前に行われた前回の英連邦選手権の24時間走で金メダルを獲得していて、チームの打ち合わせのときに、ゆっくり走るようにと忠告してくれた。でも、わたしはそれが不安だった。十分に抑えたペースで走れるかどうか、時速10キロ未満で走れるかどうかさえわからなかった。

出だしは苦痛を感じるほどゆっくりで、ゆっくりすぎて落ち着かなかった。週末の気楽なジョギングのような感じだ。1、2周してから気づいた。この「分別のある」、あるいは望ましいとされるペースから自由にならなければ。あとほんの少し速く走った方が自分にとって心地いいなら、絶対その方が楽なはずだ。

時間は過ぎていった。

あの人やこの人としばらくのあいだ並走し、気楽な会話をした。初めのうちは時折足を止め、バナナブレッドを半切れやチョコレートミルクを1杯頼んだ。栄養補給についての戦略はなかったけれど、わたしは多くのウルトラランナーとは違って走っている最中に気分が悪くなることはめったになかったので、感覚に任せて、必要なものを必要なときに飲んだり食べたりする方が好きだ。だからこのときも、ただいろいろな食べ物を用意しておいて、自分が欲しいと思ったものを欲しいと思ったときに口にするようにした。レースの序盤では、食べ物はどちらかと言えば気分転換や楽しみ、時間の区切りになるものだった。このようなレースは、準備するのは簡単で、各国がテーブルを出して各選手が必要とするものをすべて用意しておき、1キロごとにそこを通り過ぎるわけだから、わたしは何を頼むかしばらく考えて、それから頼み、それから（普通は）次かまたその次にそこを通り過ぎるときに受け取った。簡単だ。長距離を走る山岳ランニングや遠征のときのように、食べ物を持ち運ぶ必要もなく、先のことを考えておく必要もない。

時間が経つのがどんどん早くなり、わたしの足は穏やかで安定したリズムを刻み続け、世界は縮んでこの500メートルの長さの道路がすべてになった――片側を行き、反対側を戻る。1周また1周と。

見物人が来ては去っていった。午後が過ぎて夜になった。あたりは暗くなった。この日はわたしの両親が来ていて、夕方に現れ、しばらく見てから町へ何か食べに行った。ふたりは一晩泊まって明日の朝また来ることになっていた。夜はどんどん更けていく。もともと少なかった見物人はますます少なくなった。それでもわたしたちは粛々と、1周また1周と走り続ける。ふと、ここに住んでいる人たちにとってはどんなに奇妙に見えるだろう、と思った――1日中働いて帰宅し、食事をし、カーテンを閉め、一晩眠り、目覚めてみると、あの変な人たちがまだそこにいて、1周また1周と走っているのだ。

わたしは何度も何度も追い抜いたけれど、自分が何周走ったのか、どのくらいの距離を走ったのか、自分が全体で何位なのか、まったくわからなかった。何周走ったか覚えていることなんてできないし、どのみちどうでもよかった。わたしは走ることにすっかり没頭していた。1歩1歩、また1歩。1度に1歩ずつ、それ以上考える必要はない。

ネパールのことも、まだ残っている準備や手配のことも、いったんおあずけ。これまで忙しかった長い夏も、今はどうでもいい。わたしはこのレースという体験のただなかにいて、わたしのすべては、止まる時間が来るまで進み続けるという、ただそれだけに集中していた。

1周また1周。1周また1周。

12時間ずっと進み続け、その時点で少しぜいたくをすることにした――2分間の休憩だ。自分で課した制限時間はあるけれど、これだけ短い時間ではあっても完全に動きを止めるのはいいことで、揺さぶられ続けていた内臓がしばらく休めるし、足も頭も同じだ。それから、自分を再び送り出す。夜のなかへ、そして、1周また1周と際限なく続く単調なコースへ。

1周また1周。

夜もだいぶ更けたころ、もっと正確に言えば早朝だけれど、次の4周をある時間内に走ればI00マイルの世界新記録になる、と言われた。そのようなことを言われたらどうする？そんな記録がどういうものかすらまったくわからなかったものの、わたしは何も知らないのんきな状態から突如として覚醒した。世界記録に手が届くかもしれないのだ。好奇心に駆られ、できるかどうかやってみることにした。ペースを上げ、歩きに近いゆったりとしたジョギングから、傍目にも走っているとわかるような速さにした。まだまだゆっくりだったかもしれないけれど、24時間走で14時間以上走ったあとではかなりの労力が必要だった気がする。数メートル進むと足がもっと速く回転するようになり、そうなると、もっと速く動けるようになって安心したくらいだ。突然わたしが奨励できないスピードで走り出して追い越していくのを見て、ほかの選手たちがどう思ったかは推測するしかない。でも、ほかの選手たちにも話が伝わり、わたしの不可解な行動の理由がみんな次第にわかってきたようだ。レースの担当者たちも眠りから覚め、わたしは気持ちよく過ごしていたが、そのころになって勘違いだったと伝えられた――世界記録ではなく、イギリスと英連邦の記録にすぎなかったのだ。せっかく頑張ったのに。わたしの走りが元の穏やかなリズムに戻るまでにはしばらく時間がかかり、見ていた人にはおもしろかっただろうと思う。少し何か食べようとしたけれどなかなかのどを通らず、メロン少しと砕いたウィータビックス少しがせいぜいだった。

レースも後半に入ると、足を止めるのはときどき仮設トイレに駆け込むときだけになり、勢い余ってトイレを倒さないようにするのに苦労した。なんだかトイレがぐらついているような気がしたけれど、それは自分が久々に動きを止めたせいでふらついていたためもあるかもしれない。

ときにはサポートのテーブルで30秒くらい足を止めて何か食べはしたが、レースも終盤になってくると、いったん止まったあとでまた動き出すときの方が、動き続けているときよりも手足や関節が痛むので、わたしは動き続けた。同じように、このころになってくるとどんなペースで動いていても体がかなり痛いので、ゆっくり進むより、もっと速く進んだ方がいいだろう、と思った。目指すべきゴールラインがあったなら、これが理にかなっているのは明らかだ。でも精神面から言えば、それがこのレースの奇妙なところだった――目的はただ、24時間のあいだ、できるかぎり懸命に速く走ること。このような状況では、懸命に速く、というのは相対的な意味だ。

1周また1周。

チームメイトの夫グレアムは、わたしのサポートも快く買って出てくれたが、あとで、わたしの走る姿を眺めるのは稀に見る経験だった、と言った。「あの走りっぷりはもちろんだが――瞑想を教える身として、わたしはリジーの精神力と集中力、そしてその状態をどれほど長く保てるかに、すっかり驚嘆した」

灰色の朝を迎え、ごくありふれた道路のごくありふれた1日がまた始まった。だからといって、気分が改めて高まったわけでも、エネルギーが新たにわいてきたわけでもない。それにはあまりにもどんよりとしていて陰鬱だった。けれども、朝が来たということは、この奇妙な実験も最終段階に差し掛かったということだ。残りはたった数時間。夜のあいだに負傷者が去り、選手の数は減っていた。わたしの足はわたしを運び続け、まだ規則正しいリズムを刻んでいる。わたしは自分がしていることのただなかにいる。あまり考えず、ただその場に存在するだけ。

最後の1時間になって、わたしの走った距離は世界記録を更新した。18年間破られなかった記録だ。パラパラと拍手があり、わたしは走り続けた。これはアンチクライマックスだったけれど、わたしたちの24時間が終わる正午まではまだ間がある。集中力を保ち、前に進むことに専念しなければならない。ゴールは24時間なのであって、恣意的に決められた距離ではない。時は刻々と過ぎていく。やがて、各ランナーにビーンバッグが渡された——24時間の終わりを告げる銃声が聞こえたら、止まって、そのときいた地点にそのビーンバッグを落とす。それをもとに、わたしたちの走った最終的な距離が公式に記録される。さらに、わたしの1歩後ろからは公式のジョガーがついてきて、わたしが止まった地点から何メートルも先にビーンバッグを放り投げることのないよう見張っていた（のだと思う）。

待ちに待った瞬間がやって来た。銃声が鳴り響き、わたしたちはトラックのなかで足を止めた。わたしは持っていたビーンバッグを落とした。このときのビーンバッグは今もまだ持っている。わたしの記録は247キロメートルで、圧勝だった。これほど奇妙な終わり方をしたレースはなかった。なんだか戦場のようなありさまだった——がっくりとひざをつく人もいれば、そのまま道に寝転ぶ人もいて、動きが突然止まったことに体がついていけないようだった。また、恐ろしい事故に遭った負傷者のように運んでいかれる人もいた。大げさかもしれないけれど、これがわたしの記憶に刻まれた印象だ。

わたしはゆっくりとサポーターのテーブルに歩いて行った。これからどうしよう？

道端で簡単な式が行われ、わたしは両親をハグし、そのまま解散になったようだった。わたしは最後にもうひとつやることがあった——ドラッグテストだ。救護車の傍らに腰を下ろしているあいだ、目の前ではレースが行われた証拠が解体されていった。わたしがその場を去るころには、この道路は、何の変哲もないいつもの生活道路に戻っていた。

ときには、最もありふれた日に最もありふれた場で、とてつもないほどの出来事が起こることもある。

わたしはゆっくりと歩いてB&Bに戻り、温かいシャワーを浴びた。取り立てて言うほどのことは何もなかった。その晩には多少長めの表彰式が行われ、翌朝わたしはトレイルレースのサポートに行き、それからネパール行きのための買い物リストを手に、両親と一緒に車でロンドンに戻った。

一仕事片づいた。今度は、アルプスに戻り、手はずを整え、ネパールに行くために荷造りをして、その地でわたしを待っている挑戦に備えるときだ。

走ることによる体と心の調和

自分が走っているときにどんなことを感じているとしても、一歩離れてほかの人たちが実際に目にしたものについて語るのを聞くと、新たな知見が開けることがある。よく言われるのは、わたしが走る姿は見ていて美しい、ということだ。たぶんそれは、走ることがわたしにとっては自然な動きであることと関係しているだろうし、それに、自分にとって心地よいなら、傍からも優美に見えるに違いない——実際には必死でも、楽々と行っているように見えるのだ。

わたしが24時間走で世界記録を出したときのグレアムのコメントに話を戻すと、その優美さは、体と心が一点に集中して調和していることとも関係があるに違いない。走るたびに毎回そうした境地にたどり着くとは限らなくても、その可能性はあり、とりわけ挑戦、準備、実際の走りのすべてがうまく協調したときにそれが当てはまる――レースの最中のこともあるが、そうでないときも多い。そして、その可能性があるだけでも、走る理由としては十分なのかもしれない。

仏教の僧たちが行う修行のひとつに精神修養があり、選択した物事に対する集中力を一定の期間保てるようにすることを目指して、長年にわたって行われることも多い。瞑想するラマ僧の姿を見つめることは、集中した体と心の完全なる調和を見ることにつながる、と言われている。

グレアムは、あの24時間走の最中にわたしの走る姿を眺めるのは、その集中した体と心の完全なる調和に類するものを見るようだったと述べ、「仏教では、サーダナーという日々の修行のひとつとして、集中力を高めるために走ることがある。リジーが行っているのはその逆だ――彼女は傑出した精神力と集中力を用いて、自分の走りを高めている。それを目にするのはすばらしい」と言った。グレアムのいうサーダナーに、わたしは長いあいだ魅了されてきた。

そのような修行のひとつが回峰行だ。仏教で精神修養のために行う一連の苦行で、日本の京都近くにある比叡山で「マラソン修行僧たち」[*1]により行われる。回峰行とはその名のとおり山々を巡って行う修行であり、現世で悟りを開きたいという願いの究極の表れとされている。回峰行を修了するには、7年間にわたる1000日間の修行が必要だ——最初の年は100日のあいだ毎日マラソンに近い距離を走ることから始め、7年目になると84キロを100日間走り、それに続く100日間はまた毎日マラソンに近い距離を走る。1885年以来、千日回峰行を成し遂げた者は46人だけで、そのうち3人は2回成し遂げている。強靭な精神と肉体による、想像を絶するほどの偉業だ。

チベットにも、これと似た「ルン・ゴム・パ」という奥義がある。ドイツ生まれの仏僧で1947年にチベットを旅したラマ・アナガリカ・ゴヴィンダは、著書『*The Way of the White Clouds*（白い雲の道）』のなかで、この言葉を次のように定義している。「ルン」は物理的および精神的な現象の両方（仏教では、両者の区別は幻想でしかないとされる）を指し、風と、生命のエネルギー（ヨガでいうプラーナ）の両方を表す。「ゴム」は、瞑想または集中した状態を意味する。だから、「ルン・ゴム・パ」は、瞑想に集中し意識的に呼吸することを通して、自分の精神的なエネルギーを制御する方法を修得し、それによって知覚される身体の限界を超越した者、ということになる。伝説によると、彼らは48時間休まずに走ることができ、1日に200マイル以上進めたという。

フランスの探検家アレクサンドラ・デビッドニールは、著書『チベット魔法の書』のなかで、自分が目にした僧について次のように述べている。「馬よりも足の速い」その男は、「地面から浮かんでいるように見え……その足取りは、振り子のように、規則性を持っていた……男はトランスに入っていたようだった」[*2]（『チベット魔法の書』林陽訳、徳間書店、1997年による訳をもとに、一部改変）。彼女の本には、ほぼ千年前チベットに存在した、最も有名なヨギで詩人のひとりであるミラレパについても記されていて、彼は「黒魔術を学ぶ前にはひと月以上かかった距離を、数日間で走破した。彼によれば、『内部の気』の制御によって、これが可能になる」（『チベット魔法の書』林陽訳をもとに、一部改変）という。このような身体の修行（ヨガを含む）は、当然ながら運動能力とは無関係であり、あらゆる点で精神修養の賜物である。

わたしは、自分の集中力がずば抜けているなどとはとても言えない。瞑想していても、いまだに雑念が浮かんだり、とりとめのない考えに翻弄されてしまったりする。それに、わたしの希望や夢や情熱と、わたしの実際の考えや行動や感情との落差に葛藤し、自分を見失うこともたびたびある。何かを頭で「知り」そのことについて書き表す方が、そのことを感情で「知り」実行するよりも簡単なことがある。それでも、仏教を教えるペマ・チュードゥンが言うように、「この厄介で何もかもあいまいな思い……確固としたものが何もない日々の混沌の中に、まさに智慧がある」[*3]（『すべてがうまくいかないとき』ハーディング祥子訳、めるくまーる、2004年。語尾のみ変更）

走るときに自分の精神力と集中力を制御することができれば、わたしの挑戦は、いかにそれを導いて日常生活にいい影響をもたらすようにするかを学ぶことだ。そこにこそ、わたしが日々走る価値がある——健康な体をつくりバランスの取れる点を教えてくれるのとはまた別に——走ることが、毎日学び、成長し、変化する機会をわたしに与えてくれるのだ。

◎第11章：カトマンドゥの道中

自由を求めようとして、どこか遠い地に渡る必要はない。
それはすでにあなたの身体、心、魂に存在しているのだから。
――B・K・S・アイアンガー、『アイアンガー　心のヨガ――人生に光を灯すために』
（『アイアンガー　心のヨガ――人生に光を灯すために』柳生直子監訳、白揚社、２０１１年）

ラモサングへ向けて

わたしたちはジリをあとにした。仲間がいるのはすてきだ。２組の足跡が道に時を刻んでいく。コーヒーとケーキが効いたのだろうか。もう、足元の世界が崩れていくような感じはしない。続けられそうな気がする。夜のあいだもいいペースを保ち、雨は降っているけれど、楽に進めている。バスは、先に行っては待ち、また先に行っては待つ、ということをくり返す。まずバスが数キロ先に行き、わたしたちが追いつくのを待つ。タマコシ川までずっとそんな感じだ。それから、ウペンドラとわたしは、道が大きく曲がっている部分を突っ切り、小さなトレイルをあちこち少しずつたどって近道をすることにした。今はトレイルに戻って急斜面を上っているところで、走らずにひざに手を当てて進めるのでひと息つける。自分がこの前どの道を通ったか正確には思い出せないので、ただあちこちのトレイルを少しずつ通り、ベストを尽くすことにする。楽しいし、単調な道からしばらく離れられるのは大歓迎だ。ときどき元の道路にぶつかるけれど、リチャードは毎回わたしたちがどこにひょっこり現れるか直観的にわかるようで、バスで先回りして待っていてくれる。こんなふうに進んできたけれど、とうとうここからは、ウペンドラとわたしは道路を離れ、ムデに続く古いトレイルを改めて見つけなければならない。

でも、なかなか難しい。わたしたちのどちらも、小屋の集まりのどれがこの前通った道の目印なのかはっきりと思い出せず、もう夜も遅いので尋ねる相手もいない。ここから数時間かかりそうなので、わたしはまた荷物を背負い、水を少し飲んでバナナブレッドを2切れ食べる。ウペンドラも同じことをする。ムデに着くまでは、これで持たせなければならない。朝食のころには着けるといいのだけれど。リチャードも、そのころには待っていてくれるだろう――リチャードとバスも、着くまでしばらくかかるはずだ、道路はここを大きく迂回して伸びているのだから。近道すれば、その道が正しければ何時間も節約できる。わたしも、近道のコツがだんだんわかってきた。方向と行先がわかっていれば、ちゃんと道を見つけられる。

うまく川に下れる道を見つけ、空には光が戻ってきた。思ったより時間がかかり、ムデまでの上りの最後の部分はこれまで以上に長い。疲れが忍び寄ってきた。残りがどれだけ長いかはよくわかっている。長い道のりだから、残っている力をありったけかき集めなければならない。

村に着き、しばらく腰を下ろすことができてほっとした。食べ物にもありつけたし、泡立ったミルク入りのコーヒーも飲める。少しのあいだ、縮こまった足を空気にさらしてみる。こうすれば、再び走るための活力が集まってくるかもしれない。わたしはひとりで出発した。ウペンドラは、しばらく睡眠と休息が必要だ。わたしの足は疲れていて、道路が硬く感じられる。リズムに乗れるだろうか。どうすれば気がまぎれるだろう？　自分自身に言い聞かせてみる。ラモサングまではずっと下り。簡単なはず、でしょう？　それでも、下りはまだ何キロもあり、容赦ない道だということは承知している。バスは、食事休憩のあとを片づけて改めてすべての段取りを整えてから、わたしを追い越し、なかからリチャードが飛び降りた。一緒に走ってくれるのだ。彼がそうしてくれるなんて思ってもいなかったので、心がすっと軽くなる。彼と一緒にいられてうれしい。疲れているし、これから先の距離を考えるとたじろいでしまうけれど。

ときには並んで走り、ときにはわたしがあとになって、彼のリズムに合わせ、彼から力を分けてもらう。追い越していくバスに道を譲るために時折テンポが乱れるけれど、わたししたちは進んでいく。下る途中では大きなカーブがいくつも続き、わたしたちはところどころで長いジグザグの遠回りになっている部分を突っ切って近道し、そのたびに、わたしはほっとする。トレイルは足に柔らかく、道路を走るときの延々と続く単調さからしばし解放される。

やがて谷底の橋にたどり着いた。ここを渡ればラモサングだ。男性陣はここでダルバート[*1]を食べることにした。わたしは軽食を食べて新しいTシャツに着替える。これで自分の足取りにも新たな力が加わるといいのだけれど。しばらくはうまくいきそうだ。リチャードは、あと数キロわたしと一緒に進んでくれる。今いるのはアルニコ・ハイウェイ、わたしたちを家に連れていってくれる道路だ。リチャードがバスで休憩しているあいだ、わたしは何キロ進んだか数え始めた。道路脇に1キロごとに立っている白い柱が目印になる。ときどき数え落とすことがあり、思っていたより数キロ先に進んでいることがわかるとうれしくなる。道のりを細かく分け、自分をなだめすかして1キロ、それから次の1キロ、さらに次の1キロを進む。すっかり集中していたら、すぐ前の岩にリチャードが座っていたのでびっくりした——彼のカメラが、驚きながら微笑むわたしの表情をとらえる。それから橋を渡って最後の長い下りを進み、町を抜ける。お茶を飲める場所でひと休みする。順調だ。

この道は、上りが30キロずっと続く。残っている気力をかき集め、一点に向けて集中させる。ウペンドラと一緒に出発し、延々と続く上りに入る。うまく流れに乗っている気がする。速く走ってはいないけれど、同じペースで着々と進み、何キロもの距離がわたしたちの足の下を飛ぶように過ぎていく。中間地点に着いたときは驚いたくらいだ。本当にこのまま楽に進めるんだろうか？　リチャードとウペンドラが交代し、わたしはリチャードについて走る。また彼のリズムに乗り、懸命に集中し、彼から数歩以上は遅れないようにする。平坦な部分は終わり、道は再び蛇行しながら続く容赦ない上りに戻った。前半があんなに楽だったのがうそのようだ。わたしの記憶では、ここは絶対にこんなに長くなかったはずなのに。聞き分けのない子供のように、「あともう少しで着くんじゃない？」とリチャードに尋ね続ける。「あと少しだよ」と答えてほしくてたまらないけれど、彼がそう答えられるのはまだまだずっと先だ。この区間は夜しか走ったことがなかったので、強い日差しのなかにいる今になって初めて、どんなに長いか気づいた。何度もバスに乗ってジリに行ったことがあるのだからわかっていてもいいはずだったのに、論理的に考えることができなかったのだ。わたしは愚かにも、山の上の町に着くまで、足を止めずに一気に行けそうだ、などと思ってしまう。リチャードに向かって、「今足を止めたら倒れてしまうかも」というようなことをつぶやいた。体というのはおもしろいもので、自分で思っているよりもはるかに先へいくことができる一方で、動きを止めたとたん、尋常ならざる努力をしていたことに気づいてすべてが崩れ去ってしまうこともある。上っている途中でそんなことになってほしくない。でもリチャードは、わたしがあとどれくらいかと何度も尋ねる合間につぶやいた勝手な理論など気に留めず、道がカーブするところに停まっていたわたしたちのバスに次に追いついたとき、わたしを止めた。そしてアップルデニッシュを渡してくれた。彼がバッグに入れて持ってきた食べ物で残っていたのはそれだけだった。体じゅうに染みわたる糖分が心地よい。再び進み始めると、調子がずっとよくなっているのに気づいた。彼が正しかった、休んだ価値はあった。さらに数キロ進み、休んでおいてよかったと思った。この上りは果てしなく続く。わたしは相変わらず折を見て尋ね続ける。「もうそろそろ着いてもいいんじゃない?」リチャードはうんざりしていたに違いないけれど、ついに、あと何度か曲がれば山の上の町だよ、と答えてくれた。やり遂げられる。わたしたちはひなびた町に行き着いた。

最後の休憩地点。手持ちの食料は急激に減っていくけれど、今はこれでいいはずだ——あとはたった30キロ下ればいいだけ。腰が痛みで悲鳴を上げている。去年の、腰・腰筋・ハムストリングのトラブルのときと同じだ。リチャードに頼んで、痛みが来ているところを肘でぐっと強く押してもらったら、それが効いたようだ。夜が近づき、気温が下がってきた。暖かい服をもう1枚着て、先へ進むときだ。ウペンドラと一緒に、(相対的に)速いペースを保つ。延々と続いた上りで疲れたことなど忘れてしまう。こんなに楽でいいのだろうか?そのまま先へと進んでいく。

＊
＊
＊

グレートヒマラヤトレイル

ヒマラヤでも特に高い峰々のあいだを蛇行しながら伸びるトレイルを見つけることを想像してみてほしい。山々を歩き回るのが好きな人にとっては「シャングリラ」だ。展望と情熱と献身によって、この夢は構想となり、構想は現実となった。グレートヒマラヤトレイル（GHT）[*2]の誕生だ――世界で最も高い所にある最も長い「トレイル」のひとつで、人里離れた険しい山岳地帯を通る、いにしえの交易路と巡礼路を結んだ道だ。このルートを開拓したのはロビン・バウステッドを中心とする人々で、長年にわたる調査ののちに、GPSで綿密な記録を取り細かい点を調べながら、6カ月かけて踏破した。

エベレスト・ベースキャンプからカトマンドゥまで初めて走って戻ったあのときから、わたしは別の旅をしたいと強く願っていた。それも、もっと長い距離で、山の高いところだけをたどる旅。そのような旅がどんな形になるのかは想像できなかったけれど、クレイン兄弟がカンチェンジュンガの手前からナンガ・パルバットまでヒマラヤを横断した旅のことは念頭にあった。[*3]もっと高いところだけを通り、8000メートル級の14の山のベースキャンプをすべて通るルートでそのような旅をすることは可能なのだろうか？　そのころのわたしはグレートヒマラヤトレイルのことなど何も知らなかったけれど、それこそが、わたしがずっと思い描いていた旅が現実になったものだったのだ。

それがわたしの夢となったのは、2010年初めにリチャードからのメールを受け取ったときだった。リチャードは当時、このトレイルの開拓に関わった組織でマーケティング・プロジェクトの仕事をしていて、「美しく、厳しく、困難で忘れがたい旅」になるだろう、と考えていた。わたしたちはメールのやり取りを続け、ついに、2011年のUTMBを控えた午後、わたしはベッドで休みながら、レースに集中できずに、リチャードとロジャーにメールを送って尋ねた。わたしは絶対にグレートヒマラヤトレイルに挑戦するけれど、手伝ってもらえる？　このプロジェクト、わたしの「スカイ・ダンス」には、北ウェールズのあの生活道路を24時間行ったり来たりしたあとで挑戦することにしていた。

リチャードに手伝ってもらい、カトマンドゥを出てカンチェンジュンガ・ベースキャンプまで行った。でも、挑戦を始めてわずか数日しか経っていないときに、カンチェンジュンガとマカルーのあいだにある地域の、トゥダム村とチャムタン村のあいだの森で道に迷ってしまった。それ自体はたいしたことではなく、ちゃんと正しい道に戻れて、余計な時間を費やしただけで済んだ。でも、すべての通信手段と、苦労して手に入れた、この旅全体の許可証をなくしてしまった。やめる以外の選択肢はなかった。[*4] この旅では、自分の謙虚さと勇気と情熱のすべて、さらに、何が起きても冷静に根気よく対処しようとする分別ある態度が必要になるという覚悟はしていた。そのとおりだった。

これはまだ終わっていない物語で、いつかまた別の機会に語ることになるだろう。

挑戦が頓挫したあと、わたしはカトマンドゥにいて、さまざまな感情が入り乱れて途方に暮れていた。謙虚になり、傷つき、途中でやめることになったのは悲しかったけれど、生きていることの真の喜びを感じ、友人や家族のサポートを心からありがたく思い、まったく知らない人とのあいだに生まれた貴重な絆に感謝の念を抱いた。わたしはまだヨーロッパにそのまま戻る気になれず、山に戻って、天空を行くトレイルをまた走りたいと強く願っていた。フランス人ジャーナリストのブリュノ・ポワリエはヒマラヤを走るベテランのランナーでもあり、もう何年ものあいだ、ネパールで数日かけて行うすばらしいレースを主催していた。わたしはそのレースの継続招待を受けていた。彼が主催するエベレスト・スカイレースは、わたしがカトマンドゥに戻った1週間後に始まることになっていた。リチャードはジャーナリストとして行く予定で、わたしも行ってもいいのではないだろうか。これは、わたしが山に戻るチャンスかもしれない。

美しくも厳しい旅だった——ロールワリンの荒野を抜け、畏怖の念を抱かずにはいられない5760メートルのテシラプツァ（レースには含まれない）を越え、レンジョ・ラ（5300メートル）を越え、チョ・ラ（5420メートル）を過ぎてカラパタール（5643メートル）へ上り、アマ・ダブラムのふもとの村、パンボチェへと下る。ゴーキョまではずっとリードしていたけれど、スカイ・ダンスへの挑戦で既にかなり体力を失っていたのと、クンブ咳にやられたせいで、結局ジョルビル・ライとディーパク・ライに抜かれてしまった。すばらしい冒険だった。新たなトレイルをたどり、これまでの冒険で既になじみのあるトレイルを改めてたどり、大きく異なるふたつの山岳地帯のあいだを抜け、1日のレースの終わりには風をよけて日の光を浴びながら腰を下ろして経験を分かち合い、友情を深める。

レースが終わり、友人たちに別れを告げた。飛行機でカトマンドゥに戻るためにルクラに下る人もいれば、ロブチェを目指してさらに上へ向かう人もいた。リチャードとわたしはパンボチェに滞在した――日々の運動がてら、アマ・ダブラムのベースキャンプまで上って友人を訪れ、わたしが4年前にマークとスパイクと一緒に泊まったロッジでストーブの脇に腰を下ろした。2日間しかいられなかった。自分がどうして急いでいたのか思い出せない――嵐がせまっていたからだろうか、帰りの飛行機だろうか？　既に述べたとおり、カトマンドゥでロジャーと話していたときに例の考えが生まれた。今回のレースのゴールはクンブ地方なのだから、あの記録に改めて挑戦してみたらどうだろう。カトマンドゥのスタジアムに帰り着いたあの最初のときには、同じ試みをもう一度くり返すつもりはまったくなかった。でもちょうどいい機会だし、走って帰れば帰りの飛行機代が節約できる。だからやってみない理由はない。前回の記録を更新したいと真剣に思っていたわけではなく、何日も走ること、カトマンドゥに自分自身の力でたどり着くことの方がずっと魅力的だった。マークとスパイクに聞いてみたところ、ふたりとも、わたしがもう一度試してみることに「もちろん」異論はなかった。そこで、ざっくりとした計画を立て、わたしは携帯電話で（通信できるときには）ロジャーと連絡を取り、ロジャーはネパールの友人と一緒にジリで会ってくれることになった。わたしがするべきことは、ジリまで戻ることだけ。そこからは彼らがサポートしてくれる。それだけ？　区間によってはほとんど覚えていないところもある。ひとりきりであの旅をするなんて、考えただけでぞっとする。

夜が明けた。リチャードとわたしは最後に朝食を一緒に食べ、パンボチェを抜けて伸びるトレイルでハグして別れを告げた。リチャードは下へ向かってカトマンドゥまで帰る旅をし、やらなければならない仕事に戻る——ジリまではジョギングで、そこからはバスだ。わたしは上ってエベレスト・ベースキャンプを目指す。ペリチェではレースのあとで登山に向かった人たちに追いつき、コーヒーとケーキ、それに夕食をともにした。ドゥグラまでは彼らと一緒に歩いて上り、そこで別れた。ここにはまだT氏がいて、わたしを覚えていてくれて、下りてきたときにはまたお茶を出してあげようと約束してくれた。ゴラクシェプで寒い一夜を過ごす。ここのロッジの人たちも、前の挑戦のときにわたしが来たことを覚えていてくれた。この前と同じように、わたしはエベレスト・ベースキャンプに向けて早朝に出発し、無事到着した。今度は下りていくときだ。今回、まったくひとりきりでここにいるのは変な気分だった。わたしの挑戦を見守ってくれる人も、分かち合ってくれる人も、誰もいない。

リトライ

この最初の部分は簡単だ。よく知っているトレイルだし、咳も耐えられる程度だし、ただ走って楽しめばいい。時間配分も決めていない、そもそもそんなことはレースのときだってたいして気にしないし、前回の時間がどうだったかも覚えていない。目安になるのは、この前はどこで夜になりどこで朝になったかという漠然とした記憶だけだ。その日の午後、ナムチェの下の方にいたとき雨が降り出した。ルクラを避けようと脇道に入ったけれど、夜になり雨も降っていたので主なトレイルを見失い、ルクラに戻る脇道に出てしまった。間違いに気づき、村のはずれにたどり着いた。小屋の扉を叩いて道を尋ね、先へと下る正しい道を示してもらったけれど、それは明るくなりにぎやかになってきてからだった。ルクラは人であふれていた――雨のため、飛行機の出発がすべて延びていたのだ。ぬくぬくと心地よく過ごせるあのはるかな場所に背を向けて、雨に濡れて泥だらけになりながら長い夜をひとりで走るという、喜びと言えるかどうかもわからないことを選ぶなんて、わたしはいったい何をしているのだろう？　ルクラまで下っていく途中のトレイルでさえ「上り」の箇所がたくさんがあったけれど、驚くにはあたらない。なにしろネパールでは、「平坦」と言われるところでさえ上り下り、上り下りのくり返しなのだ。ましてやこのトレイルは、平坦だと言われたことすらないのだから。何年か前のあのときにマークとスパイクと一緒にトマトスープとチャパティーを食べたスルケ村を出ると、その先のトレイルは、どういうわけか見知らぬ場所も同然だった。この前ここを走ったとき、何も頭に入らなかったのだろうか。まったく覚えていない。

レースでも、ときどきそんなことがある。記憶にしっかりと焼きついていて1歩1歩鮮明に思い出せる区間もあれば、まったく見覚えがなく、これまでここに来たことがはたしてあるのだろうかと思わずにいられない区間もある。

雨はどんどん激しくなり、夜はどんどん暗くなった。トレイルは泥とヤクの糞の流れる川と化し、わたしの軽量の防水ジャケットはあまり役に立たない。次第に体が濡れて冷えていき、速度も少しずつ落ちていく。心配になってきた。このような時間はトラブルの元だ。泥と岩のせいで、体が温まるほど速いペースを保つことができない。ケ・ガルネ〔詳しい説明は第14章を参照〕、どうしよう？　もう遅い時間だ。まだ明かりのついているロッジは通り過ぎてしまった。わたしは続ける以外に選択の余地がないところまで走って来てしまったのだろうか？

ようやくブプサ村のはずれにたどり着いた。揺らめく明かりがひとつ見える。扉を叩くと、ちょうど火を消して寝床に入ろうとしていた女の子が中に入れてくれた。とても簡素なポーターの小屋だったけれど、その子は、泥まみれでずぶぬれのわたしを快く迎えてくれた。その子は火をつけ直し、甘いミルクティーを火にかけた。両親も寝床から起き出して、必要なだけここにいてかまわないと言ってくれた。わたしは、1時間だけここにいさせてもらおうと思った。雨が弱まり、甘いお茶で元気を取り戻し、少し体が乾くまで。1時間が2時間になり、雨は降り続け、2時間が3時間になった。わたしは夜明けまでひとり寝ずの番をし、うとうとしながら、家の中にいられることをありがたく思い、動いていないことに罪悪感を覚え、時間が過ぎてしまうことを心配していた。眠っていたポーター一家が起き出し、降りしきる雨がほんの少し弱まり、さらに何杯かお茶をもらうと、もうここでぐずぐずしている理由はなくなった。マークとスパイクが一緒だったこの前のときと同じように、記録を達成できるかどうかはわからなくなった。でも、そんなことはほとんどどうでもいい。少なくとも、わたしはジリに行き、道の終わりで待っている友人たちに会わなければならない。そして、そこからは？　まあ、そのころには、記録が達成できるかできないかにかかわらず、単にカトマンドゥまで自分自身の力で戻りたいと思うようになっているかもしれない。それで、本当に快く迎え入れてくれた新しい友人たちにお礼を言って、学校に通う子供たちと一緒にカリコラまで駆け下りた。

まだ曇っているけれど、雨は上がった。ジュビン橋に着いた。マークとスパイクと一緒に、夜中に犬の吠え声を聞きながら川を渡ったところだ。あの土砂降りのなか、雨宿りで8時間くらい使ってしまった。そのことはできるだけ頭から追い出すようにして、タクシンドゥ・ラに向かう長い上りを行く。こうして日の光のなかで見ると、この前のぼんやりとした記憶とはまったく違うような気がして、自分が正しいトレイルにいるのかすら確信が持てなくなる。ようやく峠にたどり着き、視界が広がると記憶が一気によみがえった。さらに先へ。それからすばらしく走りやすいトレイルをさっさと下ってジュンベシに向かい、今回はエベレスト・ビュー・ロッジに立ち寄って、ツァンパのおかゆとお茶をもらう。年配のあるじが、わたしを気遣うようにおかわりをくれる。ラムジュラ・ラに上っていくと、雨は雪に変わった。寒さに震え、この前通った道をほとんど思い出せないなか、ようやく携帯電話がつながり、ロジャーにメッセージを送って遅れていることを知らせる。ここからは長い長い下りだ——わたしは冬を抜け出して、夏の暑さのなかへと進んだ。

　谷底に着き、ビスケットを少し買ってから谷に沿ってさらに進み、長い道を上ってデウラリ峠を目指す。そこでネパール人の友人ウペンドラ・スヌワール[*5]と落ち合うことになっている。途中で暗くなり、古いトレイルと建造中の新しい道路をすっかり混同してしまった。前回上ったところをはっきりと思い浮かべることができていたにもかかわらず、暗かったために古いトレイルと新しい道を間違えてうろうろとさまようことになってしまった。時間を無駄にした。絶望的な気分だった。この部分は、前回はあんなに簡単だったのに、今は疲れてきてしまって、ただただジリにたどり着きたい。ようやく正しい方向を教えてもらい、とうとう、峠の近くでウペンドラが呼びかける声が聞こえた。このときは彼のことをあまりよく知らなかったけれど、ようやく会えて、ありがたいなどという言葉では表せないくらいだ。お互い、いい道連れになれる。もっと正確に言えば、彼がわたしにとってすばらしい道連れになってくれる。彼はここからジリまでのトレイルをよく知っていた。これでようやく、できるかぎり速く進むことだけに集中できるようになり、行く必要のあるところに「どうやって」行くかを考えなくて済む。ウペンドラがわたしを待つあいだ使っていたロッジに寄り、コカ・コーラを飲んだ。飲み慣れない糖分（レースのときは、終わりの方になるまでコーラは飲まないことにしている）とカフェインが体じゅうに染みわたり、ふたりとも力がわいてきた。シヴァラヤまでの下りと、それに続くジリまでの上りと下りが簡単に思えたほどだ。自分たちがどこにいるか知っている人のあとについていけばいいので、心配事はすっかり吹き飛んだ。わたしは、あとについて動き続けさえすればいい。

ジリに着いたのは、今度も真夜中ころだった。前回マイクとスパイクが一緒だったときと同じだ。もう何時間ものあいだ、ジリで何か食べたいと思い続けてきた。休憩所のような感じで。でも、真夜中は、この前と同じようにみすぼらしく歓迎されざる場所で、茶店もロッジもみな閉まり、真っ暗だ。何週間も前、心地いいカトマンドゥでロジャーと相談していたときは、持ってくる食料についてあまり具体的には頼んでおかなかった。だから、そそくさとあいさつを交わし、ナッツとレーズンを少し食べただけで、夜のなかを先へと進むことになった。

ここからは、誰かが一緒に走ってくれたので気がまぎれた。単調だった道に変化がつくし、仲間がいると相手に関心が向くので、内面の世界から外界に引き戻される。空に最初の光が現れるころ、マイナ・ポカリの町をラジと一緒に走っていると、道端の茶店の1軒で明かりが揺らめくのが見えた。至るところにあるミルクティーが、もう火にかかっていた。女の人が、まごつきながらもそれぞれにグラス数杯ずつ出してくれた。ネパールのお茶は熱々で出てくるけれど、わたしには沸騰寸前の温度でも飲めるという変わった特技がある。ときにはそんな特技も役に立つ。

夜が明けて朝になり、わたしたちは数人で、ジグザグに曲がりながら下っていく道路のあいだに取り残された古いトレイルの断片をたどりながら進む。ひと休みして朝食にした。パンと甘いお茶をさらにいただく。タマコシ川を渡る橋に着き、キランティチャプ目指して上る。ここでも、小さなトレイルをあちこち少しずつたどり、曲がりくねった道路をのろのろと上るバスのクラクションを聞きながら、民家のあいだを抜けて進む。やがて傾斜がゆるくなり、道路に出た。数メートル先ではロジャーがバスと待っていて、小さな人だかりができている。ここでも、ロジャーは、ムデに続く古いトレイルに出るにはどちらに下るのがいちばんいいかを尋ねていた。ロジャーは、スパイクとわたしの苦労が忘れられないが、正しい道を見つけられれば、このまま道路をたどるより何キロも何時間も節約できる。またもやお茶で力をつけ、わたしはウペンドラとナラヤンと一緒に出発した。進むルートを一緒に選び出し、途中で出会った人を捕まえては、正しい方向に進んでいるか確認する。ついに橋を渡り、ムデに続く長い上りに入った。

この前スパイクとわたしが通った道とはまったく違う。それはかまわないのだけれど、レースのときのように、誰かに追われているような、とても妙な気分がした。ただ、追い上げてくるのはスパイクと4年前のわたしなのだ。わたしの後ろにわたしたちがいてどんどん近づいてくるのが感じられるような気がして、**わたしたち**に追い越されても、それほど驚きはしなかっただろう。ムデに着いてみると、かなりの時間を稼げたことがわかった——今は真昼だけれど、この前スパイクとわたしがここに着いたのは日暮れ時だった。まだ新記録を達成できる可能性はある。わたしはパンと固いヤクのチーズを食べ、今度はロジャーがしばらくわたしと一緒に走る番だ。ここから蛇行する道をずっと下っていくと谷底のラモサング村に着き、そこからは、カトマンドゥと、チベットとのあいだの国境を越える中国—ネパール友好橋を結ぶ幹線道路、アルニコ・ハイウェイに出る。ロジャーがわたしのフォームを見て驚いたのを覚えている。もう50時間以上も走って疲れているのに、まだ足をつま先から地面につけているなんて信じられない、と。

この長い道の途中で、日が暮れて夜になった。わたしはなかなかいい調子でドラルガットまで進んだ。でも、そこからはドゥリケルまで曲がりくねりながら上る長い道が始まり、暗闇のなか、わたしは奇妙なすさまじい疲労感に襲われた。この前は、こんなことはなかった。でも、あのときは4時間睡眠を取った——こんなに長いこと眠らずにいたのは今回が初めてだ。わたしは道路をふらふらと進むようになり、目の焦点が合わなくなった。どんなに頑張っても真っ直ぐ進むことができない。ときどきほかの人たちが大丈夫かと声をかけてくれて、たまに通る車にぶつからないように道の真ん中に行かないようにしてくれたり、道路脇の排水溝に落ちないように引き戻してくれたりした。そんな感じでしばらく進んだ。そして、わたしはついに降参した。固い道路の上にじかに横になる。しばらくそのままの状態でいてから、なんとか自分の足で立ち上がってよろよろと走り出す。そんなことが数回あった。それからやっと、待っていたバスに追いついた。しばらく走るのをやめるしかなく、このどうしようもなく恐ろしい疲労感を拭い去れるかどうか、様子を見ることにした。ロジャーの指示で40分休んだ。自分が眠ったかどうかわからないけれど、休んだ効果があったようで、わたしは先へと進むことができた。ゆっくりだったけれど、ほかの人たちはみな親切で、比較的元気だったこともあり気長につきあってくれた。夜の残りを無事に切り抜け、朝が来るとだいぶ楽になった。

カトマンドゥまでの長い下り道はこの数年間で様変わりしていた。かつては舗装されていない道で、進むにつれて沿道は次第に活気づき、にぎやかになりにおいが強くなっていった――それが今では、アスファルトで舗装された大通りが果てしなく伸びているように見える。ついに、スタジアムのゲートに着く瞬間がやってきた。今回は地元のクラブの人たちが日課のトレーニングをしていて、朝からにぎわっている。その人たちはわたしがどこから来たかまったく知らなかったけれど、最後の1周を笑いながら一緒に走ってくれた。そして終わった。新記録だ。

ロジャーはサミット・ホテルに部屋を用意してくれていた。部屋でしばらく座って待っていると、リチャードがパンとチーズとチョコレートの入った紙袋を持ってやって来た。ハグしてくれて、またディナーのときに会おうと約束し、何か食べた方がいいよ、体が骨ばってるじゃないか、と言った。なんだか気が抜けてしまった。すぐにシャワー、できればお湯のシャワーを浴びて、体を少しきれいにしよう、と思っていた。でも、そのときに疲労感が襲ってきた。ようやく体をきれいにする気になれたのは数時間経ってからで、ベッドに横になって少し眠り、その合間に家族にメールを送ったり、清潔な服に着替えたりした。ほんのささいなことをするのもひと苦労だった。リチャード、ロジャー、ロジャーの家族が開いてくれた帰還祝いのディナーに行った。もう何週間も前から、ギリシア風サラダとナンと大きなグラスに入った赤ワインが欲しくてたまらなかった。このディナーがいいチャンスだ。でも、食べることさえ手に余り、ワイングラスさえ持ち上げられなかった。やむを得ずリチャードに手伝ってもらった――わたしは何も無駄にしたくなかったのだ。それから、その場にいること、友人たちの輪に戻れたことをただ楽しんだ。

◎第12章：終着

其の無私なるを以てに非ずや、故に能く其の私を成す
（無私の境地になれば、自己を実現できる）。

——老子、『道徳経』

カトマンドゥまであと少し

忘却。暗闇。静寂。完全なる休息。横たわるわたしの体の下には、固く冷たいアスファルト。せいぜい数分だけだった。わたしの体のあらゆる部分に、意識が少しずつ戻って来る。リチャードがそばに立ってわたしを見守っているのを感じる。わたしは目を開けた。暗い影のような彼の姿が、ときどき後ろを通り過ぎるトラックのライトに照らし出される。彼は、見守りながら待つ以外に、わたしのためにできることなどあるだろうか、と思っているのだ。リチャードがいなかったら、それにウペンドラがいなかったら、わたしはここまで来られなかっただろう。でも、いくらふたりでも、わたしの代わりに走ることはできない。彼らのサポートがあっても、彼らの友情があっても、わたしはまったくひとりきりなのだ。この疲労

感、このまま横になっていたいという欲求、目を閉じずにはいられないという状態に抗わなければならない。今は、再び自分の足で立ち上がり、手足を無理にでも動かし、夜の闇のなかへと進むときだ。

クンブ地方の美しい大自然に包まれた高地のエベレスト・ベースキャンプを出発して旅を始めてから60時間以上が経った。カトマンドゥのスタジアムのゲートまでは、あと15キロもない。わたしが毎日走っているいつもの距離より短い。それなのに、果てしない距離のように思えてしまう。こんなに近いのに、あんなに遠い。守ってくれるような心地よさを感じるバスから少しずつ遠ざかる。わたしの姿がはるか彼方に消えていくのを、みんなきっと見守っていてくれる。

わたしの意識は次第に内面に向かう。感覚は遠のき、外界からの刺激をすべて遮断し、この先の道も、視界に入る狭い範囲以外は目に映らない。前に進むことだけに集中し、自分の呼吸のリズムに乗る。

なぜだろう？　なぜ、3日目の夜になっても、わたしは自分の体に向かって走るようにと頼んでいるのだろう？

体が疲れているわけではない。疲れは古い友人のようなものだ。つきあい方は知っているし、どうあしらえばいいかも、どうやって乗りこなし、どうやって乗り越えればいいかもわかっている。それより問題なのは、この、ただ目を閉じたいというほとんど原始的な欲求だ。

本能的で、容赦なく、どうしても無視させてくれない。

わたしは降参した。一度に数分ずつ目を閉じて休む。それからまた、わたしの足は、わたしを運んでやみくもにひたすら前進する。

世界も、時間のすべてもこの一瞬に凝縮されている。今この瞬間に。ほかのものは何も存在しない。ほかのことは何も重要ではない。かつて存在したものも、これから存在するものも、すべてはこの一瞬に、そしてそのなかで動き続けるわたしの苦闘に包括される。

絶対的な集中力。それが、旅のほかの部分からわたしを切り離す。

今は思い出せない、すべてがどこで始まったのか。今は思い出せない、何週間も前のある晩、リチャードと長いあいだ話し合ったときに種がまかれたことも、これまでの2度の試みのときから既に存在した、根底にある原動力も。今は思い出せない、ベースキャンプにたどり着けるかどうかさえ怪しかった状況を乗り越え、準備ができたかできていないかということをそれ以上考える必要もなくなり、ようやく走り始めて自由を感じたときにわたしを包み込んだ穏やかな気分を。今は思い出せない、やるべきことがあとひとつだけになった喜びを。この瞬間にただ没頭し、この旅が展開するに任せることを、そこにある挑戦——その展開と、それが求める行為や無為のなかだけに存在することを。今は思い出せない、舞い落ちる粉雪が、氷河がつくった岩だらけのモレーンを魔法のようなすばらしい世界に一変させたことも、空腹、のどの渇き、疲労感に注意を向けざるを得なくなる前の最初の数キロメートルが楽だったことも。今は思い出せない、高地の薄い空気にもかかわらず自分の体が流れるように動くことを楽しみ、さまざまな考えが心のおもむくまま行き交うに任せ、降り注ぐ光のなかで踊ったことを。

それに、わたしはまだ知らない、これがどのような形で終わるのかを。わたしはまだ知らない、日中の激しい往来や絶えず聞こえていた生活のにぎわいが消えて人けのなくなった道路を走るとき、残りの距離がどのように1キロまた1キロと夜の闇のなかに飲み込まれ、降りしきる雨に流されていくかを。わたしはまだ知らない、鍵の掛かったスタジアムのゲートに触れたときにこみ上げてくる安堵感も、目標がなくなり、もうどこにも行くところがなく、もう進み続ける必要がないことに気づいたときに訪れる、奇妙なアンチクライマックスも。わたしはまだ知らない、わたしたちを待っている小さな人だかり、カメラのフラッシュをたく数人のジャーナリストや忠実な友人たちのことを。わたしはまだ知らない、リチャードとウペンドラがわたしのためにいろいろと気を配ってくれたこと、この旅の少なからぬ部分をともにしてくれたこと、単にわたしのためにそこにいるということ以外に何の報いもないのに、自分の時間と労力を割いて、わたしの面倒を見てサポートしてくれたことに対して、どんなに深い感謝の念を抱くことになるかを。わたしはまだ知らない、リチャードのサポートがなければ、わたしはこんなことをわざわざもう一度やるという賭けには出なかったかもしれず、体も頭も心も「なぜ?」と悲鳴を上げているのにこの一見無意味な試みを続けるという勇気を持つこともなかったと気づくことを。

そう、わたしにあるのはこの一瞬だけ。存在することと存在しないことすべても、過ぎ去ったこともこれからやって来ることも、この一瞬からなる。すべてを知り、すべてを包括する、純粋な力。わたしはわたし。わたしを貫いて走るのは、わたしよりもはるかに偉大な何かのエネルギー。ただそれだけ。

＊　＊　＊

6度目のＵＴＭＢ

２０１２年のＵＴＭＢの日がやって来た。もし天候に恵まれ、短縮や延長のない本来のルートを走ることができれば、24時間以内に完走できる見込みはある。調子は良かったので、できない理由はない。レース当日の朝は、またもや雷鳴が谷あいにとどろいていた。やがて、レースは１００キロに短縮され、フランス国内だけを走るコースになるという連絡が来た。わたしはひどくがっかりしたし、ほかの大勢の人たちもそうだったと思う。ＵＴＭＢがＵＴＭＢであるためには、あの巨大なモンブラン山塊を1周しなければならない――そうでなければＵＴＭＢではない。わたしは当時そう思っていたし、今でもそう思っている。

わたしだったら、スタートの時間をずらすことを考えただろう――最大で24時間、スタートの時間を早めるか遅らせるかするのだ。1年のこの時期、天気は比較的早く変わることが多い。わたしの意見では、そのような可能性を探ることで、本来の形でルートを走るチャンスを最大限にできる。旅費や、仕事を休むことを考えれば――1年間にわたるトレーニングのために払った犠牲は言うまでもない――わたしだったら、もう1日余計に休暇を取ったり、もう1泊分の宿泊費を払ったりする方が、そのためにトレーニングを積み、時間やお金や労力を費やし、人の好意に甘えながら準備を重ねてきたレースをする機会が失われるよりずっといい。でも、主催者側の決定は違っていた。

結局わたしたちは、変更後の、6000メートル以上の標高差のある104キロメートルのルートを走ることになった。今度もわたしは痛みを感じた。春からずっと、腰・腰筋・ハムストリングのトラブルに悩まされていたのだ。わたしは痛みをやり過ごし、今度も、iRunFarによれば、わたしは一晩中男子と追いかけっこを続け、ほかの女性には50分近い圧倒的な差をつけた。

UTMBの表彰台に立ったのはこれが6回目で、優勝したのは5回目だ。

レース後に、あるインタビュアーが、スタート前の天候やルートの変更に対する動揺や不安のなかでもわたしは一貫して平静を保っているように見えた、とコメントした。そして、これまでに腹を立てたことがあるのか、あるとしたらそれはなぜかと尋ねられた。わたしの答えは単純だった――このような状況で腹を立てるのはエネルギーの無駄遣いでしかない。

耐久性が試される催しでは、山や環境、自分の体や自分の心が何を投げかけてこようと、それに対処することも挑戦の一部なのだ。今回のような状況では、わたしたちはまったく異なるレースのスタート地点に立つことになり、だからこそ、その瞬間に留まろうとすることがますます重要になってくる。内なる冷静さと落ち着きを保つことも、挑戦の一部なのだ。

2012年のUTMBがルート短縮により不完全燃焼に終わったことと、腰・腰筋・ハムストリングのトラブルに悩まされたシーズン当初よりもいい走りができるようになってきたことから、わたしはまたレースに出たくてたまらなくなった。

4週間後に行われる250キロメートルのスパルタスロンにはエントリーをすませていたけれど、コロラド（アメリカ合衆国）で新しく始まる100マイルのレース、ラン・ラビット・ラン（RRR）のことがずっと頭のなかを駆け巡っていた。どうしても頭から消えてくれない。1カ月のあいだに100キロメートルの山岳レースと100マイルの山岳レースと250キロのロードレースに出場するなんて、やってもいいのだろうか？　わたしはしょっちゅうレースに参加し回復も早いことで知られていたけれど、これはやりすぎかもしれない。いくらわたしでも。

RRR100の主催者にメールを送ってみたら、大歓迎だと言ってくれた。スタートライン付近にキャンプできる場所はあるかという質問に対しては、すぐに宿泊先を手配してくれて、わたしはマイク・ウルフとアパートをシェアすることになった――わたしがテント持参で飛行機に乗り世界を半周することになるなんてとんでもない、と思ってくれたのだ。わたしは、長距離フライトとシャトルバスでコロラド州スチームボート・スプリングスに行く方法をなんとか見つけ出し――運転しないわたしにとって、アメリカでのレースに参加するための準備はひと苦労だったけれど、レース前の緊張を和らげるにはちょうどよかった――見事な紅葉に彩られたアスペンに到着した。このレースは今回が第１回で、主催者のポール・サックスとフレッド・アブラモウィッツは、参加者を完走見込み時間によってウサギ組とカメ組に分けるという斬新なアイデアを思いついた。どちらの組にも賞金が多かれ少なかれ用意されていて、別々にスタートしてウサギ組がカメ組に追いつくことでお互いに交流でき、みんながなるべく同じころにゴールできるようにすることで、両方が一緒にパーティーを楽しめるようになる。

　わたしはＲＲＲのウェブサイト[*1]の書きっぷりが気に入った。

「ラン・ラビット・ランのコースは人生にも似て、ささやかな起伏、ささやかならぬ起伏がいくつもいくつもあり、さらには明らかな山や谷もある。覚悟したまえ」。楽しくなりそうだ。

　楽しかった。でも、その１００マイルの最初の５マイルのところで、わたしは転んでしまった。ひどく。今度はひざを擦りむきはしなかった。骨をひどく打っただけだ。めまいがしてそのままトレイルに横たわり、しばらく立ち上がれなかった。まして、すぐに走り出せる状態ではなかった。

あちこちのチェックポイントでわたしの姿を見た人たちは、リタイアするに違いないと思っただろう。痛みのせいで吐き気がして、わたしのサポートに来てくれていた、いつも親切なクリッシー・モールの足元で戻してしまい、後始末を彼女に任せたまま、夜のなかをさらに5、6時間走った。胃のなかは空っぽだったけれど、そのまま走り続け、美しい朝の光のなか、女性1位（総合4位）でゴールラインにたどり着いた。

スパルタスロンで女性が走る意味

そして、スパルタスロン。これは、歴史にもとづいてギリシアのアテネからスパルタまで246キロを走る超長距離のレースで、古代アテネの長距離走者フェイディピデスの足跡をたどって行われる。紀元前490年、マラトンの戦いの前に、彼はギリシアとペルシアのあいだで行われた戦争の援軍を求めるためスパルタに送られた。古代ギリシアの歴史家ヘロドトスによれば、フェイディピデスはアテネを発った翌日にスパルタに到着したという。

この月、先ほど述べたレースの直後にこの権威あるレースに参加するなんて、思い上がりもいいところだと思われただろう。あるいは絶好調なのかと。ひざは腫れたけれど、ありがたいことにただ骨を打ったからであって、ほかに影響はなく、10日間で腫れは引いた。そこで、飛行機を乗り継いで電車に乗り、わたしはアテネに着いた。

レースはアクロポリスで始まった。堂々たるスタートラインだ。わたしはスタートに立った時点で既に疲れていた。もう何日もろくに眠っていなかった。ホテルの部屋が中央分離帯のある道路に直接面していて、車が絶えず容赦ない音を立てて走っていたのだ。教訓、今後はもっとよく調べること。あの24時間走のときに快くサポートしてくれたグレアムが、今回も手伝ってくれることになった。

長くて単調な道路をひたすら走るレースだった。交通規制はされていなかったので、静かな田舎道を走るのは楽しかったけれど、真夜中に轟音を立てて走るトラックをよけながら大通りを走るという、楽しいとは言えないときもあった。1カ所、短いながらもオフロードで峠を越える箇所があり、その上りのトレイルに入る直前のチェックポイントでは、親切なボランティアの人たちが気をつけるようにと言ってくれた。わたしは、道路を離れられるのがありがたかった。何時間も道路を走ってきたので、腰・腰筋・ハムストリングのトラブルから来る痛みがまたぶり返していたのだ。わたしは軽々と上り切り、風の吹く峠を越えたときにはレースに対する熱意（痛みで消えかかっていた）がよみがえった。下りで首位の男性を追い越すと、その人は気をつけるよう忠告してくれた。山を走る部分がもっと長かったならわたしはどれくらいリードを保てただろう、と思った。

夜が明けたころ、アスファルトの上を長時間走ったのが堪《こた》えてきた。子供のときに、アップミンスターの舗装道路を走ったときのことを思い出した。今でもアップミンスターに帰ったときには、いつも長めの6マイルの周回道路を走っている。そのときには走る分量を数えていることを思い出した。それで、残りの距離を分けて数えることにした。残りはあの6マイル4周分だけ、今度は3周分、それから2周分、そして、あと残り6マイルだけ。疲れた足と体と心に言い聞かせれば、あんなに何度も走ったあの短い距離をもう1回だけなら絶対に走れる。そんな感じだ。自分を欺くゲーム。

スパルタに入ると自転車に乗った子供たちに囲まれ、大勢の人が応援してくれて、感動的な体験だった。そしてついに、道沿いに集まった観衆の見守るなか、最後の部分を走り切り、わたしはレオニダス王の像に触れることができた——レースの終わりだ。わたしは総合で3位だった——このレースの歴史で、全体の表彰台に女性が立つのはこれが初めてだ。

これは特別なことだった——わたしにとってはそれほどでもなかったけれど、それがスパルタの女性にとってどんな意味があるかに気づいてそう思った。数人のグループが、通りでわたしに近づいてきて感謝の言葉を述べた。感動的で、身が引き締まる思いがした。わたしという個人の成果や努力が、ときにはそれ以上に大きな意味を持つこともあるのだと気づくと、今でも圧倒される思いがする。

表彰式はなかなかおもしろかった——レースの主催者たちは、わたしの扱いを決めかねていた。まず1位の男性を壇上に呼び、それから2位の男性、続いて3位の男性を呼んだ——

けれども、その場にいたランナーたちから抗議の声が上がったのを受けて考え直し、わたしが3位として壇上に立つことになった。

あとで男の人がわたしのところに来て、力を感じたいから腕に触らせてほしいと言ってきた。わたしには強い存在感があると言われることはあったけれど、こんなことは初めてだった。

ウルトラランニングの困ったところ

そうした力はさておき、表彰式も別にすると、ウルトラランニングには著しく魅力に欠ける側面もあり得る。スパルタスロンのあと、わたしはしばらくまともに歩けなかった。筋肉痛のせいだろうと思うかもしれないが、そうではない。わたしはもう長年にわたって筋肉を使い込んでいるし、わたしの筋肉もこうしたことにはすっかり慣れているので、筋肉痛になることはめったにない。ただ、皮膚が擦りむけてしまうのだ。このときはいつになく暑く、27時間走っている最中は、できるだけたくさん水を浴びるようにした。最後の数時間がつらかった。

また別のとき、わたしはホテルの部屋の浴室で裸になったまま、どこから手をつけていいかわからず震えていたことがある。トランスグランカナリアのゴールラインから戻ったばかりのときで、わたしは優勝し、16時間近く自分の足で進み続け、その倍以上の時間眠っていなかった（このレースは、真夜中というとんでもない時間に始まる）。どうしようもない便意、何キロも川床を走ったせいでひどいにおいの足、最初の方で転んだため血がにじんだひざ、力走したあとの乾いた汗、背中から腰にかけて、リュックサックでこすれて擦りむけた皮膚。シャワーを浴びてさっぱりしたいと思う一方で、そうすれば痛い思いをすることがわかっていた。とても痛い思いを。それで、タオルにくるまり、苦痛を味わうのは後回しにした。少し眠れば、こうした面倒なことに立ち向かう気力がわいてくるのではないかと願って。

また別のときには、終了後、打ち上げパーティーを楽しむどころか救急室に運びこまれた（アメリカでのことだ）。サンフランシスコで行われた第1回のノース・フェイス・エンデュランス50マイルのとき、5マイルくらいのところで転んでしまったのだ。早朝でまだ薄暗く、わざわざ立ち止まってひざを確認することはしなかったけれど、痛み具合から単なるかすり傷でないことはわかった。エイドステーションを通過したときも、応急処置担当の人たちから「大丈夫ですか？」と心配そうに声をかけられた。アドレナリンのおかげで先に進めたし、高額の賞金が出るレースに参加するのはこれが初めてだった——1万ドル、すべてか無かだ（勝者がすべてを手にする）。それに、達するべきゴールラインがあった。真ん中くらいで用を足すために足を止め、しゃがんだついでにひざをもっとよく見てみた。いい状態とは言えない。時間が経つにつれてアドレナリンが切れ、ペースが落ち、ひざを曲げるのもひと苦労になって、まだ2位の女性に抜かれないのが不思議でならなかった。結局抜かれることはなかった。そしてのちに、運びこまれた救急室で医師の診察を受けた。その医師は50マイルを走り終えたばかりの人間を診察するのはこれが初めてで、もちろんこれほどの大けがをしながらこんなに長い距離を走って優勝した人間を診るのも初めてだった。運よく、後遺症が残るようなものではなかったけれど、診察を受けたところ、傷口から骨が見えた。何針か縫って抗生物質を2回注射した――またひざを曲げられるようになるまで3週間かかった。

天空のトレイルへ戻る

2012年9月という華々しい月が終わると、わたしは何か別のことが必要に、というよりやりたくなった。わたしがネパールに戻るのは必然だったのかもしれない。ヒマラヤと、そこで見つけたもので一服することが必要だったのだ。リチャードは、世界で8番目に高い山、8156メートルのマナスルを巡るマルチステージのレースを開催する準備をしていた。わたしは何カ月も前の、春のうちから招待を受けていて、そのことがずっと頭から離れなかった。あれこれ考え合わせた末に、ようやくわたしは「ええ、参加させて」と答えた。フライトの費用はなんとかかき集められる。この年は、最後にサンフランシスコで再び行われるノース・フェイス・エンデュランス・チャレンジに参加する予定だったけれど、その前に、厳しかった長い1年の終わりの気分転換、楽しみ、ごほうびができるし、あの場所なら英気と魂を養うことができる。わたしは(借りた部屋の)扉を閉め、ダッフルバッグに荷物を詰めて、待ち受けている、トレーニングとレースと旅行の1カ月を楽しみに旅立った。

郵便バスに乗って山々からサン・ベルナルディーノ峠を越えてミラノ空港に向かうあいだ、わたしは興奮に少しばかりおののきの混じった奇妙な感覚を覚えた。レースに参加するための旅は、もう何年ものあいだごく当たり前のことになっていた。でも、今回はまったく違う感覚だった。このときはわかっていなかったけれど、これから先待ち受けている経験が自分の人生の転機となることを直観的に察していたのだ。

幸せな日々。わたしはマナスルを巡るあの天空のトレイルに、血と汗と涙と笑いと微笑みを残してきた。マナスルというのはネパール語で「精霊の山」という意味で、サンスクリット語で「魂」を意味する「マナサ」という言葉に由来する。そこが魂に満ちた場所であることは疑いない。ネパールは、必ずわたしを奮い立たせて角ばったところをこすり落としてくれる。でもこのときは、風がわたしのなかを吹き抜けて、中身をすっかり空っぽにしたかのようだった。そして、太陽、深く青い空、薄い空気、荘厳な山々の美しいエネルギーがわたしを再び満たした。けれども、わたしは自分自身の核となるものに投げ戻され、何かが決定的に変わった。

高地の山岳トレイルを数マイル、すばらしい仲間と分かち合った。まさに魂の糧だった。

夜空を駆け抜ける流れ星。氷のように冷たい急流。わき出す温泉。木々がうっそうと茂る渓谷。紺碧の空にくっきりと刻み込まれた稜線。仏塔やストゥーパが点在するトレイル。長い急斜面を上るときの汗と誠実さ。気をつけながらもスピードを出して一気に下るときの楽しさ。ゴンパという、いにしえのチベット仏教のとりで。今もなお活気にあふれ、あたたかく迎えてくれる僧院。変化しながらぶつかり合う文化。笑いさざめく子供たち。人々の笑顔。薄い空気のなかで分かち合う貴重なひととき。

このような広大な風景を前に、わたしは自分のもろさと弱さを感じ、改めて自分の存在の小ささに気づいた。生々しい感情もあるけれど、それでも、自分の体と心と精神の、美しい力と強さを感じた。

故障という邪魔は入ったけれど、わたしはこうして再びネパールに戻った。

今度はしばらく滞在するつもりだった。そうすれば、トレーニングし、レースに参加し、いくつかのプロジェクトに取り組み、走りながら探索し、自分がやりたいことをやり、ロッジからロッジへ身軽にさっさと走って移動する時間ができる。

カトマンドゥに到着してすぐに、わたしはバスでジリに行き、モンジョにある公園（サガルマータ国立公園）の門まで走った。これが、アンナプルナ100のために行う最後の長めのトレーニングだった。このトレイルを通るのはこれで3度目だけれど、この方向に、そして春に通るのは今回が初めてだった。日の光のなかで旅しているとこれまでに見たことのない山々が目に入り、いつもと違う方向に進んでいるので新たな展望が開ける。門のところにいた警察官と仲良くなり、このシーズン、わたしはさらに4回（各方向に2回ずつ）ここを通ったので、何度かあいさつを交わすことになった。モンジョからクスム・カングルのベースキャンプに続く支谷を少しばかり探検した。この谷間は美しく、静かで平和に包まれていた。わたしはわたしだけのベユル（仏教で聖なる隠れ里を表す言葉）を見つけたのだ。ちょっと一晩泊まり、早朝に出発した。登山シーズンにはまだ早かったのでトレイルには人の姿はほとんどなかったけれど、立ち寄った村々では友人ができ、このときわたしはトレイルのあらゆる部分を、微妙な雰囲気に至るまで余すところなく吸収した。すっかり自分のものにすることができた。ジリに戻ってカトマンドゥ行きの長距離バスに乗り、この長い道を走らずに済むのが、このときはうれしかった。アンナプルナ100に参加するためポカラへの往復旅行をして、さらにカトマンドゥからランタンへ走って旅した。

今回は時間がたっぷりあって、カトマンドゥの色彩、におい、光景、音の氾濫を知りじっくりと味わい、好きになることができた。そこにいられるのが幸せだった。

この春の数週間、リチャードとわたしは幾晩も長い時間話し合って過ごした。ある晩、話題は持久力とは何か、そして、なぜかを巡る疑問になった。あの考えが生まれたのはこのときだ。わたしはエベレスト・ベースキャンプからカトマンドゥまで走って戻る旅に3たび挑戦し、リチャードはジリに来てわたしをサポートして、ふたりでその疑問への答えを探すのだ。

＊
＊
＊

到着

そしてあたりは闇に包まれる。

わたしという存在のすべてが、混乱のなかに突然投げ込まれる。走り続ける必要が実際にあるのだと信じることを、本能が直観的に拒んでいるかのようだ。目を閉じずにはいられない。

固くて冷たいアスファルトの上に横たわる。

数分間の忘却、暗闇、静寂。わたしは完全な休息状態にある。ヨガで、シャヴァーサナという休息のポーズをしたときの経験に近い。わたしの意識は内面に向かい、感覚は遠のいていく。

はっと我に返る。

リチャードがそこに立っていて、わたしが続けられるかどうか見守り、待っているのを感じる。わたしは再び自分の足で立ち上がり、先へと進む。わたしの両足は、わたしをただひたすらやみくもに前へと運ぶ。

わたしは自分のしていることに、苦闘しているこの瞬間に、どこまでも専念する。

残りの距離は、1キロまた1キロと夜の闇のなかに消えていく。降りしきる雨に洗い流されるかのように。誰もいない道路には、日中のような往来も絶え間ないざわめきもないけれど、見慣れた目印が目に入ってくるようになった。

スタジアムの、鍵の掛かったゲートに着いた。ここが旅路の果てだ。もう動かなくていいことに妙に安堵感を覚えるけれど、同時に、突然目標を失ったことに対するとまどいも感じる。途方に暮れてしまう。カメラのフラッシュが何度か光り、花を手渡され、首に花輪がかけられ、リチャードとウペンドラと一緒の写真を撮らせてほしいと頼まれる。わたしたちの友人デニスがビールを何本か持ってきていて、降りしきる雨の中、鍵の掛かったゲートのそばに立ったまま、みんなで1杯ずつ分け合う。集まっていたわずかばかりの人たちは立ち去り、ウペンドラは家まで友人の車で送ってもらい、リチャードとわたしはわたしたちのバスでラジンパットに戻った。残り物の小さなサンドウィッチを食べて、お茶を1杯飲む。リチャードはわたしをハグして別れを告げ、わたしは自分の荷物をまとめ、数日前にリチャードに預けておいた鍵を受け取り、ラジンパット通りの向こう側にある借り物のベッドまでゆっくりと歩いて戻る。シャワーを浴びようとしたけれど、気乗りがしないし、水しか出てこない。あきらめて寝袋に潜り込む。

明日は忙しくなる。できるだけリチャードの力になりたい。彼が主催するムスタン・マウンテン・トレイルレースの第1回目がわずか数日後に迫っているのに、やるべきことはまだたくさん残っているのだ。

エベレスト・ベースキャンプからカトマンドゥへ、たったの63時間強で。それがあの物語の結末なのだろうか、とわたしは自分に問いかける。それでも、眠りに落ちる前に気づいた。この旅の本当の挑戦は何か、わたしにはわかる——走って行き、走って帰ること。標高、距離、時間の3つを相手にし、カトマンドゥを出てエベレスト・ベースキャンプに行きカトマンドゥに戻るという挑戦。まったくどうかしている。

わたしが挑戦することはあるのだろうか？　もしあるなら、なぜ？

第３部　再発見と気づきの旅

◎第13章：故障と向き合う

真理への道で犯し得る間違いはふたつしかない。
終わりまで行かないことと、歩み始めないことである。
――ブッダの言葉（とされる）

起きたことは全て必要なこと

「ありのままを話してごらんよ」と**あなた**は言った。「すべては可能なんだ」

何事にも時というものがある。黙っているべきとき、話すべきとき。

わたしはボウダ[*1]にいて、円を描いて回っている、この人波のなかの、ほんの小さな一点として。ストゥーパを回る、コルラに次ぐコルラ。1周また1周。祈禱旗が風にやさしく揺れる。太陽は谷を縁取る山の向こうに沈んだばかりで、山々は冬空にくっきりと浮かび上がっている。**あなた**は、あの上のどこかにいる。走りながら。

1周また1周。コルラに次ぐコルラ。

あたりは暗くなる。そしてわたしは、ぐるぐると回るこの流れのごく一部にすぎない。自分が駆け抜けたすべての夜を思い返す。雲のせいで道しるべがよく見えなかった夜。そもそも道しるべなどなかった夜。空腹で、凍え、ずぶぬれになり、落ち込んだ夜。極度の疲労に襲われて足元の地面にそのまま横たわるしかなくなり、起き上がって走り続けられるだろうかと**あなた**が危ぶんだ夜。もうこれ以上1歩も進めないと感じた夜。そして、進まないわけにはいかない、さもないとこの夜は終わらない、と気づいた夜。

今感じていることも、それに似ている。この先の道は不確かで、闇はわたしが駆け抜けたどの夜よりも濃い。それでもわたしは先へ行く、そうしないわけにはいかない。それで進み続ける、1歩また1歩と。

これまでに起きたすべてのことは、わたしが今のわたしになるために必要だった。今起きているすべてのことは、わたしがわたしであるために必要だ。最も偉大な悟りの瞬間は、わたしが振り返り、これまでも、そして今も、どれもみな必要で美しいのだと気づいたときに訪れる。これは再発見と気づきの旅だ。走ることがわたしにとって本当はどんな意味を持つかの再発見の旅。そして、わたしが女性として何者であるかという気づきの旅。

＊＊＊

人生の教師：故障

故障というのは厳しい師匠、厳しい教師だ。いつも好んで耳を傾けたいと思うわけではない。それでも、故障に連れていかれた深い闇のなかに、すばらしい機会が見つかることもある。故障と健康のはざまで踊る繊細なダンスは、学び、そして変化する豊富な機会を与えてくれる。人生は、わたしたちの態度によって、起きていることをわたしたちがどう受け止めるかによって形づくられるのであり、それを選択するのはわたしたちだ。いつだって、選択するのはわたしたちなのだ。

もし、ウルトラトレイル・デュ・モンブランと、そこに至るまでにわたしを導いてスタートラインに立たせたもののすべてが発見の旅であり、エベレスト・ベースキャンプからカトマンドゥまで走ったことと、その3度にわたる挑戦を行った期間のわたしのアスリートとしてのキャリアが探索の旅だったとすれば、故障と、それが今わたしに教えてくれていることは、再発見と気づきの旅になる。

自分の快適領域から踏み出すことの大切さはわかっている。ランナーとして、わたしは走るたび、レースに出るたびにそうしている。でも、もし走ること自体がわたしの快適領域になっていたら？　ひとりきりになって、自分の快適領域はここだと思っている場所から外に出ること、それがわたしの快適領域なのだ。そうしたらどうする？　故障と人生は、厳しい現場監督だ。というより、故障や人生は単に故障や人生でしかなく、わたしがそれに反応することでわたし自身の敵になっている。とてもわたしの手には負えない。恐ろしく、魅力的で、美しい。それが人生の魔法なのだ。

「ナマステ、ディディ。ナマステ」

陽気なあいさつの声にはっとして、わたしは朝の物思いから、今このときの美しさに連れ戻される。今は早朝で、わたしはネパールの人里離れた片隅にある人里離れた谷の人里離れた村で、石の壁にもたれ、土の上に座っている。

わたしがこれを書いているのは、ネパール北部中央にあるドルポ地方の、カコットという川岸の村だ。明日わたしは、登りたいと思っている山のふもとに向かう――7246メートルのプタ・ヒウンチュリだ。ここに来たのは、休息し、視野を広げ、心を鎮め、感情をなだめ、魂を養うため。運のいいことに、長くて途方もない旅をする時間はたっぷりある。こうした生活をするために犠牲も払った。これまでは、これほど遠くまで来る必要も、これほど多くのものを残してくる必要もなかった。でも今回は、そうしなければならなかった。

これは、2年間で6度目の疲労骨折から回復するための「静養」だ。明確な答えをくれる医師はいない――何でもそうだけれど、要因は無数にある――肉体的、感情的、精神的なストレス。どれもが身体に影響を与え、さまざまな形で現れる。故障について詳しく述べるつもりはない。既に、十分すぎるほど多くの専門家がいて、本や見解もたくさん出されている。

わたしはその代わりに、故障がわたしを連れていった旅を分かち合うことにしたい。長期間に及んだ一連の故障を経て、自分自身、そして自分を取り巻く世界に対するわたしの見方がどのように変わったかについての物語を分かち合いたい。故障のおかげでわたしの探索の仕方が否応なく変わったこと、そして、走ることについて、人生について、わたしにとって大切なことが何かが明らかになったことについての物語を。

わたしたちの精神、頭、心、魂は、少なくとも現世では、そしてわたしたちが今この瞬間を生きているときには、肉体と密接につながっている。目はわたしたちの窓かもしれないが、わたしたちが暮らしている大地とわたしたちをつなぐのは、わたしたちの足だ。そう、このつながりは、コンクリートの層（舗装道路）、あるいはゴムやプラスチックの層（靴）を介していることがあまりにも多い。それでも、わたしの言うことは真実だ。わたしたちは足のおかげで立ち、歩き、ジャンプし、動いてバランスを取ることができる。文字どおり「地に足のついた」生活を送れる。

わたしの足は非常に見苦しい。もちろん、何を美しいと感じるかは見る人次第だ。それでも、わたしの足がすてきだと言ってくれる人、言える人は、誰も、ひとりもいないだろう。

わたしは、足のことをできるだけ考えないようにしている。無視する。目に触れないようにする。それでも、ランナーとしては、愛されず、ないがしろにされ、顧みられることのないこの体の一部がわたしの「使役馬」なのだ。それぞれの足が、1キロメートルあたり500回ほど地面を蹴る。衝撃を吸収する。こうしてくり返し衝撃を受けていると、その影響が出てくることがある。

わたしたちは今カトマンドゥにいる。マナスルを巡る、あの大自然のなかの美しい天空のトレイルを走るという自由を味わってきたところだ。レースが終わったあとのわたしの足は、すっかりほこりや泥にまみれて見るに堪えない。**あなた**は、足のケアをしてもらうのがいい(もしかしたら唯一の)方法じゃないだろうか、と言う。それで、わたしは自分自身と自分の足を引き連れて、タメル地区の中心にある隠れ家のようなスパに行く。スニーカーを脱ぐのも恥ずかしいくらいで、長い距離を何日もかけて走ったあとだということを説明しようとする。わたしの担当になった感じのいい女の人たちは、にこやかに笑いながら足の手入れをしてくれる。わたしのかなり醜い足をこすり、爪を切り、マッサージしてくれて、最後には、少なくとも清潔で多少は見られるものにしてくれた。もう自分の足ではないみたいだ。宙を歩いているような心地でスパをあとにする。何と言っても、人の足を洗うというのは、奉仕の精神にあふれた最も親切な行いのひとつなのだ。

わたしの足には、あまり休んでいる時間はない。家から目的地まで52時間かかる消耗する旅のあと、わたしはすぐさまサンフランシスコに行ってザ・ノース・フェイス・エンデュランス・チャレンジ50マイルに出る。天空を走るネパールのトレイルで過ごした日々の体調や調子のよさは、旅の疲れ、変化によるとまどい、ぶつかり合う文化、幾晩もの眠れぬ夜に深々と埋もれてしまう。

スタートラインに立った時点で、既に疲れ果てていた。旅からくる肉体的な疲れ、具合が悪くて空っぽのままの胃、消耗した感情。降りつける雨、吠えたける風、それに泥は、いったんずぶぬれになり吹きまくられ泥だらけになってしまえば、それほど不快なものではない。そのころには、わたし自身が雨、風、泥になったようなものだ。「わたし」と自然の要素の区別が少しあいまいになる。やり抜いてみせるという決意のもと、自分のペースでゴールラインにたどり着いた。レースの後半のどこかで、ずぶぬれで汚れて泥まみれになりながら、足がほんの少し痛くなり始めたのをなんとなく覚えている。でも、足を無視するのがわたしのするべきこと、そうじゃないだろうか?

最初の疲労骨折

数日後、ようやくわたしの（借り物の）家に戻り、放置していた足を診察してもらう。腱炎（だろう、との診断だった）。すてきだ。家に帰る途中、弟夫妻と双子の赤ちゃんに会いにニューヨークに行ったときに、ダッフルバッグ（たぶんわたしの体重の半分くらいの重さ）を背負って通りを歩いたのも、よくなかったようだ。これまでにもあったことだ（いろいろな場所で何度も）。時間が経てば治るはず。ベッドで安静にする。まあ、それに近い状態だ。数日間走らず、歩くのも、わたしが耐えられる範囲で少なくする。それはかまわないけれど、ただ、わたしにはまだ2012年最後の大仕事がひとつ残っている。24時間走の世界記録への挑戦だ。時間が迫っている。スタートラインに立つために、準備を始めるべきだろうか、やめておいた方がいいのだろうか？　そこで、試しに走ってみた。2度。それぞれたったの4キロずつだったけれど、答えは出た。2度目に走ったあとは、足は両方とも体重をかけられないほどだった。今部屋のなかをよろよろとしか動き回れないなら、わずか数日後に24時間走れる見込みはほとんどない。診断は間違っていた。腱炎ではない。これが最初の疲労骨折だった。

わたしは止まらざるを得なくなり、すべてをはぎ取られた。振り出しに戻ったのだ。10分間のジョギングが永遠に感じられ、3キロメートルが果てしない距離に感じられるところまで。時間と忍耐と節制と努力が必要だけれど、やがて回復し、調子と自信を取り戻した。

わたしはネパールに戻り、エベレスト・ベースキャンプからカトマンドゥまでの320キロほどを、睡眠らしきものをせいぜい数分しか取らずに走れる程度まで力を伸ばした。そしてそのほぼ直後に、ムスタンの美しい大自然のなかを走る荘厳なレースに出た。

わたしはいつも、夏のレースのシーズンにはヨーロッパに戻る計画を立てていた。でも、まずは山岳地帯に戻ってひと息つかなければならない。**あなた**は、わたしの代わりにエベレストマラソンの主催者に連絡してくれた。それで、カトマンドゥを発つ前に、最後にもう一度山への旅ができることになった。このときはエベレスト初登頂から60周年で、エベレストマラソン[*2]には、そのことを記念する60キロのカテゴリーがあった。わたしはそれに挑戦することにした。それが終わったら、ナムチェバザールからジリへ、2日続けて走って戻ればいい――それが、アンドラで行われる100マイルのレースに向けた最後のトレーニングになる。タメでは満月を目にし、2日間でレンジョ・ラとチョ・ラのふたつの峠を越えてすばらしい時を過ごし、3日目の晩にはエベレスト・ベースキャンプのすぐ下にあるゴラクシェプに戻ってきた。レース本番まであと1日ある。

レース翌日の朝、午前5時に、波型のトタン板でできたロッジの屋根をひっきりなしに叩く雨の音で目が覚めた。しばらく前に夜は明けていたけれど、灰色の朝だった。灰色で、じめじめしている。石畳の通りには人の姿はなく、品物の準備をしている女性がひとりいるだけだった。わたしは戸口でためらったけれど、ジャケットをまとった。それがあれば、風雨と自分のもろい感情から身を守れるとでも思ったのだろうか。でも役には立たなかった。降りしきる雨で、トレイルは泥と糞の流れる川と化した。最初はヤク（約3000メートルより上）、それからラバ（それよりも下）。ラバ追いたちでさえゴム長靴を履いている。何時間もトレイルを下り、その夜泊まるところに着く直前、もう片方の足に最初の痛みを感じた。もしかしたら、と思った。人けのないロッジに泊まり、火の傍らでスープとチャパティーを食べ、日の出前に出発した。丸々12時間自分の足で進み続け、ようやくジリに戻って道路の起点にたどり着いた。短い夜を過ごしたのち、早朝のバスでカトマンドゥに戻った。この痛みの正体についてはほぼ確信していて、**あなた**の勧めでMRI検査を受けにいくことにした。いずれにしても答えを知らなければならない。それによって計画も変わる。これが2度目の疲労骨折だった。

あの有名なロックバンド（クイーン）が、わたしにはとても無理なほどうまく言い表してくれているのでその歌詞〔「伝説のチャンピオン」より〕を借りると、わたしは今年、もう自分の義務を果たしたと思っていた。務めは終えたと。教訓を得た。わたしは間違っていた。2度目の強制終了。疲労骨折の要求は絶対だ。走ってはならない。流砂のなかに立っているような気分で、抵抗せずなりゆきに任せることにした。

日本で学んだこと

わたしはずっと、シヴァナンダヨガ〔身体を動かすことだけでなく、呼吸や瞑想なども重視するヨガの流派〕の指導者になるための講座を受けたいと思っていた。わたしが走らずに休んでいなければならない期間とちょうど同じ時期に、日本で行われる養成講座があった。故障を何かプラスに変えたいと思い、自分にとって当たり前になっていたことをいっさい行わず、合宿形式で行われたシヴァナンダヨガの講座に没頭した。わたしは突然、すべてをはぎ取られた。単なる友人以上に親しくなっていた友人たちとのつながりも、山も、走ることも、カトマンドゥの混沌とした美しさも、言語も、パンも、チーズも、コーヒーやビールを分かち合うことも。わたしは突如として、わたし自身が属しているつもりの生活とは大きく異なる生活を送っていて、今後再会することはないかもしれない人たちに囲まれて過ごすことになった。

それでも、大切なことは、わたしたちの行動や相互作用が行われるこの場、わたしたちが分かち合うこの瞬間に存在する。

柔軟な体は柔軟な心につながる。そう言われるのではなかっただろうか？ そして、持たざることが、強さを養うのでは？ 挑戦は、予想もしていなかった片隅にある。ここでの生活は質素さ（食事）とぜいたくさが奇妙に入り混じっていて、わたし以外の59人の日本人受講者よりも、わたしの方がずっと大きな違いを感じただろう。わたしは温泉が大好きになった。ネパールでごくたまにしかシャワーを浴びずに何カ月も過ごしてきたあとでは、お湯に全身を浸すのは退廃的とも言える楽しみだった。いつでも電気が使える（ヘッドランプを手元に置いておく必要がない）、バケツとブラシの代わりに洗濯機がある、アイロンをかけたばかりの白いシーツが用意されているなど、慣れるまで時間がかかったこともある。パンもチーズも、カプチーノもビールも見当たらない。苦労の末にお箸を上手に使えるようになり（そうしないと飢えるしかない）、奇妙でおいしい食べ物（奇妙な食べ物もあればおいしい食べ物もあった）を試した。走らない。山もない。座ることを（改めて）習い、呼吸することを習った。1日（朝5時に始まる）のスケジュールは、瞑想、キルタン〔神の名や祈りの言葉を歌うこと〕、アーサナ〔ヨガのポーズのこと〕、プラーナヤーマ〔ヨガの呼吸法〕、カルマヨーガ〔生活のなかの行為を意識的に丁寧に行うこと〕、スワディヤーヤ〔聖典の学習〕、哲学、解剖学、生理学など盛りだくさんだった。空き時間はあまりなかったので、わたしたちは、少しでも空き時間があれば最大限に利用することを学んだ。体が内面に見出した新たな空間に適応するすべを学んだのと同じように。

日本人はとてもいい人たちで、とても親切で、とても勉強熱心で、とても物静かで、とても控え目で、とても折り目正しい。頭倒立や逆立ちをするときにはTシャツの裾をたくしこんでおくほど折り目正しいのに、人前（銭湯という公共浴場）で体を洗うのはまったく気にせず、そのような身体的な近さが感情的な親しさをもたらすと考えていた。道路（わたしたちの宿泊所の近くの）は不思議なほど閑散としていたけれど、たまに通る車はあり得ないスピードで走り去る。カトマンドゥの道路とは大違いだ。歩行者、自転車、スクーター、オートバイ、タクシー、バスがひしめき合っている……でもほとんどは、一瞬の判断ですぐに止まれるくらいゆっくりしたスピードで動いている。

ひと月後、わたしはヨガ指導者の資格を得た。学びと経験に満ちた豊かなひと月で、ここで学び経験したことは、超長距離走にも、そして人生にも反映される。精神力、集中力、精神的な持久力、冷静さ、心の平穏を養う。こうした心の在り方は、キプリングの詩「もし」

が雄弁に語っている。

少なくともわたしはそう思う。

だがそれも、わたしがまた走ってみる日になるまでのこと。10分間。あるいは、その日ではなかったかもしれない。最初に何回か軽くジョギングをしたときには、まだ気づかなかったからだ。やりすぎるつもりはなかった。それに、日本からカトマンドゥ経由でミラノに行く長い旅のあいだに機会を探すことは、それ自体が気休めでしかない。いや、そのときが来たのは、数日後、山に戻って、ムスタンのあのすばらしいトレイルを走った日々に感じた無敵だという感覚を、再び取り戻そうと意気込んでいたときだった。

レースを牽引する者の努め

わたしは疑いと不安で打ちのめされている。これまでにわたしが発した言葉のすべてが、自分に返ってきてつきまとってくるような気がする。**あなた**の言うとおりだ、わたしは事実をありのまま伝えるべきであって、ほかの人たちにどうあってほしいかを述べるべきではなかった。魔法は常にそこにあるわけではない。そして、体が衰えるにつれて、あれほど注意深く養ってきた心の強さも、夏の朝のかげろうのようにあっけなく消えてしまうようだ。それが簡単だなどと言った人はこれまで誰もいない。でも、長いあいだ、簡単だと感じていた。多かれ少なかれ。多少の増減はあるとしても。でも、事実はこうなのだ。**わたしたち**にとっても、ときには。

わたしたちというのは、ときにレースを牽引し、先頭を走り、表彰台に立つような人のことだ。どういうわけか、どこかで、それがわたしにとって普通のこと、当たり前のことになった。どのようにしてかはよくわからない。なぜかということさえも。それでも、それに疑問を持つことはできず、自分のしていることをひたすらやり続け、それが与えてくれる機会に感謝し、そこから何らかの効果を生み出せるようにしようと努めてきた。

それでも不思議なのは、インタビューを受けるのが普通になったということに、ある時点で不意に気づいたことだ。専門誌や、熱心な読者に的を絞った特殊な内容のウェブサイトや雑誌だけではなく、今では一般紙でも。わたしが一度も会ったことのない人たちがわたしについて読み、わたしのことを知る。ときには、わたしから刺激を受けたと言う人さえいる。ソーシャルメディアの到来によって気づきやすくなったのは、自分たちは広大な湖に投げ込まれたほんの小さな小石にすぎなくても、生み出す波紋は想像もできなかったほど遠くに届く、ということだ。それでも「小さい」ことに変わりはない――超長距離走は、野球、テニス、F1、そのほかにも数多くの、もっと有名なスポーツに比べれば、（まだ）それほど遠くまで波紋を広げるわけではない。

それでも、誰かが何か書いたり、何かを言ったり、何らかの方法で反応を示してくれると、本当にありがたさが身に染みる。おかげでやる気がわいてくる、というより、あのような一見何の意味もない試みにも、「わたし」を越えて広がる何らかの価値があるかもしれない、という希望がわいてくる。

話をもとに戻そう。ほかの人たちが、わたしは何かが違っていると思うのも無理はない。その人たちが目にするのは調子のいいときであり、力、強さ、美しさだ。でも、わたしにだって、どうしようもないほどの生々しい弱さはある。誰もがいやというほど目にしてきたこと。痛み、疑い。誰もが感じることすべて。わたしもそれを感じる。

恐怖

この夏は、UTMBだけは別にして、本格的なレースに出ようなどという考えはすべて消し去った。UTMBに全力を注ぎ、あのスタートラインに幸せな気持ちで立てるように、調子の良さを取り戻すのだ。あとたったの7週間でスタートだと思うと恐ろしくてたまらなくなる。準備の時間も、全然わたしが思うようには進んでくれない。少しだけ走る。ほんの少しだけ。山歩きをする。こちらも少しだけ。痛む脚。

心の平静さは？　筋肉の記憶は？　どちらも夏の朝のかげろうのようにはかなく消えてしまったらしい。学んだことや経験したことは、さすがに残っている。でも、それさえも、あっけなく、そして愕然とするほど早く、わたしが日々の生活のなかで身を隠している、幾重にも積み重なったごく普通のことの層に埋もれてしまう。

そう、わたしにも、恐ろしさのあまりドアから外に出られない日がある。あまりにも恐ろしくて自分の恐怖を直視できない日々が。あまりにも恐ろしくて自分の弱さを受け入れられない日々が。

そして、自分の内面深くに分け入り、残っていたひとかけらの勇気を見つけ出してなんとかトレイルに足を踏み出してみると、自分が尋ねたくもなかった疑問への答えが見つかった。そう、足の骨にはまだあの奇妙な感覚がある。痛いわけではないけれど、間違いなく「完全には治っていない」という感覚があり、足が準備できているかどうかという不安に揺らぐ思いが波のように押し寄せ、心はそれに弄ばれる。そう、だからわたしは自分がはたして足を使おうとしてもいいのかどうかを問わなければならない。そう、足にできるかぎり負荷をかけないようにするのがいいときなので、わずかばかりのトレーニングの機会も当然ながら逃げ去ってしまう。そう、上るのもつらく、下るのもつらく、自分の足で1時間か2時間進み続けられるかわからない。たとえそれが歩いたり走ったりで、しかも走るよりも歩くことがずっと多い状態であっても。

それで、わたしは1日休んだ。まだ足に負担をかけてはいけない、と自分に言い聞かせる。でも、わたしの頭はわたしを信じない。だから、休むつもりだったのに全然休めなかった。

そして次の日、わたしは不安な思いをすべて抱えたままトレイルに戻った。

そしてその次の日も、その次の日も、また次の日も。そしてまた次の日も。

そしてついに、かすかな希望の光が現れた。そもそもの痛みの原因となった、足の骨に入った髪の毛ほどのひびのような、ごく細い光が。1日また1日と。わずかだけれど、違いはわかる。少しずつよくなっている。

今日は、ムスタンの（ツァンパの）ビスケットの貴重な袋に手をつけた。別に、全力で走ったわけでも、速く走ったわけでもない。でも、距離は長かった。つまり、自分で走れると思っていたよりも長い距離だった。今朝スタートラインを越えて、午後にはゴールラインを越えた。レースをしようと決めてからゴールするまで、24時間も経っていない。万華鏡のようにさまざまな感情が入り乱れ、もっとずっと長く感じた。心もとなさ、疑い、痛み、努力。スイス・アルパインK78（78キロメートル）では、わたしは既に3度優勝している。はたからは、本調子ではないように見えたかもしれない。自分で思っていたより1時間以上かかった。すべての条件が同じだったら。

でも、すべてが同じではなかった。

わたしは目に涙を浮かべてあのゴールラインを5位で越え、２００６年に記録を達成したときよりもずっと感情が高ぶっていたと思う。今回ばかりは、このスタートラインに立てるかどうかもわからなかった。足が持ちこたえてくれるかどうかも怪しかった。脚が自分を運んでくれるかどうかも。心が十分に強いかどうかも。あるいは、速く走れるあの最初のアスファルトの数キロを抜けて町の外に出られるかどうかさえわからなかったし、残りの部分についてはなおさらだ。あれほど厳しい要求を突きつけてきた疲労骨折から回復したといっても、まだ心地よく過ごせるまでにはなっていなかった。

わたしの計画は、**あなた**が提案したとおり、Tシャツの背に「疲労骨折のため療養中。右側から追い越してください」と書いてあるつもりになって、写真を撮り、休憩所でたくさんおしゃべりし、楽しみ、たくさん歩き、まわりにいる人たちとの交流を楽しむ、というものだった。自分が競争せずにいられるかどうか自信がなかったけれど、自分に期待しないことで、スタートラインに立つことができた。

現実は？　足が気になった。慎重になっていたのとトレーニング不足のため、普段のペースよりも遅かった。それでも、脚はまだわたしを運んでくれた。そして、頭と心はあのゴールラインを目指したがっていた。だから進んだ。1歩1歩、また1歩と。

痛かった。楽ではなかった。それでも、自分にできると思っていた以上に懸命に走った。

わずか1週間前、骨折した肋骨（ヨガの指導者養成講座は、思っていたほど穏やかなものではなかった）は夜中に目が覚めるほど痛み、脚は2時間の山歩きをしたせいで痛み、一度に続けて8キロさえ走っていなかったと思う。レースの3日前、50キロを歩いたり走ったりして試してみた。走る方が歩くよりずっと少なかったと言わざるを得ず、口にしたくないほどの時間がかかった。部分的には、「岩に腰掛ける」時間や「へばってしまい、横になって空を眺める」時間がどうしても長くなってしまったせいもある。自信がついたとは言えない。それに、トレーニング量を減らす一般的な方法に従ってもいない。でも、どのみちゼロに近いところからさらに減らすなんてできないのでは？　それにその時点では、レースに出るなどとても考えられなかった。

そんなわけで、どうやって78キロの山岳レースを完走できたのか、よくわからない。それでもなぜか、自分の体も心も、今日できると思っていた以上のことをすることができた。ランナー仲間やボランティアやサポーターからの応援や励ましの言葉から、本当に大きな力をもらった。

わたしの真似をしてはいけない。強度や分量は10パーセントずつ増やしていくという原則に従うのが（おそらく）賢明だ。それも1週間あたりの話であって、1日あたりや1時間あたりではない。どうやらそもそもの初めからわたしは従来の知恵など気に掛けなかったようで、教則本などとっくの昔に捨ててしまい、感覚に従っていたのだ。このときは、自分が無茶なことを求めているという自覚はあったけれど、UTMBが刻々と近づいていたので、慎重さをある程度は（穏当な範囲で）投げ捨てるリスクを冒す覚悟だった。

立て続けのレース

時は過ぎていく。わたしは自分のプライドを何度も何度も飲み込む。わたしはまた別のレース、正確には別のふたつのレースのスタートラインに立つ。

それで、これがウルトラランナーであるということの意味なのだろうか？　立て続けにふたつの山岳マラソン（それぞれ、およそ２０００メートルの標高差があった）に出て、２日目の方が足がすっきりしたように感じること、しかも、１００マイル走った１週間をそれで締めくくることが。これは1週間であの78キロのレースを含めて１２０マイル走った次の週で、２カ月近い休養のあとで２週間連続走ったことになる。

そして、これが少し「クレイジー」だという意味なのだろうか、多少なりとも走れること、日ごとに調子がよくなっていることに感謝するのではなく、以前よりも遅くなったこと、優勝しなかったことで自分を責めることが？　妙な世界だ。


疑いを忘れ、心機一転をはかる時がきた。

それで、わたしは足に重くのしかかる感触を忘れ、自分の恐れを忘れる。そして、これまでに同じことを何度もしたときのことを思い返す。ＵＴＭＢと同じルートで、ボナッティ小屋に泊まる丸2日間の旅。半分を過ぎたところだけれど、いつだってうまくいきそうな気がしている。小屋の人たちはもうすっかりわたしとおなじみで、わたしが午後9時に現れて今夜泊まりたいと言っても気を悪くしたりしない。今わたしがシャモニーで泊っているのはイギリス人とフランス人の一家のところで、この人たちは２００５年の初めてのときからずっと変わることなくサポートしてくれている。最初の年、インターネットを観ていて自分たちのところに泊まっているイギリス人女性が順位をじわじわと上げているのに気づき、雨の降るあの暗い晩、わたしがゴールするところを見にわざわざ来てくれたのだった。子供たちは大きくなったけれど、わたしが毎年巡礼に来るのに慣れっこになっていて、これまでどこにいたのか、今年の夏はどうしてこんなに遅くなったのかと尋ねてきた。ええ、どうしてこんなに遅くなったのだろう？　理想的な時期ではない。それまでの数週間はもっぱらよく晴れた暑い日が続いていたのに、わたしが選んだ2日間の天気予報は最悪だった。でも、時はわたしの味方ではない。今やるしかない、さもないと、もう一度「ラウンド」をやる時間がなくなってしまう。

夜明け前の真っ暗闇のなか、わたしは荷物を詰めた。予報どおり天気が悪かった場合に備えて、自分が持っていきたいと思うよりも少しだけ多めに持っていくことにした。土砂降り、雷雨。確かに、夜中に雷鳴が聞こえ、寝床から出ようという気分がかき立てられる状況ではなかった。お茶、パン、ジャム、コーヒー。最後に**あなた**とGメールでチャット。わたしはノートパソコンを閉じる。もう言い訳はできない。これ以上、扉を開けるのを先に延ばす理由はない。どんよりとした夜明けのなかへ出ていく。

でも、雨は降っていない。だからうれしい。シャモニーを出る道を進み始めたとき、脚に奇妙な痛みを感じた。でも、痛みは消えた。そのことはそれ以上考えない。ゆっくりと進む。

無理をしないように、急ぎすぎないように気をつけながら、まだ足を意識し、足を治す時間を十分に取っていないことを意識し、調子がよくないことを意識する。それでもわたしは進んでいるし、なじみのある目印が近づいてきては遠ざかる。木立を抜けてレ・ズッシュに続く道をたどり、さらに谷を下りる。上ってボザ峠を越え、急な斜面をまた下ってサン・ジェルヴェの町に入る。自分が思うような速さでは進んでいないけれど、前進はしている。途中で足を止めてコンポートを食べ、おかわりももらう。1時間が経つ。足は道を知っているし、レ・コンタミンヌに着けば、きっと焼きたてのクロワッサンが食べられる。

さらに先へ……。

偉大なシエール・ジナール

この夏のわたしの計画は、偉大なる山岳レース、シエール・ジナールに的を絞って、準備し、自分がどこまでできるか試してみることだった。今回は40周年記念で、招待を断るわけにはいかなかった。でも、故障があったし、ＵＴＭＢのトレーニングであの１６８キロを走ったあとに着いたので、休める日は1日しかなかった。それでも、どうしたらいいかは自分でよくわかっているはず、そうじゃないだろうか？　才能にあふれた大勢のランナーたちと、距離が短くペースの速いレースで競い合おうとする。正直なところ、わたしに勝ち目がないことはわかりきっている。おかしなことに、そのおかげでプレッシャーはすぐに消えた。そして、何も期待せずにスタートラインに立つ。このレースはいつも最初から飛ばすことになる、それは経験で知っている。でも、わたしは自分の脚が今はどんなにゆっくりとしか動かないか忘れていて、自分の前に何人女性がいるか数えられなくなってしまった。曲がる箇所に着いて道路を離れ、傾斜のきつい小道へと入る。木の生い茂る山腹を上り、ひたすら上へ。でも、この道がこんなに長く感じられたことはない。脚が重く、まるで鉛のようだ。このレースに参加するなんて浅はかだったかもしれない、という考えが脳裏をよぎる。たったの数キロ進んだだけでやめる羽目になるのだろうか？　道がさらに急になったので、ここは走らなくていい。みんなそうだ。手をひざに当てて踏ん張り、ただ内面に集中して、ベストを尽くすことだけを考える。女性を何人か追い抜く。楽しくなってきた。この部分をただ楽しみ、できるだけ遠くまで行くことにしよう。途中でやめることになるかもしれないし、ならないかもしれない。シャンドランまでの平坦で走りやすい部分では、この脚でもなんとかペースを上げられる。驚いたことに、さらに何人か女性を追い抜いた。それに、わたしはまだ楽しんでいる。ホテル・ヴァイスホルンまでの最後の上りだ。ようやく森林限界線を越えた。こういう山岳トレイルなら楽々と上っていける。楽々と上り、さらに何人か女性を追い抜く。休憩所でコーラをひと口飲み、いよいよだ、ジナールの谷頭にそびえる４０００メートル級の５つの峰に続く、あの美しい道。宝石のような、すばらしく走りやすいトレイルで、この谷を端から端までずっと横切り、それから急激に下って村に入る。さらに何人か女性を追い抜き、もっと速く行けそうな気がしてきた。いい感じ！　よく覚えている。足も、どうすればいいかわかっている。岩だらけの区間がいくつかあって、そこは慎重に進む。足は、地面につける場所を間違えるとまだ痛む。でも大丈夫。わたしにはできる。疲れ切ってなどいないし、道路に出てさらに力を出す。ああ、もう少しで前にいる人に追いつけそうだ。これまでの年よりは遅かったけれど、遅すぎるほどではない。168キロを走ったあとなのに、ダブルマラソンを走った先週末よりもはるかにいい調子だ。よくなっている。それに、足が気にならなかった。3日前に脚に現れていた、あの奇妙な痛みもない。

また別の日、シャモニーに戻る電車の中。インタビューと写真撮影という形の休息日。でも、あの痛みがぶり返してきた。ほんの少し心配になる。ほんの少しだけ。

また夜が明ける。今度はいい天気だ。同じように準備をして、前よりも小さいサックに、食べ物をできるだけ詰め込む。それから、お茶、パン、ジャム、コーヒー。今回はGメールでチャットはしないけれど、**あなた**に簡単なメッセージを送ってノートパソコンを閉じ、今度も、扉は開けられるのを待っている。

今回は、既に少し違和感がある。足は、この前ほどではないけれど気になる。ほんの少し。この2度目の「ラウンド」では、たくさんの人に出会った。おかげでやる気が高まった。

自分がどれほどほかの人たちの善意に囲まれているかに気づく。それだけを糧に進めるとしたら、飛んでいけそうなくらいだ。**あなた**には、来てサポートしてほしい、と頼んでおいた。待っている**あなた**の姿を思い浮かべる。ダヴォスで、知らない人からのサポートでもどんなに力づけられたかを思い出す。とことんやらなければならないとき、**あなた**がそこにいれば、さらに力がわくことはわかっている。それだけで全然違う。シャモニーのゴールラインに結局はたどり着ける自分の姿が目に浮かぶ。

ＵＴＭＢのスタートまで残すところあとわずか2週間となり、わたしはシャモニーのにぎわいをあとにした。今はアルプスの静かな側に戻ってきている。1日休息を取り、脚から168キロ分の疲れを落とそうとする。それから、また試してみる。15キロメートル——舗装されていない道を上ってそのまま引き返す。脚の調子はいい。あの1点を除けば。痛みはかなりひどい。がまんして走る。力を出す。今回の走りは、この夏のあいだじゅう感じていたよりも調子がいい。この最後の1週間のきついトレーニングが効いた。このいまいましい痛み以外は。マウンテンバイクに乗った人が、わたしを抜かそうとして全力で追ってきた。わたしはいいテンポを保って進み、調子がよさそうだねとその人からほめられた。その人はわたしが折り返す地点まで一緒に来て、もし追い抜いていたとしても、抜き返されただけだっただろう、と言ってくれた。わたしは笑顔でお礼を言った。でも、心のなかでは泣いていた。その人が知ってさえいたなら。調子はいいはずだ（わずか2週間で、体がどこまでできるようにならければならないかを考えてみてほしい）。でも、もっとよくてもいいはずだ。それに、どう見えようと、痛みはひどい。わたしはちょっと足を止め、向きを変え、飛んで戻ろうとする。でも、あまり飛べない、痛みが怖くて少しためらってしまう。自分でも痛い方の脚をかばっているのは自覚していて、反対の脚の筋肉が張り詰めているのがわかる。

1日休むことにした。**あなた**は「泳いでおいで」と言う。

もう1日休む。また泳ぎに行く。わかっている、本当はわかっているのだ、この痛みが何かは。でも大丈夫、今日は病院に行くのだから。レントゲンには何も映らず、超音波でも何も見つからない。ドクターは、レースのために痛み止めをくれる。何もかもうまくいくはず。ただ、わたしはそうではないことを知っている。

また別の日。同じように15キロ走る。痛みはかなりひどく、片足を引きずっているのがわかる。自分が足を引きずりながらシャモニーから走り出る様子を思い浮かべてみる。いい笑い者だ。自分にできると本気で思っているのだろうか？

1日走らずにいる。まただ。わたしが本当にトレーニング量を減らしたのはこれが初めてかもしれない。泳ぐ。考える。考えずにはいられない。

また別の日。あのときもらった痛み止めを1錠飲み、2時間の山歩きに行く。これまでの6週間の進歩などなかったかのようだ。わたしは戻り、村を歩いて出る。始めるのが怖い、この痛みが何を告げようとしているのか知るのが怖い。でも、自分に言い聞かせ、足を動かして走ろうとしてみた。歩幅が狭くてもいいように、わざと丘のふもとで。そうしてみると、痛みに耐えられた。走れるところは走って上り、傾斜が急になるところでは踏ん張りながら進んで頂上に着いた。痛みには耐えられるし、調子も悪くない。どんな奇跡が起きたんだろう？　しばらく岩に腰掛ける。想像できないほどすばらしい光だ。稜線が夏の深い空にくっきりと刻まれている。深呼吸する。また信じられるようになった。もしかしたら、本当にもしかしたらだけど、まだスタートラインに立てるかもしれない。気分が高まる。下りは気楽に進んでいく、でも本当は実際には駆け下りた。まだ信じている。ＵＴＭＢのスタートまで、あと1週間を残すのみだ。

わたしは仰向けに横たわっている。病院の青いガウン以外は何も身につけずに。ＭＲＩの機械のなかは、すっかりおなじみの場所になってしまった。音の悪いラジオでは、うるさい反響音を覆い隠すことはできない。できるのは、待つこと、そして考えることだけ。あと何回こんなことをしなければならないのだろう？　わたしのレースまでわずか数日というときに、こんなところにいるなんて。はっきりさせた方がいいのだろうか？　もしかしたら？　電車で帰宅する。痛み止めをもう1錠のみ、再びあの15キロを走るトレーニングに行く。すごく調子がいい。相対的には。前回に比べれば。この痛み止めの効き方、奇跡じゃないだろうか？　これで十分なのでは？　わたしは再び、自分がレースに出ているところを思い浮かべ始める。頭のなかで、コースのさまざまな場所を走ってみる。可能だろうか？　まだ可能だろうか？

三たび…

家に帰ってノートパソコンの蓋を開けると、パソコンが目を覚ます。メールをざっと見ると、「ＭＲＩ」という件名が目に入る。背を向けて、シャワーを浴び、ヨガをする。気分はいい。前向きな気分。あのスタートラインに立てそうだ。再びパソコンに向かい、メールを読む……。

はい、了解。思ったとおりだっただけのこと。疲労骨折。わたしは冷静。何も変わっていない。気分はいい。スタートラインがわたしを待っている。

それから、しばらくして頭のなかで何かがカチッと音を立てた。涙が頬を流れ落ちる。痛み止めのことを思い出す。疲労骨折という言葉を思い出す。大腿骨。白地に黒で書かれている。気のせいではない。疑いでもない。現実だ。

これが３回目の疲労骨折だ。

頑張ったのに。本当に頑張ったのに。冬の、あの最初のときは、じっとがまんした。それでうまくいった。以前のような強さが戻ってきた。夏の初めもがまんした。自分にできるかぎり時間をかけた。それでも結局、わたしは頑張りすぎ、急ぎすぎたに違いない。いつラインを越えたかを知るのは難しいけれど、もうラインを越えてしまった。これがどういう意味かはわかる。大腿骨は足の骨よりも治るのに時間がかかる。10週間かもしれないし、12週間かもしれない。そのあいだ走れない。

それでもレースに出られるだろうか？　痛みならなんとかできる。これまでだってそうしてきた。あの痛み止めも役に立つ。「走らない」期間を1週間だけ先に延ばせないだろうか？きっと、きっとたいした違いはないはずだ。あのトレーニングのラウンドで、痛みに耐えながら走ったことを思い浮かべる。今までだって、痛みに耐えながら走ったことはある。自分にできることはわかっている。そう、確かに大変だろう。でも、できなくはない。

やるべきだろうか？　できるだろうか？

本当にリスクを冒すべきだろうか？

◎第14章：体と心

地獄を見ていない者は、その救済策も見ていない。

——C・G・ユングの言葉にもとづく

ディール・ラリット・プリヤの言葉。

走るときの身体と精神

競争と、極度の持久力。わたしの人生にとって、このふたつは昔も今も美しく不可欠な要素だ——そこにたどり着くまでの発見の旅がそうだったように。でも、わたしは女だ。つまり、わたしたちは満ち引きをくり返す潮のような人生の流れに運ばれているということになる。常に変化している。アン・リンドバーグの言葉によれば、「生活でも、愛情でも、その持続は成長に、また、流動性に、そしてまた、自由であることにしか求めることができない」[*1]〔『海からの贈物』吉田健一訳、新潮社、1967年。語尾のみ変更〕。

わたしはまだストゥーパのまわりを回っている。1周また1周。穏やかに動く人々の波に運ばれて。あたりは暗くなってきた。

わたしは**あなた**に、わたしの頭は体をコントロールしすぎるのだと言った。しばらくのあいだはそれでかまわなかった。そうでなければならなかった。そのとき目の前にあったことをやる力になってくれた。それでもずっとそのままというわけにはいかず、わたしの体は今では言い返してくるようになった。やんわりとだけれど重みのあることを。物理的な意味で未知の領域に文字どおり入り込むのはつらいけれど、これは、バランスの取れる新たな地点に到達するまでの一時的なことだと思いたい。

けれども、わたしの体が故障に打ちのめされたように、わたしの心と精神は吹き荒れる情熱の風にさらされてきた。それもそのうちおさまるだろう。願望、目的、無心。願望を認識して受け入れ、目的を定め、無心になる。

わたしは怖い、と**あなた**に言った。**あなた**はこう尋ねた。「でも、怖いって何が？　快適領域から出ることがかい？」わたしは、その快適領域に戻ってしまうことの方が怖い、と答える。**あなた**が言ったように、怖さにもいろいろある。この故障の時期にわたしは方向転換を強いられ、自分にとって当たり前だったことから遠ざかる結果になった。これほど長い期間これほどつらい思いをすることになったのは、自分の限界を探りバランスを保つための手段として、わたしが走ることだけに目を向けていたからだろう。ほかの手段だって、いくつもいくつもあるのに。

わたしは物語の筋を脇に置かなければならなくなった。ただ存在することだけに専念するようにペースを落とし、あまたの判断、先入観、期待、計画を手放さなければならなかった。わたしは今でもまだもがいている。でも、かつて**あなた**が言ったように、「スーフィーの詩人は『これもまた過ぎ去るだろう』と助言している」。

認識すること、選択すること

あなたはこう言った。「ときには、何かを学んだり真実であることがわかったりするために何年もかかることがあるけど、僕の意見では、それでも、自分が世界を、そしてそのなかでの自分の場所をどのように見たいかを主体的に選択するっていうところに、いつだって帰り着くんだと思う。そして、それを続けられるように自己認識を育てているんだ」

認識。走ることはときに、わたしにとっては、存在する方法、ものを見る方法、探求の方法、意識をさらに高める方法を探索する手段だった。ときには自己認識を高める方法であり、ときにはわたしをわたし自身の後ろに隠してくれるものとなった。

わたしはまだ競争するかもしれないし、まだはるか彼方の山々に行くかもしれないし、まだ長くて途方もない旅をするかもしれない。そうしたいと願っている。でも、そうする必要はない。ほかにも探索の方法はあるからだ——**あの**走りの美しさ、じっと座り、分かち合い、話し合い、創造し、愛することの美しさ。その瞬間の、あるがままの穏やかなエネルギーとともに存在するだけで十分なのだ。**あなた**がそれを示してくれた。

あなたはかつて、道に迷って途方に暮れ、傷だらけになって打ちひしがれたわたしを待っていてくれた。わたしはまた道に迷ってしまった。今度は、傷だらけになったのはうっそうと茂った森のせいではなく、物事を徹底的に突き詰めてしまうというわたしの癖のせいだ。わたしは今、否応なくそのことに気づかされ、幻想をすべてはぎ取られて、自分が何者かを再び見出した。何かを待つ必要はない。人生は今しかない。

あなたが言ったように、「君は、自分の現実と自分のものの見方をコントロールしているんだ」。

現実。長時間にわたって山のなかを走るのは、それを経験する方法のひとつだ——走ることで感覚が鋭くなり集中力が高まるので、探索の枠組みが広がり、自分が限界だと思っていたところを越え、より深い現実を経験する自由が手に入る。でも、そうさせてくれるものはほかにもある。

わたしのものの見方。そう、わたしは信念にしがみついて思い込みを手放そうと試みている。信念とは、真実に対して心を無条件に開いておくことだ、それがどのような結果になろうとも。先入観を持たずに未知の領域に飛び込むのだ——真実は自分たちが望む通りのものだと頑なに思い込むのではなく。アラン・ワッツが言ったように、「思い込みはしがみつき、信念は手放す」[*2]。

わたしたちの行う選択が、わたしたちが何者かを決める。そして、それはいつだってわたしたちの選択なのだ。
選択の美しさと現在の奥深さについて書いたアンドレアス・フランソンのブログをわたしに見せながら**あなた**が言ったように、「自分で答えを選択して、それを現実のものにできるんだ！　イェーイ！」アンドレアス・フランソンはスウェーデンのエクストリームスキーヤーだった。彼はこのブログで友人の死について書いている。彼自身も、**わたしたち**が初めてこの言葉を読んでからしばらくして亡くなった。

言葉に次ぐ言葉、状況に次ぐ状況、感情に次ぐ感情――人生は満ち引きする潮のように続き、僕たちは、あるときは波に乗り、あるときは波にのまれ、あるときは波に取り残される。何が起ころうとも、僕たちはそれに対処する。そして通常は、それについてどう対処するか、どう感じるか、どう考えるかを選ぶのは僕たちで、僕たちはその選び方を学ぶことができる（因果関係は逆になるけれど）。今僕たちがいるところは、僕たちがいられる場所のなかでも最も深くて最も洗練された、美しく信じがたい場所だ。もしそうでなければ、意見を変えるか状況を変えるかすればいい。どちらも、ほとんどの場合は絶対に可能だ。現実は、どれでも**好きな**ものを自分で選んでつくることができる。だったら、**自分が**好きな現実をつくろう！　人生は続き、どう続いてほしいかは選択できる……だから、今このときをすばらしいものにすればいい。[*3]

わたしはまだぐるぐると回っている。何度も円を描きながら。もう遅い時間だ。お店はすべて閉まった。にぎわいもすっかりやんだ。あふれるようだった人の波も引いた。犬たちは眠りから覚め、やはりうろついている。ろうそくが灯された。その揺らめく光だけが、わたしたちのコルラを見守っている。

＊＊＊

レースに出るか、否か

わたしは**あなた**に伝える。「とにかくレースに出る。痛くても走る。できるはずよ」。**あなた**は不作為バイアス（何かをして失敗するより何もしないでおく方がいいと考え、何もしないこと（不作為）を選択する心理）について話し、ずばりと言う。「僕や、君のまわりにいるほかの人たちが、君にそんなことをさせるわけにはいかない、そうだろう？」確かにそうだ。

ほかの参加者の後ろを歩いていくことも考えていると打ち明けると、**あなた**は「168キロメートルを歩くのだって、走るっていうのいまいましいこととそう変わらない、だろう？」と指摘し、どうしてわたしがまだ走りたいのかと尋ねる。わたしは答えて言う。「おもしろいかもしれないでしょう。これまではほとんど時間がなくてできなかったけど、ボランティアの人たちにお礼を言えるし、ブルーベリーパイを食べられるし、岩に座れるし、ほかの人たちと話せるし、シャモニーのジャーナリストを避けられるし」。**あなた**は付け加えて言う。「走るのが好きだし、競争するのが好きだし、仲間外れにされたような気がするし、ほかの人たちがスタートラインから遠ざかっていくのがうらやましいし」。確かにそう、どれも当たっているし、そのほかの理由もある。

あなたはこう言う。「そうしないことにも物語があるし、ほかの人たちが学べることだってあるよ」。これは、その物語だ。

あなたは、少し散歩でもして、これからどうするか、どうすればエンドルフィンを出し続けられ、山々を眺めていられるか考えてみたらどうかと言う。「水彩画を描いてもいいし、奇術師フーディーニみたいに拘束衣を着て脱出芸をやってもいいかもね」。どちらも、まだわたしのやりたいことリストに載っている。

レースは始まり、レースは終わる。わたしがいてもいなくても。チャンスは再び巡って来るかもしれないし、来ないかもしれない。時間という観点から見れば、これほど重大なことはないように思える。でも、その状況を乗り越えてしまえば楽になる。その瞬間において、そのことにどう向き合うかが大切なのだ。

わたしはあのスタートラインに立つことに、感情的にも精神的にも入れ込んできた。そのことを楽しみにしてきた。シャモニーに行く計画はまだそのままだったので、行く以外に何ができただろう？　笑顔を絶やさぬようにしながら、レースの「別の」面を体験するためだけに。

わたしがどんなにこのレースのことだけを考えていても、時は過ぎ去り、そのときは落ち込んでも、わたしが出場するかしないかは長い目で見れば当然ながらまったくどうでもいいことなのだと気づいた。それが、レースの持つ奇妙で当惑するような矛盾点だ。もしわたしが本気でレースに集中したいと思い、全力を出し切りたいと思うなら、しばらくのあいだは、しばらくのあいだだけは、自分に暗示をかけて、重要なのはこのレースだけだと信じ込まなければならない。一歩下がって論理的かつ理性的に考えれば、もちろんレースなどまったく重要ではない。

どんなことでも（おそらく）同じなのだろう――新たなプロジェクトを立ち上げること、絵画を描くこと、写真を撮ること、詩を書くこと、お茶を淹《い》れること、会話をすること、愛を交わすこと――その瞬間は、長くても短くても――ほかのすべては遠ざかり、そのことだけに専念し、そのこと**だけ**が重要になる。

故障。それはわたしがこれまでに経験したことであり、これから先も間違いなく経験することだ。不確かさを抱え、待ち、調子の良さを取り戻すまでのゆっくりとした長い道のりは、これまでにも経験してきた。でも、毎回が新しい。毎回わたしは「もし……」と考える。もし、動けて、レースに出られ、走れるような状態に戻らなかったら？　そして、わたしはなぜそれが自分にとって必要なのかを考えるようになった。

走ること、もっと正確に言うなら「自分自身の2本の足で動くこと」（歩く、トレッキングをする、登山をする、山歩きをする、など）は、わたしの日々の生活の一部になった。わたしにとって当たり前のことだ。それが、わたしのすることだ。それを奪われてしまったら、わたしは舵を失って波間に漂うボートのようになってしまう。わたしは誰か。わたしはどこにいるのか。わたしは何をしているのか。なぜなら、もし、わたしにとって走るということの真実が、動くことを通して自分自身を見出すことだとするならば、走ることは、わたしが自分自身をもっと深く知るために天から授かったものということになるからだ。だから、走ること、動くことがなければ、わたしは自分が知っているとは思えない人間と向き合うことになる。

ときにはそれが恐ろしいこともある。でも、ときにはそれが自由なのだ。

これは、自分への期待、自分への決めつけという層をはぎ取ることにもなる。玉ねぎの皮をむくときのように涙が出ることもある。それでも、そうすることで、自分自身から距離を置き、感じ、見つめ、耳をすませ、観察できるようになる。意識が高まる。

ただ意識すること。

でも、わたしが強さと弱さのはざまで踊っているときにラインの正しい方の側に居続けるためには、それで十分なのだろうか？　故障は、いつだって何かを教えてくれる。いつ、どのように訪れても。でも、わたしはもう故障をいやというほど経験してきた。もうこんなことはしたくないと思うところまで来てしまった。これ以上学ぼうという気力が自分にあるとは思えない。知らなければならないことが、まだほかに何か残っているのだろうか？　身をかがめてからまた立ち上がる力など、もう残っていない。もうこれ以上は。

でも選択の余地はない。わたしはそうするしかない。

いや、むしろ選択肢はあって、わたしが選択しているのだ。

出場しない勇気

２０１３年のＵＴＭＢのスタートが終わった。わたしはここにいる。サイドラインに。声援を送りながら。

それまでが大変だった。時間をかけ、悔しくて涙を流し、希望を抱き、やむなく恐怖を飲み込み、トレーニングでは不調のまま走り、調子を取り戻すために力を振り絞って反対側まで駆け抜けた。レースのときの長い夜と昼のあいだに進む1歩1歩すべてを体と心に思い出させた――わたしの体も心も、何が必要かはよくわかっている。でも、わたしはラインの間違った側に落ちてしまった。強さと弱さのあいだにある、あの細いラインの。わたしは無力だ。無防備な気がする。

　わたしはレースの別の面を見ている。

　夜のしじまを抜けて走るのではなく、わたしは88キロ地点のボナッティ小屋にいて、食事をし、ワインを酌み交わし、数時間眠った。**あなた**も一緒にいる。それでもなおわたしをサポートしに来てくれたのだ。**わたしたち**はこのチェックポイントで、参加者を最初から最後まですべて見届ける。ザ・ノース・フェイスのわたしのチームメイト、ローリー・ボジオの、ほかの人たちに力を与える美しい走りを目のあたりにした。ＵＴＭＢで女性にもできるとずっとわたしが思っていたことを、ローリーは成し遂げた。23時間を切るタイムで総合第７位でゴールという快挙は、彼女の絶対的な強さ、それに彼女の朗らかな性格とともに記憶に残るだろう。

　自分自身の期待を上回る力を発揮した人々を目にし、すさまじい苦闘を目にした。笑顔と笑いを目にし、涙とすすり泣きを目にした。力と強さを目にし、極度の疲労を目にした。背すじが伸びる思いだった。レースの最中にわざわざ時間を割いて、来てくれてありがとうとわたしに言ってくれた、本当に心の広い人たちにも大勢会った。

　圧倒されるような体験だった。

　レースの前にも最中にもあとにも、わたしは深く考えさせられた。たぶん、自分がレースで走っているときよりも深く。**あなた**がいてくれたおかげで、わたしはいっそう深い力を得られた。レースに出るよりも立ったままでいることの方がもっと勇気がいるなんて考えたこともなかった。でもそうだった。

それで十分だと思っていた。2カ月だけ走らずにいて、自分に課した制約を厳しく守っていればいいと。耐えようとした。モロッコではほこりっぽい山に足を踏み入れ、走りたいという衝動を抑えて、人けのない波打ち際を歩いた。岩にぶつかって砕ける波を眺めてその歌を聞き、その力を感じた。スークをぶらつき、その活気を感じた。アルプスの静かな側に戻り、やるべきことに没頭しようとした。

再開の一歩

それでも、カトマンドゥの色彩が恋しかった。穏やかでほこりっぽいあの混沌、猫の鳴き声、犬の吠え声、何でも盗んでいくサルたち、朝になると昇って来る、真っ赤な球のような太陽が恋しい。無数の光景、音、においでわたしたちの感覚に襲い掛かる都市。貧しさに満ちた都市にして豊かさに満ちた都市、対比と矛盾を抱えた都市。でも、そこでの暮らしには独特の美しさがあり、その暮らしが、わたしたちの目の前で「ナマステ」の声と笑顔とともに路上で繰り広げられる都市。どれもが恋しかった。自分があの国に引き寄せられるのを感じた。わたしからすべてをはぎ取りながらも、生命力で縁までなみなみと満たしてくれるあの国に。わたしの好奇心をとらえ、わたしの情熱を引きつけてやまないあの場所に戻るときが来たのだ。

こうして戻ってきたわたしは、慣れ親しんだここでの穏やかな生活に再び落ち着いた。そして、ようやく、体をかがめてスニーカーのひもを結び、そっと足を踏み出す朝がやってきた。また一からやり直すような気分だ。でもわたしは、自分の足が調子を取り戻すまで、トレイルを1歩1歩、また1歩と歩んでいくことを信じなければならない。また少しずつ朝の軽いランニングができるようになったのは純粋にうれしい。カトマンドゥから出ていくトレイルを探索し、笑っている村の子供たちの「やあ」とか「こんにちは」とか「元気？」などの声を再び聞き、犬や牛や山羊や鶏をよけながら走れることが。

ときにわたしたちは、しばらく時間を置いてから走ることを再開する。そんなとき気づくのは、走ることがよき友人のように待っていてくれることだ。

わたしたちが走らなくなる理由は無数にあるだろう——故障、病気、仕事、家族、休養、落胆、あるいは単に、長く暑い夏や雪の降る寒い冬のあいだはちょっとやめておこうと思ったからかもしれない。でも、走ることはわたしたちが不実になる理由など気にしない。ただそこにあって、辛抱強くわたしたちを待っている。

わたしたちは先送りにするかもしれないし、走れない口実を千個も考え出すかもしれないし、走ることの何が好きなのかを忘れようとするかもしれないし、その魅力を無視するかもしれない。それでもいつか、今朝こそそのときだと思い立つ朝がやってくる。故障から回復し、仕事が一段落し、暑さが和らぎ、雪が解け、あるいは単にやる気を取り戻し、体をかがめてスニーカーのひもを結び、そっと足を踏み出す朝が。

過ぎた時間が長くても短くても、または完全にやらなかったわけではなくてやることが減っていただけだったとしても、再び一からやり直すような気分になる。不安でもあり、とまどうことでもあり、恐ろしくもある。かつてはあんなに身近だったのに、どうしてこんなによそよそしく感じるのだろう？　足は、そっと踏み出さなければならない。トレイルを1歩1歩、また1歩と、自分の足が調子を取り戻すまで進むのだ、とひたすら信じなければならない。一度に1歩ずつ。

わたしたちは、つい、あまりにも多くのことをあまりにも早く期待してしまう。自分が不実だったことを忘れ、自分たちが遠ざかっていたこと、放置していたことを無視する。自分がやめたところからそのまま再開できると思う。わたしたちの会話が中断したことなどないと思ってしまう。でも、人生とはそういうものではない。何にでも時間が必要だ。何事にも、再調整する期間が必要だ。友人とともに、あるいは友人なしで暮らすことを学ぶときでも。その友人は、いつでもわたしたちを待っていてくれる。走ることは、そのよき友人のようなものだ。いつだってわたしたちを待っていてくれる。でも、わたしたちがそれなしでしばらくのあいだ過ごせるようになるまで時間がかかるように、また一緒に過ごせるようになるにも時間がかかるのだ。

再開するときは、ゆっくりでなければならず、おおらかでなければならず、思いやり深くなければならない。与えることも受け取ることも必要だ。再び知り合うための時間が必要だ。わたしたちと、わたしたちの走りが、再びうまく付き合っていくことを学ばなければならない。プライドを飲み込み、内面を深く掘り下げて、残っている勇気のかけらを探さなければならない。そして**あの**走りに戻らなければならない。今こそわたしたちはあの走りに戻れる、なぜなら、あの走りはわたしたちを再びあたたかく迎え入れようと腕を広げて待っていてくれるのだから。今こそわたしたちはあの走りに戻れる。弱さを抱え、すべての期待をはぎ取られたままで。

落ち込むかもしれないし、くじけるかもしれない。やるべきことの多さにたじろぐかもしれない。自分が何をしているのか確信が持てず、1日か2日休んでしまうかもしれない。でもそのあとわたしたちは再び戻って来て、揺れ動く不確かな思いをすべて抱えたまま**あの**走りに向かうのだ。

わたしたちは焦点を定め、やるべきことに集中しなければならない。

ヨガをするときと同じだ。マットを使うときは、ほかの人のマットではなくそのマット、自分のマットの上に完全に存在するすべを学ばなければならない。それは**あの**走りに行くときも同じだ。わたしたちは、自分の内面にまなざしを向けなければならない。隣の人がポーズをどこまで深められるかは関係ない。昨日自分がどこまでポーズを深められたかは関係ない。自分が今日どこまで深められるかを見つけなければならない。**あの**走りも同じだ。以前とは違うように感じられるだろう。自分をほかの誰かと、あるいはそのときよりも前の自分と比べることはできない。自分の今日のなかで、自分の限界の端を見つけなければならない。次の日も。そのまた次の日も。

そして、ある朝、小さな希望の光が現れるだろう。日ごとに、わずかながらもはっきりとわかる違いが現れる。徐々に進歩していく。なじみのないものが、再び親しみを持てるものになる。わたしたちは、あんなによく知っていた幸福感の予兆をつかのま味わうだろう、長い距離を走ったあとで放出されるエンドルフィンが引き起こす、あの幸福感を。

いつかその朝が来るだろう、わたしたちの不実さが忘れられ、大地がわたしたちの足のリズムをまた思い出してくれることがわかり、わたしたちが美しい対話を再開できるときが。

マナスルに差す希望

マナスル・マウンテン・トレイルレースに戻ってきたけれど、なんだか妙に不安を感じる。全力を出さずに走るつもりでレースに参加するのは今回が初めてだ。これは当たり前のことから踏み出す1歩になる。故障のあとで調子を取り戻すためにそっと足を踏み出すのにこれ以上の場所はない。涙と恐れ、笑いと笑顔を分かち合うのにこれ以上の場所はない。踏みならされたトレイルの探索に夢中になり、山のなかで昔からの友人と新しい友人とともに過ごすのにこれ以上の場所はない。紺碧の空と、はためく祈禱旗のもと、またこの天空のトレイルに戻って来られてうれしい。

わたしはどちらともつかないところをさまよっている——走っているけれど競争はしていない。この場所は美しく、自分でも気づいていなかったほどわたしを変えてくれた場所に走ったり歩いたりしながら戻れるという幸せに、ただ身を委ねていられる。

マナスルを部分的に周回する**わたしたち**の旅はごく自然に終わり、カトマンドゥで少し休んでから、すぐにムスタンの大自然に向かい、冬に開催される小規模なムスタン・マウンテン・トレイルレースに参加した。わたしは前よりも少し本気を出して走り、わたしの足は再び幸せなリズムを刻めるようになった。筆舌に尽くしがたいほど雄大な大渓谷のなか、勢いに任せて急な斜面を駆け下りた。絶景のなか、すばらしい仲間に囲まれてさっそうと走る——ほこりまみれの脚、幸せな日々。わたしは改めてあの強さを感じながらも、その気持ちを少し抑えるかのように、自分という存在が、そして自分がしていることがいかに小さいかを否応なく自覚させせられた。

わたしにとってムスタンは限界のない場所だ。実際の限界も、頭のなかの限界も。わたしの魂が、天と地のあいだの空間を満たすほどにまで広がる場所。こんな場所はない。**あなた**

が言ったとおり。
わたしは力と調子を取り戻し、自分が「復帰」しつつあると思えるようになった。２０１４年が来るのが、そして再びレースに臨めるのが楽しみになってきた。

走ることが社会に与える意義

ヨーロッパに戻り、友人のロジャーがトレイルの最近の傾向について書いたものを読んだ。考えさせられる内容だった。故障のために、何度も何度もくり返し、自分が走っているときにしていることはいったい何なのだろうと考えざるを得なくなってから1年が経つ。それに、「走り、歩き、ハイキングし、ジョギングし、トレッキングし、ときどき数分間腰を下ろす」ことにも、それなりのよさは確かにあった。

状況によっては常に競争という要素があるものの、わたしは走ることが持つ社会的な意味合いの価値も学んだ。それは、必ずしもほかの人たちと一緒に走るということではない。むしろ、話し合い、分かち合い、わたしたちの考え方とわたしたちの世界を探索することだ。走っている最中でも、走る前でも、走ったあとでも。わたしはその大切さを（改めて）学んだ。ランニングのような身体的な活動を一緒に行うと、心が開かれて、同じ体験を分かち合っている人を受け入れられるようになる。これは、本当の議論を行うとき真っ先に必要になることだ。わたしは、トレイルを自分と分かち合ったすべての人に対して抱いている感謝の念に気づいた。そして、トレイルを離れてからもわたしとあらゆることを話し合って人生の時間をともに過ごしてくれた人たちには、さらに深い感謝の念を抱いていることにも。

新たな年は新たな希望をもたらし、ランナーには越えるべき新たなラインをもたらす。

ここネパールには、物事がどうあるかを表す言い回しがある。「ケ・ガルネ？」ネパール語の美しいフレーズで、直訳すると「何をする？」という意味だけれど、実際には、態度、考え方、哲学を表している。

何をする？――このように問うのは、ときにはまったくわからないことがあるからだ。そして、何をしたらいいかわからないとき、そんなときは、何をするだろう？　自分がしていることを続けるしかない。わたしたちは試し続け、失敗し続け、信頼し続け、愛し続け、生き続ける。

ケ・ガルネ？　これは困難な状況やいらいらさせられる状況、一筋縄ではいかない状況に直面したときに使う言葉だ。たとえば、急な傾斜に差し掛かって脚の痛みがひどくなったけれど、休むことなど問題外だというときに使う。日々の雑用のひとつとして、木の枝や木の葉を集めるために、長い距離にわたって山を上ったり下りたりして歩くことが欠かせないのだから。そして、そうやって集めた木の葉や木の枝があるから、料理したり家を暖めたりできるのだ。

ケ・ガルネ？　どうしようもない。これは答えを求める質問ではなく、ただ、板ばさみになって身動きが取れないときのようなあの気持ちを表す言葉だ。物事をあるがままに受け入れて抗うな、という表現だ。なぜなら、そうすることによって初めて、状況に対してどう対応するか、あるいはしないかを決めることができるからだ。

わたしは希望を抱いて新年を迎えた。カトマンドゥの谷のふちを50キロ、ゆっくりと、力をセーブして走った。すてきだった。楽しくて、愚かなことに先を楽しみにし始めた。

そして、痛みが来た。脛骨に。またもや長期間にわたって走れない日々。ケ・ガルネ？

これが4回目の疲労骨折だ。

わたしは運がいい。生活していくため、暖かくするためや食べるために、山を上ったり下りたりして歩き回る必要はない。料理をするためや家を暖めるために、木の葉や木の枝を集める必要はない。カトマンドゥでは、まさに生きること自体が挑戦だ。12時間から18時間にわたる停電、断続的にしか使えないインターネット、たまにしか出ないお湯など、挙げていけばきりがない。でも、わたしには選択の余地がある。眠るための寝床もあるし、食べるものもある。だから気楽なものだ。考えてみれば、必要なものなどたいしてないのだ。少なくとも、わたしが本当に必要とするものは、物質的なものではない。

走らない選択をする日々

なぜわたしは走るのだろう？　走ることは、わたしが何者であるかの表現だ。それが、わたしが走る理由だ。ただそれだけだ。でも、「わたし」が何であれ、表現する方法はほかにもある。そして、わたしはしばらく走らないという選択ができる。

けれども、わたしがその選択をしなければならない日はあまりにも多かった。借り物の自転車に乗って何時間も出かけた。子供たちがあいさつしてくれた。そして子供たちがあいさつしてくれたときは、笑顔で答えなければならない。その子たちが知る必要はないけれど、わたしは心のなかでは泣いている。なぜなら、故障を経験するたびに、信頼し続けること、信じ続けることが少しずつ難しくなっていくからだ。だからわたしは笑顔を浮かべる。

時は流れる。わたしは回復する。再び身をかがめてスニーカーのひもを結び、そっと踏み出す朝がやってきた。わたしはムスタンに戻る。わたしはピンクの水玉が好きになり、夜明けに出発してほかの人たちのためにルートに道しるべをつける、という新しく見つけた役割も気に入った。力をいくらか取り戻すという最初の大仕事は、大自然のなかの、天空を走るこのトレイルで行われた。この大地は、今ではわたしの足のリズムを知っている。山道を延々と上ったためにわたしの脚は痛み、わたしの心臓は、４０００メートルを越える高さをゆったりと波打ちながら伸びるすばらしく走りやすいトレイルに合わせて脈打つことを再び覚え、わたしは自分の体に対する感覚をある程度取り戻し、再び、筆舌に尽くしがたいほど雄大な大渓谷のなか、勢いに任せて急な斜面を駆け下りた。

わたしたちは家に着き、わたしは日々の走りの美しいリズムとともに訪れるはかない平和を再び見つけようとした。都市の喧騒を見下ろして静かにたたずむシヴァプリの山々は、戻って来てからの4カ月で最も長い距離を走るわたしを歓迎してくれる。今ではこの山々のこともすっかりよく知るようになった。レースで必死に走ることもあれば、トレーニングでもっと穏やかなペースで走ることもあれば、急がずに歩くときもある。モンスーンのあとで豊かな緑にあふれるときも、乾季の荒涼とした状態のときも知っている。土台はできた。これがわたしの転機だ。わたしの前には、日々が、月々が広がっている。わたしは再び希望を抱くように、夢を見るようになり、この夏はまたレースに出られると信じるようになった。

わたしは耐えた。自分にできるかぎり。それから?

それから、わたしは仰向けに横たわっていた。青空を眺めながら。ほこりがのどに入る。ほこりが目に入る。とっくに泣いて涙が出ていたけれど、ほこりを言い訳にできる。でも、わたしは屋根の上でひとりきり。誰にも聞かれないし、誰にも見られない。はるか下の路地で犬が吠えているのが聞こえ、道路を行く車の低い音が聞こえる——歩行者、自転車、スクーター、オートバイ、タクシー、バスが混ざり合った心ひかれる音に、ときどきクラクションが合いの手を入れる。痛い。足首が。ひねったりねじったりした覚えはない。でも痛む。MRI検査、理学療法の予約、そのあとで整形外科の予約。そして、わたしはここに仰向けに横たわっている。青空を眺めながら。わたしの足は半分ギプスで覆われ、松葉杖が待っている。

これが5回目の疲労骨折。

わたしは100マイル以上の距離を走れる。もう今では数え切れないほどそうしてきた。トレーニングで、レースで、そして楽しみとして。それなのに、どうして2週間松葉杖で過ごすと思うと怖くなるのだろう？　自分には耐えられそうにないと思ってしまうのはなぜだろう？　手には大きなまめができた。腕は痛み、ギプスの重みが加わったせいで足も疲れ、肋骨が痛み、慣れない力を使うせいで体じゅうが痛い。椅子から転げ落ちたこともあるし、道路の縁石から転げ落ちそうになったこともある。朝、自分のコーヒーを台所から机まで運ぶこともできない。しかも、まだこれが最初の24時間なのだ。

松葉杖が本当に必要かどうかについては議論の余地がある。でも、これで治るスピードが速まるなら使う価値はある。

走りたくてたまらない。でもそれ以上につらいのが、用事を済ませるために自由に自転車に乗れなくなったこと、ろくに動けず、ほんのちょっとしたことにもこれまでになかったほどの労力が必要になることだ。動けることがどんなにありがたいかを痛感した。そして、こうして失ったもののおかげで、自分ができるようになりたいことと、実際にできることを分けるラインがどんなに細いかも思い知らされた。

わたしはまた100マイルを走るようになれるだろうが、人のいない屋根の上で青空を眺めて仰向けになっていると、どの１００メートルも、それに費やされる労力の賜物なのだとつくづく思う。

わたしは耐える、耐えなければならない。わたしの体はすぐに慣れてコツをつかみ、わたしの頭は物事をあるがままに受け入れることを改めて学ぶ。わたしの世界は、わたしが動き回れる世界に縮まった。

わたしの腕は強くなり、わたしの世界は広がっていく。わたしはブータンに行き、走者として招待されていたマラソンのサポートをし、すばらしく興味深い人々に出会い、講演をした。そして、まだ松葉杖をつきながら山道を上り、谷底から９００メートル上にある、あの有名なタクツァン（虎の巣）僧院に行った。

自分の走りが個人を超えるとき

あたたかい反応を示してもらったり、ファンから通りがけにお礼を言われたりすると恐縮してしまう。わたしが奮闘しているのはわたしの個人的な挑戦のためだけではない、と受け止めてくれているのだ。わたしが故障を抱えているのは、走るという、わたし以外の誰かにとって役に立つのかも意味があるのかも判然としない習慣に熱中していたことが原因なのに。それでもあの人たちは、わたしがこうして奮闘しているのは彼らのためでもあり、わたしたちみんなのため、わたしたちを超える何かのためだと受け取ってくれる。実際には、これはわたしの生来の頑固さから来るものであって、どうしても自分の力でやりたいという思いが極端な形で現れた結果、力を振り絞って上り下りしているのだけれど。でも、こうした反応が新しい展望を開いてくれた。レースで優勝したときや、講演をしたときや、文章を発表したときに、勇気をもらったとお礼を言われたときと同じ気分だ。ときには、わたしたちが行う努力が個人的なレベルを超えて何かに貢献するときがある。

わたしは松葉杖を手放して、代わりに自由を取り戻し、大冒険をしなくても牛乳を買いに行けるようになり、朝のコーヒーを台所から机まで運べるようになり、好きなときに自転車に飛び乗れるようになった。生活のなかのささやかなことが、とても甘美に感じられる。そして再び、わたしがついに身をかがめてスニーカーのひもを結び、そっと足を踏み出す朝がやって来た。

この夏わたしはヨーロッパに戻り、復帰に向けて徐々に調子を取り戻した。平坦な道を数キロ走ることもできなかった状態から、起伏のある道を苦労しながらも15キロ走れるところまで進歩し、ちょっとしたパワーハイクから始めて、ツール・ド・モンテローザを巡って、そしてツェルマットからシャモニーまで、数日かけて歩いたり走ったりできるまでに進歩した。

毎日、扉の外に出るのに勇気が必要になる。それでも、1日ごとに前の日よりもほんの少しよくなる。これならトルデジアンに参加することを夢見てもいいのではないだろうか。トルデジアンは、イタリアのヴァッレ・ダオスタ州で開催される、330キロという途方もない距離の耐久トレイルレースだ。この思いがだんだん募り、とうとう主催者に問い合わせ、招待枠をもらうことができた。さらに、わたしがスタートできなかった2013年のUTMBの代わりに、来てサポートしてもらえるかどうか、**あなた**にも尋ねてみた。**あなた**は、アルプスでの愚行についてはいつでも考えておくけれど、この話は「パリ・ダカールを、エンジンは大丈夫だけどサスペンションの具合がわからないままで走る」ようなものだ、と答えた。手短に言えばそのとおりだ。わたしは毎日、今回の走りがそうかもしれない、今日が、新たな痛みが起こる日かもしれない、とびくびくしながら出かけた。

その日が来た。サスペンションが壊れた。これが6回目の疲労骨折だ。

6カ月から8カ月走らずに休んだ方が、効くかどうかわからない薬を使うよりもよさそうな気がした。

そんなわけで、わたしはネパールの人里離れた片隅にある、人里離れた谷間の、ほこりっぽく風の強い、このカコット村に来ることになったのだ。

次はどうする？　答えがどこにあるのかわからないし、どんな質問をすればいいのかすらわからない。ケ・ガルネ？

サミュエル・ベケットが『いざ最悪の方へ』で非常に巧みに述べているように、「ずっとためされ。ずっと失敗され。構わない。またためす。また失敗する。もっと良く失敗する」[*4]。

〔『いざ最悪の方へ』長島確訳、書肆山田、１９９９年〕

◎第15章：居場所

自由になれるのは、自分がどこにも属さないと
あらゆる場所に属すると——まったくどこにも属さないと気づいたときだけ。

——マヤ・アンジェロウ、『*Conversations with Maya Angelou*（マヤ・アンジェロウとの対話）』

走ることは「家」にいること

わたしはまだぐるぐると円を描いている。1周また1周。人が少なくなってきた。うろついている犬とわたしだけ。わたしは円を描き続ける。寒くなってきた。空には星が輝いている。わたしは円を描き続ける。急ぐでもなく、ぐずぐずするでもなく、ただここに、このときにいて、今この瞬間に身を委ねている。

属している。わたしが家という言葉を使うときは、そういう意味で使っている。家。それが意味するのは、住んでいる場所、快適な環境、家庭を築くときに中心となるところ、くつろげて、周囲のものと調和して過ごせる場所。でも、ある場所に住むのは短期間のこともあれば一生ずっとのこともあり、どこで生きるかは関係ない。家というのは、どの場所でもなくあらゆる場所でもある。

わたしたちは、このことについて何度も何度も話し合った。**あなた**は今でも、わたしにとっての家は、わたしがインタビューで答えるとおりのものだと思っている――山だと。事実はもっと複雑だ。そう、わたしは山にいるとき、わが家にいると感じる。波打ち際を歩いているときもわが家にいると感じる。ボウダで、このストゥーパのまわりを回っているときもわが家にいると感じる。家とはただ、完全に存在しているというあの感覚、自分のいるべき場所にすっぽりおさまっているというあの感覚なのだ。そして、都市にいるときよりも自然のなかにいるときの方がそう感じやすいこともある。でも、家とはそれだけに限られるものでもない。今ではそのことがわかった。わたしが気づくようになったのは、それは場所でなくてもいいということだ。人でもいいし、ある人に抱く感情でもいいし、その人がわたしのなかに呼び覚ます感情でもいい。それは愛だ。

外部の状況は常に変わっていく――わたしたちが選択するかしないかにかかわらず。あらゆるものは、わたしたちから奪われることがあるけれど、与えられた状況におけるわたしたちの態度だけは奪われることがない[*1]。だから究極的には、家や属することというのは、わたしたち自身のなかになければならない、そうでないと、わたしたちはいつだって迷ってしまうだろう。

どこにも属さず、あらゆる場所に属し、まったくどこにも属さない。それが自由だ。わたしはこの真実を何度も改めて学んだ。

わたしがこの真実を学んだのは、サウス・ダウンズ・ウェイでスタイルに腰掛けたあのとき、初めてマラソンよりも長い距離を走ったあのときに目の前に広がる牧歌的な風景を眺めたときだった。大部分は私有地だったけれど、そんなことはたぶん関係なかった。その風景のなかを駆け抜け、経験し、感じ、そのなかに存在することで、その風景を自分のものにしたのだ。わたしが自分のものと呼べる庭を持っていなくてもかまわない。自然はわたしたちの生得権であり、誰かから与えられるものでもなく、誰かに奪われることもない。メアリー・フライが美しい言葉で述べてくれているように。「わたしは吹きわたる千の風。わたしはダイヤモンドのように輝く雪。わたしは実った穂を照らす日の光。わたしはやさしく降る秋の雨[*2]」

スノードニアで山中の湖を座って見下ろしていたときにも、同じ真実を学んだ。背後の山に抱かれて、巣のなかにいる鳥のような気分だった。わたしはそこから顔を出して自分の前に広がるものを眺めた。それはわたしのものではなかった。誰に属するものでもなかった(スノードニア国立公園のものだったかもしれないけれど)。でも、その意味では、それはわたしたちみんなのものだった。そして、わたしは自分の巣を自分の2本の足で見つけ出した。誰も、わたしからあの瞬間を奪うことはできなかった。この大地とわたしはひとつだと知ったあの瞬間を。

この真実を、ルイ・ラの少し下のどこかで感じた。**あなた**と一緒にしばらく横たわり、体の下のごわごわした草を感じ、紺碧の空を眺め、自然のままの、想像を絶するほどすばらしい山岳風景を見渡し、人生は無限の可能性に満ちていると感じながら。

それ以来、何度もそのことを学んできた。ツムット（ツェルマットの少し上にある小さな集落）の近くで岩にもたれかかり、わたしにとっては山のなかの山であるマッターホルンを見上げながら。誰のものでもないあのような場所は、どれもわたしたちみんなのものだ。探索すれば自分のものにできる。あそこならエーデルワイスが咲いている、と思った場所に走っていくと、思ったとおり、わたしを待っていてくれた。

しばらく進んでいると、大地にじかに横たわらずにはいられなくなる。その冷たさを感じ、熱を感じ、あるがままを感じる。人によっては、わたしが何も敷かず、固さを和らげるクッションになるようなものも使わず地面にじかに横になるのが好きだということが理解しがたいようだ。わたしのズボンはいつも汚れていることになるかもしれないが、こうやって密接につながることは欠かせず、走っていないときに恋しく思うのはそのつながりだ。カトマンドゥのわびしい夜には、わたしは屋根の上に寝そべった。冬の寒さも気にせず、ただ頭上の星を眺め、顔に当たる冷たい空気を感じるために。

わたしたちは、自分自身の力で、自分自身の２本の足でたどり着いた場所に属している。

そして、属しているということが何も求めずにすべてを与える無償の愛を捧げることであるとき、わたしたちはお互いに属している。自由。家にいるとき、わたしたちは自由だ。

＊　＊　＊

「道の始まり」へ

「ナマステ、ディディ。ナマステ」

陽気なあいさつの声に、わたしはまたはっとして、朝の物思いから我に返る。ネパールの人里離れた片隅の、さらにそのなかの人里離れた山あいの谷の、ほこりっぽくて風の強いカコット村を抜けて、歩いて帰っているところだ。4500メートル地点のキャンプを、夜明けに出発した。グループのほかの人たちがまだ寝ているあいだに。長い1日になるので、どうしても早く出発したかったのだ

わたしたちは7246メートルのプタ・ヒウンチュリに登る予定だったけれど、サイクロン・フッドフッドによる大雪のため断念した。それに、ドルポからめったに越える人のいない5700メートルのム・ラを経由してムスタンへ徒歩で帰るというわたしの望みもついえた。

それでもまだ自分自身の力で帰りたいという思いは強く、もっとゆっくりと下るグループ

のほかの人たちを残して出発したのだ。これから2日間かけて、トゥリ・ベリ川に沿って「道の始まり」に向かう——通常は歩くと7日間（あるいはそれ以上）かかる道のりだ。そこからは地元のジープに9時間乗って建設中の道を行き、それから24時間のバスの旅が続く。どうして長い距離を歩いて長時間バスに乗る方が、もっと短い距離をもっとゆっくり歩いて飛行機に乗るよりも魅力的だと感じるのか自分でもわからないけれど、とにかくそうなのだ。

このバスの旅はひどいもので、長い夜のあいだにはみじめな気持ちになって後悔したときもあった。半分は立ち、半分は通路に座り、運転手の技量のほどはわからないけれど、信頼するしかない。携帯電話が鳴った。「今どこ？」**あなた**からだ。「地獄」とわたしは答える。

でも、わたしにとっての報酬は、自分自身の力で旅をすることと、その旅がわたしに与えてくれる経験だ。わたしは再び、14時間歩いたことからくる疲れと、ひとりで考える時間があったことからくる、精神的な空間の広がりを感じた。出会った地元の人々の反応からは、この谷を旅する外国人があまり多くないことがうかがえ、実際、カトマンドゥに戻るバスの旅が終わるまでほかの外国人を見かけることはなかった。でもここの人たちは、貧しいのは明らかなのに、こちらが恐縮するほど手厚くもてなしてくれる——お茶を勧め、ダルを食べさせ、寝床を用意し、話しかけ、世話をしてくれる——この絶望するほど長くていまいましいバスの旅でも。言葉が通じないときは、笑顔で目と目で会話する。

わたしたちの遠征計画は、やむを得ない事情で頓挫した。それでもわたしは長く途方もない旅を行い、そこから学ぶことができた。答えは見つからなかったし、はっとするような新たな展望を得たわけでもないけれど、わたしの体は動き回る空間を、わたしの頭は静かに考える時間を得ることができた。

展望について考えていると、2013年の冬、最初の疲労骨折から回復する期間に、走る代わりにスキーのトレーニングをしたときの体験を思い出した。

山々は今朝、わたしに教えてくれた。教わったのは、前にも学んだこと、そしてこれからもまた学ぶこと。何度もくり返して。

今朝、わたしはスキーでトレーニングをしたかった。すっかりおなじみになったルートを、スキンを装着して上る。どれくらいの時間がかかるかはわかっているし、どこで力を入れ、どこで力を抜いたらいいかもわかっている。どこに上れば何が見えるかもわかる。曲がり角もカーブも起伏もひとつ残らずわかる。スキーで1歩踏み出すごとに足の下でどんな感触がするか。川がわたしの傍らで細くなっていく様子も。自分を取り巻く山々の頂と同じ高さになり、自分が空に届いたと感じ始めるのがいつかも。

けれども今日、山々は別のことを考えていたようだ。ここ数日で降った雪を受けて、美しい夜明けのあと、今こそ雪崩を解き放つときだ、と思ったのだ。だから、わたしは道の途中で足止めされた。新しいルートをたどらなければならなかった。未知の領域へ。

これまでたどったことのない道を。場所によってはそれまでの道よりも通りやすかったが、高い所に着くまでにはもっと時間がかかった。おかげで異なる眺めを見ることができ、新たな展望が開けた。

そして、空に向かって上る長い道で、自分が何を思い出させられているかに気づいた。世界はあるがままであり、わたしはわたし自身だ。雪が降るときは降る。風が吹くときは吹く。太陽が輝くときは輝く。いくらわたしが要求しても、わたしにとって必要でも、わたしがそうなってほしいと望んでも、そのとおりにすることはできない。すべてあるがままなのだ。

でも、それが人生の魔法なのだ。

わたしは流れに任せることを学ばなければならない。流れに任せて上り下りし、曲がりくねった道をたどり、奥まったところに入り込み、開けた場所に出て、自分のすべてをさらけ出し、必要ならば逆立ちする。自分が真実だと信じていることのために闘うことはしないと言っているのではない。真実がわたしの望むとおりではないこともある、というだけだ。そうあってほしいと思う姿に合わせて世界を曲げたり形づくったり折り畳んだりすることはできない。そうではなく、わたし自身を曲げたり形づくったり折り畳んだりして、人生がわたしに投げかける道のりをたどっていかなければならない。物事が厳しく困難に感じられるときも、穏やかで容易に感じられるときも。そこにあるもの、自分がそのとき手にしているものに感謝し、さらに多くを望むことはしない。そのとき手にしているものを奪われないようにするために。

自分が真実だと信じているもののためには闘わなければならないけれど、わたしの意志、わたしの願い、わたしの欲求に惑わされてはならない。永続するものなどなく、人生は常に潮のように満ち引きをくり返す。それに寄り添わなければならない。物事はあるがままであり、それでいいのだ。いつだって、それでいいのだ。

ヘンリー・ソローは、「問題は、何に目を向けるかではなく、そこに何を見るかだ」と言った。そして、何を見るか選ぶのはわたしたちだ。知覚とは、感覚や頭を使って察知し、理解し、洞察力、直観、判断力を持つ行為である。見方とは、何かに対する、あるいは何かを見るときの特定の態度、視点のことである。知覚と見方。よく言われるように、美は見る者の目のなかにある。何事も、それ自体では良くも悪くもない。ただ存在するのだ。

雪。わたしがスキーをするときはすばらしく、ランナーとして乾いたトレイルを探しているときは恐ろしい（少なくとも望ましくない）ものかもしれない。でも、雪そのものは良くも悪くもない。わたしが雪をどう経験するかは、わたしがそれをどうとらえるかだけにかかっている。わたしの知覚と見方だけにかかっているのだ。これは、大いに力づけられる考えだ。なぜなら、そうだとすると、わたしには自分の経験を彩る力があることになり、したがって、自分が選ぶ人生を送れることになるからだ。「選ぶのは君だよ」と、**あなた**がよく言うように。

「全体としてすばらしい走りだった」と**あなた**は言った。そのとおりだった。でも、もし美が見る者の目のなかにあるのなら、それを見出すこともやはり選択であり、美はさまざまな形で現れ得る。わたしは、人目につかない片隅や、最も思いがけない状況に美を見出すことがある。よき友人の、やさしい手の感触や仕草や言葉から感じられる思いやりに。世界がいつも目にしているわけではない「リジー」を知っている友人たちと分かち合うひとときに。いつかのまの感情を完璧にとらえた著作や音楽や芸術作品や写真に。冬の厳しい寒さのなか、雪の積もった尾根が紺碧の空にくっきりと浮かび上がる光景に。春に咲く最初の花に。澄んだ夜空に輝く星に。満月に。コミュニティーをつくるときに。子供の楽しそうな笑い声に。見知らぬ人の笑顔に。

技を極める

誰かが何かをうまくやっているのを眺めるのは至福のひとときだ。パンを焼くところでも、コーヒーを1杯淹れるところでも、音楽を演奏するところでも、記事を書くところでも、コップを洗うところでも。そう、なかには、ほかの人に刺激を与える力を人並み以上に持っている人もいる。でも、何かがうまくなされているのを目にする、あるいは何かを集中して、または意識して行うところを目にすると、わたしも刺激を受けて、自分がやらなければならないことが何であれ、それに全力を注ごうと思わせてくれる力をもらえる。

自分の技を完全に修得し、情熱を持ってさっそうと走るアスリートの姿を、わたしは美しいと思う。けれども、わたしが美しいと思うのはそれだけではない。全体の真ん中あたりにいて、スタートラインに立つまでに、そしてゴールするまでに多くの犠牲を払うランナーの姿も美しいと思う。レースを終わらせるために力を振り絞らなければならない、最後尾のランナーの勇気と決意も美しいと思う。ボランティアの人の寛大さとやさしさも。首位か、ビリか、サポートか、そんなことは関係ないのかもしれない(特に、賞金が出ることがめったにないウルトラランニングの世界では)。重要なのは、あのように限界を探ることだ。なぜなら、限界のある場所はひとりひとり異なり、その場所だって刻々と変わっているからだ。それでも、それを見つけようと探すことを通して、わたしたちは自分自身について、より多くを知ることができる。

何事にも時というものがある。そのことはみな知っているけれど、そのことをほかのことより思い出しやすいときがある。必然的に。わたしの人生でも、違う時期にはまた別の美を見出し、別の限界を探索することになるだろう。わたしが技(そのときやっていることが何であれ)を修得して極めようとするときには、成し遂げる方法もその時々でまた違ったものになるだろう。それがわたしを導く。試験に合格することから、仕事に没頭すること、レースに勝つこと、山に登ること、関係を育むこと、友情を保つこと、コミュニティーをつくること、与えること、受け取ることに至るまで……。

わたしは子供のころ、走ったり、山で「わが家」にいるような気分になったりという経験が根底にあったけれど、無限などの抽象的な概念にも夢中になった。このふたつの種はどちらも、青年期に、一方ではポピュラーサイエンス関係の著作を読むことを通して、もう一方では高い山に登ったり極地探検に参加したりすることを通して育っていった。この2本の糸は大人になってからもずっと並行して伸びていき、極地を探検する環境科学者としての仕事上の生活、そして、山に登り、探検し、山々をさまよい歩き、走ることを学ぶという個人的な生活を通して受け継がれていった。自然環境に対する学問的あるいは職業上の関心は、自然に包まれて過ごすことを愛する気持ちに反映されたし、その逆も言える。わたしが身体的、精神的、概念的な限界を探索しているうちに、ふたつの世界は衝突した。感情的な限界を探ることになったのは、もうしばらくあとのことだ。

走ることへの執着

年齢を重ねた今も、世界の大部分では当たり前になっているものでも、わたしが持っているものはごくわずかだ。家はなく、車もなく、あるものといえば、カトマンドゥにあるあの自転車、それにわたしと一緒に世界を旅しているあのノートパソコンだけだ。かなり仏教的な生活様式だ。わたしはそう考えたかった。でもやがて、わたしは自分がある種の状況に執着していることに気づいた。たとえば、自分の限界（身体的な限界を超えるものでさえも）を探らせてくれる身体能力はあって当然だと思っていた。でも、そうした限界を探索することは、当然ながら実際にはまったく重要ではない。**あなた**と話していてそのことに気づいた。もちろん、探索そのものに価値がないわけではない。それが今のわたしを作っているものなのだから。けれども、大切なたったひとつのことは、わたしの探索を分かち合う方法を見つけたこと、それを誰かほかの人の人生を変えるために用いる方法を見つけたことだ。そうでなければ、そう、そんなものはまったく何の役にも立たない。

走るということは、当然ながらぜいたくなことだ。けれども、身体的、精神的、感情的な健康を養うための背景となってくれる。規律を与えてくれるし、自分自身について考えるきっかけにもなる——日常のなかの無数の雑事のうち、どれが最も大切かを判断できるように。挑戦を突きつけられる状況にわが身を置くことになり、自分の快適領域から踏み出さざるを得なくなる。ランナーとして、わたしは走るたびに、レースのたびにそうしている。

それでは、走ることこ**そ**わたしにとって当たり前であり、わたしの快適領域であったらどうなるだろう？　そうしたらどうなる？

わたしは、謙虚さというものが何か知っているつもりだった。でも今では、それが謙遜とは大きく異なるものだと気づいた。わたしは、自分の成果について謙遜することができるし、謙遜して生きることもできるし、ほかの人たちと交流するときも謙遜することができる。でも、それはわたしの選択によるものだ。そして人生においては、ときによってはもっと優美にその選択をすることもある。わたしは人間なのだから。でも、真の謙虚さというのは選択するものではない。それは、わたしが何度も何度もくじけたあとでも残るものだ。わたしが何もかもはぎ取られても残るものだ。わたしの夢が粉々に砕け散っても残るものであり、そのために頑張ってきた目標がすべて奪われ、また一からやり直さなければならないときに、そして、何度でもくり返し一からやり直すことになるときに残るもの。自分はくじけてなどいないと信じようと思わせてくれて、これから新たな夢を見ることができるのだと思わせてくれるもの。これも、キプリングが、凛とした傑作「もし」で言っていることだ。

自分の走りを言葉にする

人生が魔術なら、言語は魔術の構造だ。[*3] 言語の持つ魅惑の力を、わたしたちは必ずしも認識していない。わたしたちの考え方はわたしたちの用いる言語に影響を与え、わたしたちの用いる言語はわたしたちの考え方のパターンに影響を与える。わたしたちの文法の使い方は、本質的には辞書に載っている言葉をいかに文脈に当てはめるかであり、それは必然的に、わたしたちが、消極的であれ積極的であれ、どのように物事に対して責任を取るかに意味を持ってくる。

わたしたちは熱い議論を交わし、わたしが自分の業績に大きな価値があることを頑なに認めようとしないことに、**あなた**はいら立ちを覚えた。**あなた**の言うこともっともだ。謙遜も行き過ぎると害になりひとりよがりで無礼になる。何事も極端に走れば危険になる。わたしには、自分がしたことは何でも、たいしたことではないと切り捨てるという、奇妙で、おそらく不必要な傾向がある。これは、常にベストを尽くしたいという、内面の衝動から来るものだ。**あなた**にもこの衝動がある、ということはつまり、**あなた**は、それが（そしてほかのものが）わたしのなかにあるのがはっきりと見えすぎてしまうのだ。でも、わたしは自分のベストを尽くすところにまで決してたどり着けない。なぜなら、わたしのすることはすべてわたしにとって当たり前のこととなり、そしてわたしは自分の試みを、何から何までそれに照らして判断することになるからだ。

わたしたちが自分のことをどう考えているか、どう見ているか、どう見せたがっているかは、ある程度はわたしたちの用いる言語に現れる。何年も経った今になってようやく、**あなた**とじっくり話し合って、わたしは、自分の走りについて考えるときでさえ、ほぼ意図的に言葉を誤用していたことに気づいた。いい結果に終わったレースについては自分が責任を負うことを拒み、その一方で、もっとうまくできたはずだとか、もっとうまくやるべきだったと思ったレースについては、自分のせいだとひしひしと感じた。そこで、わたしがあのころに、考えるときだけでも、もっと正確に言語を使っていたらどうなっただろう、という疑問が浮かぶ。何か違いがあっただろうか？　もしわたしが当時、自分がいい走りをしたときを（自分がそのときにどう感じたと思ったかにかかわらず）積極的に自分のものとして受け入れることができていたら、何か変わっていただろうか？　謙遜も度が過ぎれば欠点になる。よく言われるように、何事も、謙遜も含めてほどほどに、ということだ。

わたしたちが現実を探索できる範囲は、わたしたちの注意力や感覚でとらえられることの限界によって決まる。わたしたちのほとんどは、用いる言語を削除、省略、一般化してしまうきらいがある。これがわたしたちの知る世界を小さくし、視野を狭めてしまう。わたしたちが経験する世界と交流するために言葉の使い方の習慣を変えるのは難しいかもしれないけれど、少なくとも、自己認識を高め、何をするか、いつするかを認識できるようにすることが重要だ。それが、わたしたちの選択に影響してくる。

恐れは、わたしたちが現実を探索するときに、最も厳しい制約を課すものとなることがある。恐れはわたしたちの脆弱な平静さを揺さぶる。そして、わたしたちはみな恐れを抱く。その恐れは往々にして、未知のものへの恐れか、失敗することとの恐れか、その両方の組み合わせだ。既知のことも未知のことも、どちらも本当に恐れの対象になり得る。

あなたが言ったように、「頭のなかにあることはほとんどすべて、突き詰めていけば何かに対する恐れということになる、そう思わないかい？　自分の恐れに向き合い、それについて書き留め、乗り越えるためにゆっくりと前進し、またはそれが何であっても心を開くのは簡単なことじゃない。楽しいじゃないか！」

確かにそうだ、なぜなら人生で最大の冒険は失敗することだからであり、そのわけは、そんなときこそわたしたちは生き、生きるということはどういうことかに気づくからだ。わたしたちは、わたしたちの恐れではない。もし恐れに向き合うことができ、恐れがわたしたちを通り過ぎて去っていくに任せることができれば、恐れはただ現れては去るだけになる。わたしたちは、恐れを見つめ、気にすることはあっても、恐れは自分たちを規定するものではないということを理解し始めるのだ。

わたしたちのなかには、じっと立っていることが怖い人もいる。山に登るのが怖い人もいる。海に潜るのが怖い人もいる。新しいことを試すのが怖い人もいる。9時から5時までの仕事が怖い人もいる。なぜそれが怖いのか、ほとんどの人によく理解してもらえる人もいる。わたしが怖がっていることは、たいていの人が、それを知ったら笑ってしまうようなことだ。

不安がのさばる場所は、そうなったらどうしようとわたしたちが恐れていることと、そうなってほしいと望んでいることのあいだにある溝だ。もし最悪の可能性と折り合いをつける勇気があれば、自分の恐れを見つめたとき、たとえそれがやってきても対処できるだろうと気づく。わたしたちは、自分自身のことも、自分が世界のなかで占めている小さな場所のことも、ほかの誰よりもよく知っているので、当然ながら頭のなかで重要さを誇張してしまう。

自分の人生においてはささいなことでも、実際よりもはるかに巨大に膨らませて、とてつもなく重要なことのように思ってしまうのだ。それは仕方がない！　でも、ある程度広い視野を持って眺めることができれば、平静さを保つこともできる。

わたしが世界を広げるため——文字どおりの意味でも比喩的な意味でも——山に登ると、高く登るほどさらに遠くの地平が見えるようになり、視界が広がる。おかげで物事を文脈のなかでとらえられるようになり、自分の小ささを、世界がどんなに大きく、そのなかでわたしが占める場所がいかに小さいかを思い起こさせられる。それは今も変わらないけれど、今では、そのことに気づくために山に登る必要はない。ほかの人たちと話すことや、ほかの人にとってはどうなのかを理解しようとすることで新たな視野が開け、物事を違った方法でとらえられるようになる。今になって、**あなた**がそれを示してくれていたことに気づいた。わたしはまだ学び続けている。同じだけれど違う——2本の糸が撚《よ》り合わさって1本の糸になるように……。

長年わたしは、自分はひとりでいるのが幸せなのだと思い、そうやって生きてきた。生まれつき、ひとりでいることや、自分の力でやっていくことが苦にならない人間なので、それが楽だった。そして、しばらくのあいだは自分でつくったこの世界のなかで、屈託なく駆け回っていた。でも、人生が手綱をゆるめてくれるとはいえ、手綱の長さには限りがある。人生は、わたしたちが自分に求める以上のことをわたしたちに求める。人生はすべてをはぎ取る。知っていたつもりだったことすべてを奪い去る。自分のことは自分ででき、自主独立しているとわたしは思っていたけれど、あらゆることと同じように、それも幻想にすぎなかったのだ。

走るのはひとりでも、ひとりでは走れない

今挙げた特質は、走るときには絶対に必要だ。どんな距離であっても。どこを走るのであっても。けれどもわたしたちが思い出せるのは、体と心が対応できる限界に向かっているときだけだ。そして、限界は常に予想もしていなかったところにある——参加するつもりで長いあいだトレーニングを積んできたレースではなく——予定していなかった病気、精神的な混乱、あるいは感情的な苦悩などだ。

走るとき、わたしはこうした特質が強く、欠点になるほどだ。でも、おそらく悲劇的な矛盾がひとつある。わたしたちは、生まれるときはひとり。死ぬときもひとり。でも、生まれてから死ぬまでは、社会的な存在なのだ。

わたしはいつだって、ひとりきりでいるのが心地よかった。ランナーとしてはそれが好都合だった。長時間にわたってひとりきりになることは避けられないからだ。そして、ひとりきりだということは、決して寂しいことと同じではない。完全にひとりきりであっても、よ

き友人の愛を感じるときは寂しくない。人込みのなかでも、数人と、あるいは誰かひとりと一緒でも、もしその貴重なつながりが一瞬でも失われてしまえば、恐ろしいほどの寂しさを感じることがある。

人生には、奇妙ながらもすばらしい、相反するふたつの事項がある。お互いのサポートが必要なのは間違いないけれど、最終的には、頼りにできるのは自分自身だけだ。誰もわたしたちの代わりにアスファルトから起き上がって走ってはくれない。誰もわたしたちの代わりに生きることができないのと同じように。

自分自身とのつながりであれ、ほかの人たちとのつながりであれ、つながりこそが、存在するということのすべてだ。パーカー・パルマーが、そのことを実にうまく言い表してくれている。

孤独とは、必ずしも他者から離れて生きることではない。むしろ、決して自己から離れずに生きることである。他者の不在ではない――他者が一緒かどうかにかかわらず、自分自身が完全に存在しているということである。**コミュニティー**とは、必ずしも他者と顔を合わせて生きることではない。われわれは互いにつながっているという認識を決して失わないことである。他者の存在が問題なのではない――われわれがひとりかどうかにかかわらず、人間関係の現実に完全に心を開くことである。[*4]

南極海域で過ごした時間は、わたしたちが持っているものだけで、わたしたちが今このときにいる場所でいかに最善を尽くすかを教えてくれた。いったん岸を離れてしまえば、わたしたちの世界は船の大きさに縮まる。機材も人員も、新たに加わることはできない。自分たちが持っているものでやっていくしかない。ともに暮らす人々がわたしたちの世界となる。ここには何か強烈なものがある。日常生活ではそれが薄まってしまい、皮肉なことに、最も親しい人たちから引き離され、たやすく無名の存在として埋もれてしまうのだけれど。海では狭いところに集まって暮らさざるを得ない。わたしたちには共通点が何もないかもしれない。それでも、お互いを思いやり大切にすることを学ぶ。選択の余地はない。互いに浮き沈みをともにする。物理的な空間はなくても余地を与えるすべを学ぶ。興奮、幸福、欠点、退屈、不満の極限を目の当たりにする。それらを自分自身で経験する。謙虚な気持ちにさせられる。わたしたちを取り巻く風景（あるいは海景）の広大さにもかかわらず、人間であるというすばらしくも恐ろしい制約から逃れることはできない。

山に遠征に行くときも同じことが言える。マルチステージのレースのときも。

超長距離レースのときも、何かに挑戦しているときも同じだ。

ただしそのときは、わたしたちは、自分がひとりきりであることにも気づく。周囲の人々のサポートや善意から力をもらえるとはいえ、実際には、誰がなんと言おうと頼りにできるのは自分しかいないのだ。誰もわたしたちの代わりに走ることはできない。誰もわたしたちの代わりに努力することはできない、わたしたちはスタートからゴールまで自分自身で進まなければならない。それが人生だ。

重要なのは、たぶん、わたしたちが互いに何を与え合うか、そしてほかの人たちから何を受け取ることにするかなのだ。なぜなら、残っているのはそれだけだからだ。

「100マイルは1日に凝縮された人生だ」と言ったのは、伝説のウルトラランナー、アン・トレイソンだ。

そんなふうにとらえることもできる。それに、長距離レースは確かに人生を映し出す。上りがあれば下りもあり、ほとんど楽だと感じるときもあれば、じっと立っているだけでもつらいと感じるときもあり、分かち合う時間（ほかの参加者や、ボランティアの人たち、来てくれたサポーターたち、来られなかった人たちと）もあれば、ひとりきりだと感じる時間もある。

でも、レースは単純だ。レースの最中はそうは思えないかもしれない。でも、不確定要素の数は、多いかもしれないが限られている。健康状態、調子の良しあし、準備、精神状態、幸福感、天候、ルート、地形。さらに細かく分けることもできるけれど、不確定要素は、環境がわたしたちに投げかけるもの、そしてわたしたちの体と心が投げかけるものによって決まる。

でも、人生は？　わたしたちはこのことについて話し合った。人生はまた別の問題だ。人生は複雑だ。わたしたちは自分たちが独立していることを喜び、自立していることを称えるが、わたしたちは社会的な生き物だ。そしてほかの人たちと互いに関わり合う。人生はさまざまな形を取る。そして、ほかの人々は未知の存在だ。わたしたちは無力だ。他人がどのように反応し、解釈し、ふるまい、行動し、愛し、生きるかに対しては何もできない。だから人生は複雑なのだ。魔法のようでもある。でも複雑だ。

◎第16章：ランナーとは

ライン。わたしたちが越えるライン、わたしたちが越えないライン。
走るつもりのなかったレースのスタートライン。
たどり着けるとは思ってもいなかったゴールライン。
近づきすぎた、越えてはならないライン。
やりすぎと不十分とのあいだの細いライン。
故障と好調のあいだのどこかに、
わたしたちを宙づりにするライン。
わたしたちが可能だと思っていたことの境界線を示すライン。
わたしたちが押し広げようとしている限界の端を示すライン。
わたしたちの経文であり、わたしたちの人生の
恐ろしいほど美しい雑多な部分をまとめる糸であり、
わたしたちをスタート地点に連れ戻すライン。

故障の中で物語を紡ぐ

光が戻ってきた。夜が明けて、空に色彩があふれていく。わたしはまだストゥーパのまわりを回っている。ぐるぐると円を描きながら。うろつく犬たちだけがわたしの道連れだ。夜が去って朝が来た。こうしてくり返す自然がもともと備えている優美さは、なぜか心強く感じられる。不確かな世界のなかにも変わらぬものがあることの証だ。

現代物理学によると、堅固なものは何もなく、物質世界は刻々と変化するひとつの巨大なエネルギー場なのだという。わたしたちの感覚は限られた視点からこのエネルギーの海をとらえ、わたしたちはそれにもとづいて自分たちの世界に対するイメージをつくり上げる。さまよっているこの犬たちは、わたしとはまったく異なる世界を経験し、まったく異なる音域を耳にしている。彼らもわたしも、この世界を完全に、あるいは正確にとらえることはできない。どちらが正しいわけでも、どちらが間違っているわけでもない。わたしの世界はひとつの解釈にすぎず、わたしがこれまでの人生で経験してきたあらゆることを通して築き上げた、現実についての考えにもとづいている。あなたも、また別の異なる解釈を持つだろう。

走ることについてのわたしたちの経験も、おそらく大きく異なっている。わたしは、自分にとって走ることがどんな意味を持つかをほかの人たちにどう伝えればいいのかと、もどかしい思いをしている。「でも、今は走ることがわたしにとって当たり前だとは思えない。わたしがどう感じるかを覚えているのは難しいし、どう書きたいかだってわからない」。**あな**

たはこう言う。「それでも、君はほかの誰よりもよく思い描けるじゃないか。君自身の経験については、いつだって君が権威なんだし、君が経験したことには誰も異議を唱えられないよ」

　わたしは、故障についての物語がまだ終わっていないのに『人生を走る』を書き終えようとして苦戦を強いられている。「わたしが困難なときを通り越して反対側に出てからの方が、メッセージが強くなるんじゃない？　その結果がどうなるとしても」。**あなた**はずばりと言う。「でも、反対側っていうのは困難なときに立ち向かうことに**ほかならない**よ、不死鳥が炎のなかからよみがえったなんていうことじゃなくて」

　そう、これは現実の物語、困難なときの物語だ。人生はレースではなく、ゴールラインはないし、ハッピーエンドであってもなくても終わりはない。わたしたちのもとにあるのは、わたしたちが行っている旅と、わたしたちがその旅を行うときの態度だけだ。この混沌のなかにも、力強さにあふれた機会はある。もしわたしに、その不確かさのなかで安らぐ勇気さえあれば。

　わたしたちが直面する試練は、わたしたちがそのときに対処できることにちょうど見合っている。そして、その試練は常に変化している。自然は障害物でいっぱいだ。トレイルでは、なりゆきに任せて走れば、美しく流れるような動きで岩や木の根を越えていける。日常の生活でも同じことを学べる——現れる障害に抗うのではなく、その障害から学び、やり過ごし、人生を受け入れることを。なぜならわたしたちは、抵抗をやめたとき、あがくのをやめたときに、やはり美しく流れるように動けるからだ。

どんな状況でも、どう反応するかは選択できる。いつだってわたしたちには選択の余地がある。**あなた**がわたしに言うように、「何かが良くなったり変わったりするのを待つ必要はないんだ、だって、そうなるかどうかわからないし、すぐにそうなるかもしれないし、すぐにはならないかもしれない。それに、物事がよくなったとしても、まだ君はあれこれ悩んでいるかもしれないよ」。わたしたちは、自分の注意力と目的意識で世界を創造する。だから、わたしたちは、自分がそうあってほしいと思う世界になるように、選択することができる。いつだって、選ぶのはわたしたちなのだ。

1周また1周。祈禱旗が、また風にやさしく揺れている。太陽は谷を囲む山の上から姿を現し、山の姿は冬空にまだくっきりと浮かび上がっている。わたしは最後にもう一度ストゥーパのまわりを回る。この場所とはこれでひとまずお別れ。待っている朝にあいさつするときだ。まだ人けがなく日中のにぎやかさが戻って来る前の道を、自転車で帰るつもりだ。そして、わたしは自転車をこぎながら**あの**走りを思い出すだろう。あなたも知っているあの走りを。

＊　＊　＊

ランナーとはなにか

もしわたしがランナーなら、走れないときのわたしはいったい何なのだろう？　故障に次ぐ故障を経験したこの数カ月のあいだに、この疑問を何度となく自分に投げかけてきた。走ることはわたしが何者かを表現する手段のひとつにすぎないけれど、根幹にかかわるものではある。それなら、走っていなくても、わたしはやはりランナーなのだろうか？　わたしはまだ答えを出せずにいる。**あなた**に言ってみる。「今のわたしは『リジー』ではない、ということは何の助けにもならないわ」。**あなた**はこう尋ねる。「もし君が『リジー』でないなら、誰がそうなんだろう？　『リジー』って何だい？」

わたしたちが考える自己とは何だろう、そして、それを信頼できるのだろうか？

その子は自分の小さな手をわたしの手に滑り込ませた。信頼を示すその素朴な動作で、わたしは自分たちのレースにとって大切なことすべてを思い出した。自信、希望、前向きな態度。ブディ・ガンダキ川にかかる小さな橋を走って渡っていたときのことだ。学校から歩いて帰る村の子供たちと笑顔で言葉を交わしたけれど、小さな女の子がひとり、なぜかすぐには**わたしたち**と別れたがらなかった。その子の友だちをあとに残して、わたしはその子の小さな手を握ったまま、ほんのしばらくのあいだ一緒にトレイルを軽く走った。このひととき、わたしとその子はどちらも、**あなた**を走って追い越したいという素朴な望みで結ばれていた。

そのようなひとときは、得ようとして得られるものではない。それに、はるかに忘れがたい。トレイルのなかには分かち合うべきものもある。**あなた**のレースもそうだ。わたしたちが個人としてあの天空のトレイルでどんな試練に直面しようと、わたしたちは自分自身を、そして互いを信頼することを学ぶ。今でも、自分の手のなかのあの小さな手の感触を思い出す。信頼することを学ぶことは、ゴールラインを越えてもずっとあとまで残る。

けれども、わたしは自分自身、自分の体と心に対する信頼を失ってしまった。何年も前、最初のUTMBの前にひとりで長い時間山歩きをしたあと、わたしは気づくに至った。「自分の心と体を信じられること、自分ひとりで、自分の2本の足を使って長い旅ができることに気づいた。解放された気分だった」。わたしがその信頼を失ったのは、できるようになりたいと思っていることと、実際にできることとのあいだには、ときに深い溝が横たわっていると気づいたときだ。でも、きっとその気づきのなかのどこかに、もっと深いレベルの解放があるのだ。

それで、われわれは何者なのだろう？　心理学者デイヴィッド・デステノは、「今のあなたは将来のあなたを信頼できるか？」[*1]（『信頼はなぜ裏切られるのか』寺町朋子訳、白揚社、2015年による訳をもとに一部変更）と問いかけた。この質問は、将来の自分は今の自分と根本的に異なるということを思い起こさせる――わたしたちの感情、信条、理想は絶えず発展している。生物学的には、わたしの体を構成している細胞のほとんどは7年間ですっかり入れ替わる。ということは、わたしは絶えず流動している細胞や感覚や気分の連なりにすぎないのだろうか？

　今では、自分自身がランナーであるということを冷静に見ることができる。それは、わたしが何者であるかを表現する手段のひとつにすぎない。見知らぬ人は、あなたが知っているわたしとは非常に異なる「リジー」を目にするだろう。でもあなただって、わたしの知っているわたしとは異なる「リジー」を知ることになる。そして、わたしが知っていると思っていたわたしも、やはり幻想でしかない。執着しないこと。わたしたちを定義することなどできないのだから、どうしてわざわざ自分を制限しようとするのだろう？　わたしたちは常に学び、常に変化している。もしわたしたちが先入観や期待から距離を置くことができれば、行けると思っていた地点よりも先に行くことができる。老子が簡潔に述べているように。

「無私の境地になれば、自己を実現できる」

わたしが走りから得たこと

　走る喜び。それは何だろう？　それも定義できないものかもしれないけれど、わたしはいつもそれを感じてきた。そして、ある程度は、それがわたしの走る理由に違いない。わたしは、競争するためや記録のために走ったことはない。わたしに競争心がないということではなく、競うべきものは自分のなかにあるのだ。レースで優勝しても、ベストを尽くせなかったと感じたときは幸せにはなれなかった。わたしが走るのはいつだって、走ることで得られる感覚のためだった。最も基本的なレベルでは、自分自身の力で旅をすることから得る純粋な楽しみ——自分自身を、そして自分のまわりの世界を探索する方法——そして、もっと深いレベルでは、それが与えてくれる力、何であろうとすべては可能なのだと気づくことだ。

ひとつには、それは体の動きそのもの、わたしが足元の地面を蹴るときの単純でリズミカルなビートだ。ひとつには、屋外で自然を構成する要素のなかに身を置き、寒さ、暑さ、雨、風、雪、日差しを感じることだ。ひとつには、終わったあとに残る感覚、何かが始まって完了したことに対する満足感、健やかな身体、澄み切った精神だ。

けれどもそれだけに留まるものではなく、こうして一連の故障を経験するまでは、走ることがわたしにいかに多くを与えてくれるか、完全には気づいていなかった。わたしはそのことを（及ばずながら）あなたに説明しようとしてきた。走ると、力づけてもらっているという美しい感覚を味わえる。そう、走ることは実に多くの方法で自信を与えてくれるけれど、決してそれだけではない。走りに行くと、それがどんな走りでも、何だって可能だという気になれる——わたしが将来を夢見て計画を立てるための空間を与え、世界への希望を与えてくれる——それと同時に、今という瞬間のただなかにわたしを引き入れ、今この瞬間を生きるようにさせる。力づけること。それは無限の可能性があるというあの感覚であり、わたしたちはそれによって可能性を現実のものとするのだ。

今話しているような、力づけてくれるものを得るには、必ずしも走らなければならないわけではない。誰もが人生のなかで見出すけれど、その場所は人それぞれで、同じ人でも人生の異なる時期には異なる場所で見つかるかもしれない。けれども、それを見出すことは絶対に欠かせない。

わたしは**あなた**に言おうとする。「成果なんて何の意味もないわ。執着心が別の形で現れただけだし、大切なのは自分が何者かなんだから。そうでしょう？」

「ばかだなあ」と**あなた**は言う。「君が何者であるかがその成果をもたらしたんだ。君は限られた枠のなかでいくらか力を持っていて、それを利用することもあざ笑うこともできる。自分について考える前にほかの人たちを助ければいい、そうすれば自分について考える必要なんてなくなるよ」

それは、**あなた**がしていること。ほかの人たちを助ける。

でも、**あなた**の言うことは本当だし、バガヴァッド・ギーターでは別の言い方をしている。「あなたの職務は行為そのものにある。決してその結果にはない。行為の結果を動機としてはいけない。また無為に執着してはならぬ」（『バガヴァッド・ギーター』上村勝彦訳、岩波書店、1992年）。**あなた**が何度も言ってくれたように、「そんなに疑り深くて自信のない状態に寄りかかってばかりじゃだめだ、思い切って首を突き出して、『これがありのまま——さあ行くぞ！』と言えばいい」。成果について謝罪する、または成果を認めないのも執着だ。自分が行うべきことは、距離を保ち、結果や成果に対する感情的な執着を捨てて行わなければならない。そうすることで初めて、ある程度心の落ち着きを保つことができる。

「その力を使ってほかの人たちを励ませよ!」と、**あなた**はわたしにレースが創設できるの?」**あなた**は言う。「走る喜びを分かち合いたいんだろう、だったら、自分にとってうまくいった状況をつくって、それがほかの人たちにもうまくいくことを願ってみればいいだけだ」

わたしは尋ねる。「自分が走っていないときに、どうしてわたしにレースが創設できるの?」[*2]

故障があろうとなかろうと、走ろうと走るまいと、**あなた**はわたしが持っている機会に気づかせてくれる。**あなた**は言う。「そういうことなんだから、そのあいだに君が大好きな場所で行うレースを主催して、ほかの人たちも楽しめるようにするのさ。君には今、もっと多くの女性に向かって、走るように励ます機会がある。そうしていれば、世界は目に見えて良くなっていくよ」

あなたはこう言ってわたしを笑わせる。「だって、もっとひどいことになっていたかもしれないよ。君が美人コンテストの優勝者だったら、フォトショップでも修正しきれないほどしわが増えてきたときに、美人コンテストを始めようと思ったかもしれない」

あなたは事実をありのままに言う。「幸せには定義なんていらない――ほかのことの副産物なんだから。走るとか、子供たちと遊ぶとか、すてきな写真を撮るとか、そよ風を感じるとか、誰かを助けるとか、何かおいしいものを初めて食べるとか、海に飛び込むとか、山の頂上に登るとか、古くからの友人に会うとか、すてきなメールを受け取るとか、おもしろいタクシーの運転手に出会うとか、通りで何かおもしろいことを目にするとか、誰かをラッシーの店に連れていくとか」

動機と目的。わたしたちが何かをするのは、それが好きだから、ただそのためでなければならない。走るときは、そして人生においても、でこぼこ道もなだらかな道も、上りも下りも分け隔てなく受け入れることを学ばなければならない。仏教の教義にある諸行無常の教えは、人生の真実のひとつは何事も永遠には続かないことである、と説く。あらゆるものは過ぎ去る。本当に、あらゆるものは過ぎ去らなければならないのだ。それが自然の摂理だ。人生という潮の流れに逆らうことはできない。走るとき、そして人生においては、わたしたちは自分の内面深くを探り、よいときも、それほどよくないときも、流れるように進んでいけるような、心の安らぎを見つけなければならない。この考えについても、キプリングの詩「もし」は非常に巧みに言い表している。[*3]

もし君が、心と神経と筋肉がだめになったずっとあとでも
自分の出番になったときにそれらを奮い立たせることができるなら、
そして、自分のなかに何もなくなったときにも、
「耐えろ！」と告げる意志さえあれば耐えることができるなら

わたしたちは、自分の考え方とともに生きるすべを学び、変えられるものは何かを学び、変える必要のあるものを変えることを学び、変えられないものとともに生きることを学び、よきものを楽しみ、容易なことを楽しみ、難しいことに取り組み、心乱れる状況を乗り越える。人生は、わたしたちの知っていることと知らないことが織りなす豊かなタペストリーだ。人生とは学び続けることである。解き放つことであり、抑えることである。絶対に必要なもののすべてを認識し、付随的なもののすべてを捨てることである。こうしたものが何かを見出すには、しばらく時間がかかることもある。

最良のことは、ごくありふれた日に、思いもよらなかった片隅で起こるものだ。思いもよらないことに終わりはない。痛みにも、失望にも、あるいはいつか訪れるかもしれない喜びにも。

わたしは、走ることを、探索し、学び、生きるための道具として用いることが多かった。そしてバランスを保つ点にたどり着くことができた——身体的にも、精神的にも、感情的にも。走るか否かは問題ではない。大切なのは、自分自身の物語をいっそう深く探らせてくれるような何かを見つけることなのだ。

わたしの意識は次第に内面に向かう。感覚は遠のき、外界からの刺激をすべて遮断し、この先の道も、視界に入る狭い範囲以外は目に映らない。前に進むことだけに集中し、わたしの呼吸のリズムに乗る。世界も、時間のすべてもこの一瞬に凝縮されている。今この瞬間に。ほかのものは何も存在しない。ほかのことは何も重要ではない。かつて存在したものも、これから存在するものも、すべてはこの一瞬に、そしてそのなかで動き続けるわたしの苦闘に包括される。絶対的な集中力。それが、旅のほかの部分からわたしを切り離す。わたしは自分のしていることに、苦闘しているこの瞬間に、どこまでも専念する。

カトマンドゥに戻る長い道の、あの最後の部分のどこかで、わたしは、走ることが自分にとってどのような意味を持つようになったか、もう少しで理解できるところまで近づいた。それは、存在するという圧倒されるようなあの感覚、その瞬間に深く根差しているというあの感覚。そして、その**瞬間**に在ることが自由なのだ。禅宗の一派である曹洞宗を創始した道元禅師は、このことを美しい言葉で述べている。「身近な現実のなかに、すべてに通ずる解放がある」(『正法眼蔵』「山水経」、「空劫已前の消息なるがゆゑに、而今の活計なり」)。この**瞬間**は、当然ながら既知と未知のあいだの空間であり、無限の可能性に満ちた地点である。その可能性で何をするかが、わたしたちに与えられた課題だ。

伝説的な登山家ジェフ・ロウは、こんなことを言っている。

「登山は瞑想のようなもので、ほかのものはすべて遠のいていき、長い時間集中しているので、そこから抜け出したときにはもっといい視界が開けているのが普通だ[*4]」

わたしの場合、走ることが、それと同じような場所に連れていってくれる。ときには、自分の注意力すべてを傾ける対象が必要になることもある。わたしが自分自身に出会うのはそんな場所だ。その場所で、わたしは自分自身をより深く知ることを学ぶ。その場所で、わたしは時間と空間の限界を超えて人生を経験する。その場所は、わたしが現実にもう少しで触れそうになる瞬間をくれる。すべてが意味をなすように思える瞬間を。理解できたと思える瞬間を。うつろいやすく、はかなく、つかのまだ。でも真実だ。それが、わたしが走る理由のひとつなのだろうか？　そう感じるときは稀にしかない。でも、確かにそう感じるときがあった。そして、たぶんその可能性があるだけでも、走り続けるには十分なのかもしれない。

わたしたちはみな、それを感じる自分なりの方法を見つける。ほかのときにもそう感じたことがある。いい作品になりそうなものを書くことに没頭しているとき。または、誰かが可能だと思っていたところを越える際に、必要な力を貸すことができたとき。わたしたちは走る必要はない。それが何であるかをあるがままに認識するだけでいい。そんなときは、人生は意味に満ちていて、人生の意味を探す必要はない。そんなときは、生きているだけで十分だ。

わたしが走る理由がいくつもあるのは間違いない。でも、わたしは相変わらずあの疑問と格闘している。わたしは**あなた**に尋ねる。「でも、わたしがどうして走るのかの背後にある**わけ**は何？」**あなた**は答える。「エンドルフィンが放出されること以外は、僕にもわからない。生化学者に聞いてごらんよ。この質問に対する答えはわからなくてもいいんだ。わからないからこそ、もっとおもしろくなるんだから」

確かにそうだ。

＊＊＊

走ることへ帰ってゆく

わたしたちがみな持っているものがひとつある。**あの**走りだ。走る物理的な場所は、わたしたちが住む家、地域、国、大陸を変えるのに応じて変わるかもしれない。でも、あの走りはいつもわたしたちとともにある。安心して自分を委ねられるあの走り。故障や休場や落胆のあとも、わたしたちを再び包み込もうと待っていてくれるあの走り。それは、朝の涼しさのなかで、日中の暑さのなかで、日が沈むときの薄れゆく光のなかで、わたしたちが行くところ。わたしたちがあらゆる季節に訪れて、変化を見守り、変化を感じ、やがては地球のリズムがわたしたち自身のリズムとなり、あらゆるもののはかなさを思い出して心が安らぐところ。わたしたちが慰めを求めに、挑戦を探しに行くところ。思い切ってやる必要があるとき、自制する必要があるときに行くところ。つかのまの平和を見つける必要があるときに行くところ。

わたしは外に足を踏み出す。後ろの扉を閉める。足が重く感じる。コーヒーを飲んだのに、目覚めた直後のだるさを感じる。わたしは自分の自転車に乗る。これはわたしのライフラインで、カトマンドゥの混沌とした通りと山の自由を結んでわたしを運んでくれる。カトマンドゥは、無数の光景、音、においでわたしたちの感覚に襲い掛かる都市。貧しさに満ちた都市にして豊かさに満ちた都市、対比と矛盾を抱えた都市。でも、そこでの暮らしには独特の美しさがあり、その暮らしが、わたしたちの目の前で「ナマステ」の声と笑顔とともに路上で繰り広げられる都市。それはあなたも知っているとおり。自転車に乗ると、起き抜けでぼんやりしていた頭が冴えてきて、人生の潮が押し寄せ、都市はやがて、シヴァプリの山々のふもとにある水田へと姿を変える。

自転車に鍵をかけ、わたしはゆっくりと歩み始める。足も体も、じっくりと時間をかけて動き出す。それでも最初の1歩から、わたしはおののきながら静かな世界に入り込む。わたしの日々の生活に浸透している感情の渦——疑い、恐れ、希望、不安、喜び——は、いったん動きを止める。わたしの動きのなかには静けさがある。わたしは考える。でも、わたしの考えはわたしの主人ではない。今このとき、わたしはただひたすら走っている。自分が何者かも、目的も、どうでもいい。走っているということだけで十分だ。なぜなら、わたしが走っているなら、わたしは生きているから。そして、生きていることがすべてだから。

今日はひとり。**あなた**と一緒のときも多い。今回走る道は初めのころはしょっちゅう迷っていたけれど、くり返し通るうちにこの小道やトレイルとおなじみになり、集中したり苦労したりしなくても楽々と走れるようになった。わたしはそのうち違った意味で再び迷い、走るという純粋な努力に没頭することになる。わたしは知っている、足の下の地面の感触を、どんなに暑い日でもぬかるんでいるのはどこかを、どの岩が滑りやすくてどの岩なら滑らないかを、どの枝をつかめば下るときの勢いを抑えられたり上るときの助けになったりするかを。モンスーンのあとに豊かな緑にあふれるときも、乾季の荒涼とした状態のときも知っている。それはあなたも知っているとおり。

木が生い茂る山の静けさと、笑っている村の子供たちがかけてくれる「やあ」、「こんにちは」、「元気?」などの声の美しい対比、孤独と、犬や牛や山羊や鶏をよけることの美しい対比に、わたしの心は和む。自分がいかに取るに足りない存在かを思い出させられるけれど、同時に、わたしの存在が必要不可欠であることも思い出させられる。

それが**あの**走りだ。わたしを自由にし、家に連れ戻してくれる走り。わたしという存在の核心にある静かなあの場所、わたしという存在のすべてをかけて愛しているところへ連れ戻してくれる、あの走り。
「ありのままを話してごらんよ」とあなたは言った。「すべては可能なんだ」

過去の時と未来の時と
かくもあったろうと、かくあったとの
終る所はただ一つ、それがいつも今在るのだ。

——T・S・エリオット、「四つの四重奏」[*5]

（『エリオット全集1』二宮尊道訳、中央公論社、1971年改訂版）

エピローグ

本の核心には、書くという行為そのものを通してのみたどり着ける。書くこと自体が、わたしを自分自身の奥深くへと向かう旅へと連れ出し、ほかの人たちとの関係やわたしを取り巻く世界との関係に分け入らせてくれた。この物語は、わたしが何年も前に思い描いた、長距離走についての素朴な物語とはまったく異なるものに発展した。書き進めて物語が形になっていくにつれて、それはわたしの頭と心と言葉の対話になった。愛についての瞑想になった——走ることへの愛と、人生への愛。ここにつづった言葉は、わたしにとっては時間をとらえたスナップ写真であり、あなたにとってはまっさらなキャンバスとなって、その上にあなた自身が理解したことを描いていける。

これは、わたしの発見の旅、探索の旅、そして再発見と気づきの旅の物語だ。

走ることが、わたしがその旅を行う手段となった。けれども手段はそれほど重要ではなく、大切なのは、**どのように**わたしたちが旅をするか、そして**どのように**それを周囲の人たちと分かち合うかだ。

すっきりとした結末を示すことはできない。なぜならわたしの旅はまだ続いているからだ……目的地はなく、旅**こそが**すべてだ。走る人も走らない人も、レースに出る人も出ない人も、やはり旅の途上にある。これはあなたの物語でもあるのだ。

レース参加歴

編集者から、読者の便宜のためにわたしのレース参加歴とその結果をすべて掲載してはどうだろう、とのアドバイスを受けた。今になって気づいたけれど、わたしはきちんと記録をつけてこなかった。たぶんわたしが不注意だったのだろうが、いつだって、もっと気を配らなければならないことがほかにあった気がする。

メダル、賞状、トロフィー、カウベルは、今ではロンドンの箱、スイスの棚、カトマンドゥの窓辺に適当に分散している。そこまで運ぶことすらせず、もらった場所に置いてきたこともある。リュックサックが既にいっぱいで、自転車や電車で持ち帰ることができなかったためだ。ワインのボトルとチーズの塊は分け合い、カットグラスは人にあげた。金塊は南アフリカに置いてある。別のメダル（金だったけれど）にかなりの通関料を払うだけでうんざりだったからだ。

結果は、曖昧模糊としたインターネットの世界のどこかに失われてしまった。

わたしにとって重要だったのは、レースに出て走ることと、走った結果どこにたどり着いたかだった——地理的にも、身体的にも、精神的にも、感情的にも。

たぶんわたしはレースに出過ぎたのだろう。とはいえ、ハンター・S・トンプソンもこう言っている。「人生は、体を大事にしてきれいな状態のまま無事に墓場にたどり着くことを目的とした旅であってはならない。横滑りになって土煙をあげ、ズタボロになりながらも、大声で『ワーオ！　こりゃいいぞ！』と叫ぶことだ」

これまではそうだったし、まだ終わっていないことを願っている。

『人生を走る』を読むときにわかりやすくなるよう、最も関係が深いと思われる情報を載せておく。

◎ウルトラトレイル・デュ・モンブラン――フランス、イタリア、スイス

年	距離	累積標高差	順位	記録
2005	158km	8600m	女性1位、総合24位	26：53：51
2008	166km	9400m	女性1位、総合14位	25：19：41
2009	166km	9400m	女性2位、総合18位	25：04：42
2010	88km	5100m	女性1位、総合19位	11：47：30
2011	170km	9700m	女性1位、総合13位	25：02：00
2012	110km	5600m	女性1位、総合16位	12：32：13

◎ネパールのエベレスト・ベースキャンプからカトマンドゥへ
（約320km、上り1000m、下り1400m）

年月	記録
2007年10月	74時間36分
2011年11月	71時間25分
2013年4月	63時間8分

◎本書に関連するその他の結果

日付&場所	レース名	順位	記録／距離
2006年10月、韓国	100km世界選手権	女性1位、金メダル	07:28:46
2010年10月、ジブラルタル	100km世界選手権	女性3位、銅メダル	07:33:26
2011年9月、イギリス	24時間走英連邦選手権	女性1位、総合1位	247・07km＊
2012年9月、ギリシア	スパルタスロン	女性1位、総合3位	27:02:17＊＊

＊24時間走（ロード）の女性世界新記録　＊＊女性新記録

これ以外の結果（やはり不完全）は、以下のサイトをご覧いただきたい。
http://lizzyhawker.com/results-highlights/

ウルトラツール・モンテローザ

アルプスで長い夏を過ごすあいだ、ＵＴＭＢのルートを２日間連続で12時間走るトレーニングを自主的に行っていたが、そこから体も心も休ませる必要を感じるときがあった。６歳の子供だったわたしの好奇心と情熱を初めてとらえたあの山々に戻ることになったのは、おそらく必然だったのだろう。そこで、わたしは12時間よりも長い２日連続のトレーニングとして、スイスとイタリアの国境にあるモンテローザを巡るすばらしいトレイルを走ることにした。こっそりと行き、誰にも知られず、ほかのランナーは誰も見かけなかった。この山群を初めて見上げたのは子供のころで、それからの歳月で探索を重ね、もっと深く知るようになった。ツール・ド・モンテローザは美しいモンテローザ山塊を囲む１５０キロの散策路で、あの名高く荘厳なマッターホルンをはじめ、多くの４０００メートル級の峰々を見上げながら伸びている。このトレイルのことをよく知って好きになってくると、**これこそ**わたしがほかのランナーたちと分かち合いたいトレイルだということに気づいた。こうして、新しいウルトラマラソン・レースのアイデアが生まれた。

アイデアはしばらくアイデアのままだったけれど、リチャードと何時間も話し合った結果、種が育ち始めた。彼はついにわたしを説き伏せて、少なくともその可能性があることを公表し、実現を目指すことにした。リチャードの友人ジョンも加わって、アイデアは芽を出し、うわさが広まった。

なぜ別のレースを？　わたしたちの目的は単純だ——走ることでわたしが得た喜びを分かち合うこと。山岳地帯を走るようになってからの歳月で、わたしは想像を超える風景を探索し、異なる文化を経験し、すばらしい経験を分かち合い、わたし自身の身体的、精神的、感情的な限界を探索した。あらゆる方法で自分自身に挑み、自分自身について、そしてほかの人々について実に多くのことを学んだ。わたしたちが願うのは、これらすべてのことを、ほかの人々が自ら経験できるように応援することだ——レースの最中に限らず、スタートラインに立つまでの旅、そしてゴールラインを越えてからの旅も。

ぜひご参加いただきたい。詳細はウルトラツール・モンテローザのウェブサイト、www.ultratourmonterosa.com まで。

謝辞

これをどのように書けばいいのか確信が持てない。どうやって本を書いたらいいのかがほとんどわかっていなかったとするなら、謝辞の書き方はそれ以上にわからない。自分の博士論文を読み返したり、目の前の棚に並んでいる本を見たり、インターネットで検索したりしてみたけれど、どれもあまり参考にはならないようだ。

人生の旅路の一部であるこの**長距離走**の物語で何らかの役割を果たしてくださったすべての方に、ふさわしいお礼の言葉を述べる方法などあるのだろうか？　無理な相談だ。

そこで、ここでは本書の執筆に直接かかわった方々に感謝の言葉を述べることにしたい。何か重要なことや誰か大切な人を落としてしまうかもしれないと思うと恐ろしくて仕方がないので（著者なら誰だってそうだと思うけれど）、ごく一般的なことだけに留めておく。手伝ってくださった方は、ご自分でおわかりだと思う。多くの方が、多くの力を貸してくださった。その方々には直接お礼を申し上げることにしたい。

そして、この本。ようやく本になった。ここまでこぎつけるのに力を貸してくださったすべての方、そして特に、編集上の助言をくださった方に感謝したい。助言を受けて、最後の2、3週間で後ろの3分の2を完全に再構成し、推敲して書き直すことになった。本当に絶望的な思いをしたけれど、すべてを通り抜けた今、編集者がそばで目を光らせているなかでさらに何カ月もかけるようなことにならずに原稿を書き終えることができてよかったと思う。だから、ありがとう。危うく失われるところだった機会をある程度救えていればいいのだけれど。サブタイトルにも感謝する〔原書サブタイトルは*A SHORT STORY ABOUT A LONG RUN*〕。本書は（どうにか）そのとおりの内容になった。

もし1枚の写真が千語に匹敵するなら、あと1章か2章を費やして、あの思い出の数々をとらえてくれた写真に対する感謝の念を述べなければならないだろう。そんなこと、やってみようという気にもなれない。ただ「ありがとう」のひと言で済ませることをお許しいただきたい。

書き進める途中で原稿の断片を読み、わたしの頭がなんと言おうと、本当にこのまま続けていいのだという自信を与えてくれた方々に、心の底からお礼を申し上げる。それに、土壇場での必死の願いを聞き入れて原稿の一部を読んでくれたみなさんにも感謝したい。なかには夜遅くに読んでくださった方（それに、ベッドに入ってからの方もいるはずだ）もいて、これで大丈夫だよ、と言ってくれた。その言葉をお忘れなく。でも、ありがとう。

最後の箇所はアップミンスターで書いたので、頭がおかしくなりそうだったわたしを辛抱強く見守ってくれて、自分たち自身も頭がおかしくなりそうだったところを（というほどでもなかったとは思うけれど）踏みとどまってくれた両親に感謝したい。今も、これまでも、いてくれてありがとう。

そして、**あなた**にもお礼を言いたい。あらゆることを話し合って時間をともに過ごしてくれたこと、そのほかすべてのことに、ありがとう。**あなた**が何を言おうとしていたか、この本を書こうとするまでは十分にはわかっていなかった。今はわかる。**あなた**の言葉を容赦なく借りてしまってごめんなさい。**あなた**はこう言ってくれた。「自分が感じたことを何でも書けばいいよ」。そのとおりにした。まあ、ほとんどは。すべてではない。**あなた**が言ったように、「走ることと同じで、今ではこの本が君にとって当たり前になったんだから、初めて読む知らない人みたいに君が感じることは絶対ないよ」。初めて読む知らない人にも、多少は興味深い点があることを願うばかりだ。「送ってくれよ」と**あなた**は言った。そのとおりにした。

そして読者のみなさまにも、ここまで読んでくださったのなら感謝申し上げる。読むときはぜひお手柔らかに、そして（自己を）思い返すときは手厳しくお願いしたい。わたしが差し出すのは、あなた自身の旅を描き出すキャンバス。それだけだ。読後ではなく前にここをお読みの方は、ページをもとに戻して楽しんでいただければ幸いである。本は読む人がいて初めて意義のあるものになるのだから。

ナマステ。

1 Anne Morrow Lindbergh, *Gift from the Sea*, Vintage Books, 1991(『海からの贈物』アン・モロウ・リンドバーグ著、吉田健一訳、新潮社、1967年)

2 Alan Watts, *The Wisdom of Insecurity: A Message for an Age of Anxiety*, 2011

3 アンドレアス・フランソン:http://andreasfransson.se/

4 Samuel Beckett, *Worstward Ho*, 1983(『いざ最悪の方へ』サミュエル・ベケット著、長島確訳、書肆山田、1999年)

第15章

冒頭の引用:Maya Angelou, *Conversations with Maya Angelou*, ed. Jeffrey M Eliot, 1981

1 ヴィクトール・フランクルの、希望に捧げた名著、*Man's Search for Meaning*, 1946 がその例。(『〈生きる意味〉を求めて』V・E・フランクル著、諸富祥彦監訳、上嶋洋一、松岡世利子訳、春秋社、1999年)

2 Mary Elizabeth Frye, 'Do Not Stand at My Grave and Weep', 1932[「千の風になって」の原詩]

3 Richard Bandler and John Grinder, *The Structure of Magic*, Science and Behaviour Books Inc. 1975(『魔術の構造』リチャード・バンドラー、ジョン・グリンダー著、トマス・コンドン監訳、尾川丈一、高橋慶治、石川正樹訳、亀田ブックサービス、2000年)

4 Parker J. Palmer, *A Hidden Wholeness*, Wiley & Sons, 2004

第16章

1 David DeSteno, *The Truth about Trust*, Hudson Street Press, 2014(『信頼はなぜ裏切られるのか』デイヴィッド・デステノ著、寺町朋子訳、白揚社、2015年)

2 ウルトラツール・モンテローザ:www.ultratourmonterosa.comを参照。

3 キプリングの「もし」全体をお読みいただきたい。その価値はある。

4 ジェフは今、病気のため口がきけない。ここに挙げた彼の言葉は、パートナーのコニー・セルフが伝えてくれたものだ(https://www.denverpost.com/2014/05/10/jeff-lowe-legendary-mountain-climber-slowly-dying-of-als-type-disease/)。

5 T.S. Eliot, *Four Quartets*, 'Burnt Norton'(『四つの四重奏』T・S・エリオット著、岩崎宗治訳、岩波書店、2011年より「バーント・ノートン」)

4 マナスル・マウンテン・トレイル:manaslutrailrace.org; ムスタン・マウンテン・トレイルレース:mustangtrailrace.com; カトマンドゥ・トレイルレース:ultratrailkathmandu.com(現在はリンク切れ)

5 Trail Running Nepalトレイルランニング・ネパール:www.trailrunningnepal.org (現在はリンク切れ。こちらを参照 https://trailrunningnepal.org/)

6 irunfar.com:ブライアン・パウエルとパートナーのメーガン・ヒックス作成による、超長距離ランニングに関する最も意欲的で充実したポータルサイト。

7 クールマイユールからシャモニーまでの、98キロメートルの姉妹レース。

8 *Does It Matter? Essays on Man's Relation to Materiality* by Alan Watts, 2007

9 香港100ウルトラトレイル・レース:www.hk100-ultra.com

第10章

1 John Stevens, *The Marathon Monks of Mount Hiei*, 2013

2 Alexandra David-Neel, *Magic and Mystery in Tibet*, 2007(『チベット魔法の書——【秘教と魔術】永遠の今に癒される生き方を求めて』アレクサンドラ・デビッドニール著、林陽訳、徳間書店、1997年)

3 Pema Chödrön, *When Things Fall Apart*, Shambhala Publications, 2010(『すべてがうまくいかないとき』ペマ・チュードゥン著、ハーディング祥子訳、めるくまーる、2004年)

第11章

冒頭の引用:B.K.S. Iyengar, *Light on Life: the Journey to Wholeness, Inner Peace and Ultimate Freedom*, Rodale, 2008(『アイアンガー　心のヨガ——人生に光を灯すために』B・K・S・アイアンガー著、柳生直子監訳、白揚社、2011年)

1 ネパールの伝統料理で、ライスとレンズ豆のスープとベジタブルカレーがセットになったもの。

2 Richard and Adrian Crane, *Running the Himalayas*, 1984

3 www.greathimalayatrail.com

4 http://www.thenorthfacejournal.com/still-dancing-on-these-paths-in-the-sky-by-lizzy-hawker/ (現在はリンク切れ。)

5 ウペンドラ・スヌワール:http://trailrunningnepal.org/about/about-trail-running-in-nepal/guide-service-for-running-fastpackingin-nepal/
(現在はリンク切れ。こちらを参照 https://trailrunningnepal.org/nepali-runners/upendra-sunuwar/)

第12章

冒頭の引用:老子、『道徳経』の著者として有名。

1 ラン・ラビット・ラン:一見の価値あり! http://runrabbitrunsteamboat.com/ (現在はリンク切れ。こちらを参照 https://www.runrabbitrunsteamboat.com/)

第13章

1 ボウダ:http://en.wikipedia.org/wiki/Boudhanath

2 テンジン・ヒラリー・エベレストマラソン:http://www. everestmarathon.com

第14章

冒頭の引用:もとになった言葉は次のとおり。「情欲《パッション》の地獄を経なかったものは、また情欲を克服することもない」。C・G・ユング(『ユング自伝 2——思い出・夢・思想』C・G・ユング著、A・ヤッフェ編、河合隼雄・藤縄昭・出井淑子訳、みすず書房、1973年)

力があるならば出でて探検のことに従うべきである。もし君が剛勇の人であるならば、君はほかに何もすることはない。もし君がこわがり屋ならばなすべき仕事はたくさんある。臆病なひとほど勇敢さをしめす必要があるから。ある人は極地へ行くといえば気が狂ったかといい、少なくとも大多数の人は『何のために行くのだ』と問うであろう。商人は一年以内にもうかる見込みのないものには見むきもしない。だから君はほとんど一人ソリを駆ることになるであろう。少なくとも君とともにソリ旅行をするものは商人ではないであろう。それこそ非常に尊いものである。君の欲するものがただ一個のペンギンの卵であるにしても、君は冬のソリ旅行で報われるところがかならずあるであろう」(『世界最悪の旅——スコット南極探検隊』チェリー・ガラード著、加納一郎訳、中央公論新社、2002年)

1　スキンというのは、ナイロンまたはモヘアでできた長い布で、スキー板の裏に装着し、斜面を上るときに後ろに滑り落ちないようにするために使う。

2　登山に関するロブのエッセイを集めた『Over the Hills and Far Away(丘を越えてはるか彼方へ)』は、彼の静かな場所に対する愛情と、荒々しい冒険を好む気質の両方がよく表れている。

3　「人と山とが出会うとき、偉大なことがなされる」——ウィリアム・ブレイク、1793年頃。

第6章

1　http://trailrunningnepal.org/running-for-records-across-nepalに記されているとおり。

2　http://thegreathimalayatrail.org/the-ght/trail-history/参照。

3　www.everestmailrun.com参照。
(現在はリンク切れ。こちらを参照http://www.everestmailrunchallenge.com/

4　*Across the Top* by Sorrel Wilby, Pan Macmillan, 1992

5　ボブ・グラハム・ラウンド、http://www.bobgrahamclub.org.uk/

6　イギリスのウルトラランニング推進組織、http://runfurther.com/

7　ムスタン・マウンテン・トレイルレース、www.mustangtrailrace.com

第7章

冒頭の引用:William Blake, *Auguries of Innocence*, c. 1803(ウィリアム・ブレイク、「無垢の予兆」、1803年頃)

1　本書の表紙を飾る写真はこのときの1枚。www.alextreadway.co.uk参照。

第8章

1　ヒマラヤン・データベース:http://www.himalayandatabase.com/

2　Mihaly Csikszentmihalyi, *Finding Flow: The Psychology of Engagement with Everyday Life*, 1998(『フロー体験入門——楽しみと創造の心理学』ミハイ・チクセントミハイ著、大森弘監訳、世界思想社、2010年)

3　Alan Watts *Does It Matter? Essays on Man's Relation to Materiality*, 2007

第9章

冒頭の引用:Douglas Adams, *The Long Dark Teatime of the Soul*, William Heinemann, 1988(『長く暗い魂のティータイム』D・アダムス著、安原和見訳、河出書房新社、2018年)

1　ラウフシューレ・シュクオル:http://www.laufschule-scuol.ch/

2　Carl Sagan, *Cosmos*, Random House, 1980(『COSMOS』上下巻、カール・セーガン著、木村繁訳、朝日新聞出版、2013年)

3　Albert Mummery, *My Climbs in the Alps and Caucasus*, 1895(『アルプス・コーカサス登攀記』アルバート・フレデリック・ママリー著、海津正彦訳、東京新聞出版局、2007年)

原注

プロローグ

1　T. S. Eliot, *Four Quartets*, from 'Little Gidding', 1943.(『四つの四重奏』T・S・エリオット著、岩崎宗治訳、岩波書店、2011年より「リトル・ギディング」)

第1章

1　ルートは年を経るごとに発展している。ここに挙げた数字は、2005年の第3回大会のときのものだ。

2　現在、必携品リストはずっと長くなっている:携帯電話(フランス、イタリア、スイスで利用可能なもの)、個人用のカップ(150cc以上)、水(少なくとも)1リットル、きちんと作動するヘッドランプ2つおよび交換用電池、サバイバル・ブランケット(1.4m×2m以上)、ホイッスル、粘着性伸縮包帯(100cm×6cm)、携帯食、フード付きの防水ジャケット、ランニング用の長いレギンス、またはレギンスと長靴下の組み合わせで脚を完全に覆うもの、予備の暖かいミッドレイヤー、キャップまたはバンダナ、暖かい帽子、暖かい防水性の手袋、防水性のあるオーバーズボン。

3　Robert Pirsig, *Zen and the Art of Motorcycle Maintenance: an Inquiry into Values*, Vintage, 2014.(『禅とオートバイ修理技術——価値の探求』上下巻、ロバート・M・パーシグ著、五十嵐美克訳、早川書房、2008年)

第2章

冒頭の引用:ド・ヒョンチェ

1　レース主催者から提供されるブックレットで、地図、コースの断面図、目安時間など、関連情報がすべて載っている——わたしもこのブックレットを丸ごと1冊持っていたけれど、ルートがどれほど丁寧に記されているかは気づいていなかった。

2　ヴァレー:スイスのヴァレー(ヴァリス)州。

第3章

冒頭の引用:Edward Whymper, *Scrambles Amongst the Alps in the years 1860–69*, 2002(『アルプス登攀記』上下巻、エドワード・ウィンパー著、浦松佐美太郎訳、岩波書店、2008年;『アルプス登攀記』エドワード・ウィンパー著、H・E・G・ティンダル編、新島義昭訳、講談社、1998年)

1　Sir Ernest Shackleton, *South: The Story of Shackleton's Last Expedition, 1914–1917*, 1999(『南へ——エンデュアランス号漂流』アーネスト・シャクルトン著、奥田祐士、森平慶司訳、ソニー・マガジンズ、1999年)

2　この航海では伝統的な船の当直時間に従った。00:00から04:00までと12:00から16:00まで、または04:00から08:00までと16:00から20:00まで、または20:00から00:00までと08:00から12:00まで。のちの航海は12時間のシフトで、ときには20:00から08:00まで、もっとひどいときには02:00から14:00までだった。

3　CTDは海洋探査機器のひとつで、海洋の電気伝導度(Conductivity)、温度(Temperature)、水深(Depth)の測定に用いられる。

第4章

冒頭の引用:Apsley Cherry-Garrard, *The Worst Journey in the World*(『世界最悪の旅——スコット南極探検隊』チェリー・ガラード著、加納一郎訳、中央公論新社、2002年;『世界最悪の旅——南極の一九一〇年～一九一三年』アプスリー・チェリー - ギャラード著、中田修訳、オセアニア出版社、2017年)この箇所の残りも引用するに値する。「そこでわたしはいう。もし君が知識にたいして意欲をもち、これを肉体的に表現する

参考文献

Bandler, Richard and John Grinder, *The Structure of Magic*, Science and Behaviour Books Inc., 1975(『魔術の構造』リチャード・バンドラー、ジョン・グリンダー著、トマス・コンドン監訳、尾川丈一、高橋慶治、石川正樹訳、亀田ブックサービス、2000年)
Cherry-Garrard, Apsley, *The Worst Journey in the World*, Picador, 1994(『世界最悪の旅——スコット南極探検隊』チェリー・ガラード著、加納一郎訳、中央公論新社、2002年;『世界最悪の旅——南極の一九一〇年〜一九一三年』アプスリー・チェリー - ギャラード著、中田修訳、オセアニア出版社、2017年)
Collister, Rob, *Over the Hills and Far Away*, Ernest Press, 1996
Crane, Nick, *Clear Waters Rising*, Penguin Books, 1997
Crane, Richard and Adrian, *Running the Himalayas*, Hodder & Stoughton Ltd, 1984
Csikszentmihalyi, Mihaly, *Finding Flow: The Psychology of Engagement with Everyday Life*, Basic Books, 1998(『フロー体験入門——楽しみと創造の心理学』ミハイ・チクセントミハイ著、大森弘監訳、世界思想社、2010年)
David-Neel, Alexandra, *Magic and Mystery in Tibet*, Souvenir Press Ltd, 2007(『チベット魔法の書——【秘教と魔術】永遠の今に癒される生き方を求めて』アレクサンドラ・デビッドニール著、林陽訳、徳間書店、1997年)
Frankl, Viktor E., *Man's Search for Meaning*, Rider, 2004(『〈生きる意味〉を求めて』V·E·フランクル著、諸富祥彦監訳、上嶋洋一、松岡世利子訳、春秋社、1999年)
Govinda, Lama Anagarika, *The Way of the White Clouds*, Rider, 2006
Krabbé, Tim, *The Rider*, Bloomsbury Publishing, 2002
Mummery, Albert, *My Times in the Alps and Caucasus*, T. Fisher Unwin,1895(『アルプス・コーカサス登攀記』アルバート・フレデリック・ママリー著、海津正彦訳、東京新聞出版局、2007年)
Palmer, Parker J., *A Hidden Wholeness*, Wiley & Sons, 2004
Pirsig, Robert, *Zen and the Art of Motorcycle Maintenance: an Inquiry into Values*, Vintage, 2014(『禅とオートバイ修理技術——価値の探求』上下巻、ロバート・M・パーシグ著、五十嵐美克訳、早川書房、2008年)
Shackleton, Sir Ernest, *South: The Story of Shackleton's Last Expedition, 1914–1917*, Pimlico, 1999(『南へ——エンデュアランス号漂流』アーネスト・シャクルトン著、奥田祐士、森平慶司訳、ソニー・マガジンズ、1999年)
Stevens, John, *The Marathon Monks of Mount Hiei*, Echo Point Books and Media, 2013
Watts, Alan, *Does It Matter? Essays on Man's Relation to Materiality*, New World Library, 2007
Watts, Alan, *The Wisdom of Insecurity: A Message for an Age of Anxiety*, Random House Inc., 2011
Whymper, Edward, *Scrambles Amongst the Alps in the Years 1860–69*, National Geographic Books, 2002(『アルプス登攀記』上下巻、エドワード・ウィンパー著、浦松佐美太郎訳、岩波書店、2008年;『アルプス登攀記』エドワード・ウィンパー著、H·E·G·ティンダル編、新島義昭訳、講談社、1998年)
Wilby, Sorrel, *Across the Top*, Pan Macmillan, 1992

著者略歴――――
リジー・ホーカー *Lizzy Hawker*

1973年イギリス生まれ。サウサンプトン大学で海洋物理学の博士号を取得。高低差8500m、155kmを走るUTMBで5回の優勝を収めるほか、IAU 100km世界選手権での優勝など、数々のレースでの受賞歴をもつ。

訳者略歴――――
藤村奈緒美 ふじむら・なおみ

1973年生まれ。東京大学文学部言語文化学科卒。司書職を経て翻訳家となる。主な訳書に、『フィリップ・グラス自伝　音楽のない言葉』、『成功する音楽家の新習慣』(以上、ヤマハミュージックメディア)、『世界の美しい名建築の図鑑』、『世界を変えた本』(以上、エクスナレッジ)などがある。

人生を走る
ウルトラトレイル女王の哲学

2021年2月17日　第1刷発行

著　者　リジー・ホーカー
訳　者　藤村奈緒美
装丁者　トサカデザイン(戸倉 巌、小酒保子)
発行者　藤田博
発行所　株式会社 草思社
〒160-0022　東京都新宿区新宿1-10-1
電話　営業 03(4580)7676　編集 03(4580)7680
振替　00170-9-23552

本文組版　株式会社 キャップス
印刷所　中央精版印刷 株式会社
製本所　大口製本印刷 株式会社
翻訳協力　田口明子、株式会社 トランネット

ISBN978-4-7942-2495-8 Printed in Japan　検印省略